全国职业教育规划教材·会展策划与管理系列

会展项目管理

主　编　施　谊
副主编　冉　彬　李　胜

内容简介

本书紧密结合会展行业的特点，注重科学性、实践性、可操作性以及适度的超前性，较为系统地介绍了会展项目运行过程中所涉及的基本内容，包括会展活动的项目化管理、会展项目的识别与启动、会展项目的可行性分析、会展项目人力资源管理、会展项目计划管理、会展项目的财务管理、会展项目的现场管理、会展项目的法律与风险管理、会展项目评估与影响研究。书中有关实务环节的讲解，主要以现实中的典型案例为切入点，并结合每一个案例进行了深入的分析和讨论，具有较强的可操作性。

本书可作为高等院校会展专业的教材，也可作为与会展行业相关的企业和中高级会展专业技术水平认证考试的培训教材，以及会展从业人员提升业务水平的学习用书。

图书在版编目(CIP)数据

会展项目管理/施谊主编. —北京：北京大学出版社，2015.4
（全国职业教育规划教材·会展策划与管理系列）
ISBN 978-7-301-25535-3

Ⅰ.①会… Ⅱ.①施… Ⅲ.①展览会－项目管理－高等职业教育－教材 Ⅳ.①G245

中国版本图书馆 CIP 数据核字（2015）第 033790 号

书　　名	会展项目管理
著作责任者	施　谊 主编
责任编辑	吴坤娟
标准书号	ISBN 978-7-301-25535-3
出版发行	北京大学出版社
地　　址	北京市海淀区成府路 205 号　100871
网　　址	http://www.pup.cn　　新浪微博：@北京大学出版社
电子信箱	zyjy@pup.cn
电　　话	邮购部 010-62752015　发行部 010-62750672　编辑部 010-62756923
印刷者	河北滦县鑫华书刊印刷厂
经销者	新华书店
	787 毫米×1092 毫米　16 开本　13 印张　325 千字
	2015 年 4 月第 1 版　2020 年 8 月第 3 次印刷
定　　价	30.00 元

未经许可，不得以任何方式复制或抄袭本书之部分或全部内容。
版权所有，侵权必究
举报电话：010-62752024　电子信箱：fd@pup.pku.edu.cn
图书如有印装质量问题，请与出版部联系，电话：010-62756370

前　言

从20世纪90年代中期开始,随着我国经济的高速发展,会展业以年均20%～30%的速度快速发展。会展业对城市经济特别是第三产业发展的强力带动和对"打造"、经营城市品牌的巨大作用,使全国城市"大办会展"形成了一股热潮。目前,会展业在我国已经发展成为具有可观经济规模的行业,分别以北京、上海、广州为中心,环渤海、长三角、珠三角会展产业带初步形成。随着我国西部大开发战略的实施,以成都、昆明、南宁为支撑的西南会展产业带正在形成,我国会展业已经进入空前繁荣期。我国加入WTO后,服务贸易市场的扩大开放,为会展业带来挑战,也带来机遇。外国资本的进入为中国会展经济注入了新的活力,同时也使得尚未发展成熟的中国会展业面临全球化的商业环境和更趋激烈的国际竞争。

项目管理已广泛应用到各行各业,通过科学的项目管理方法,使项目的启动、计划、执行、控制等各个环节得到了有效的管理,大大促进了项目的成功运作,提高了成功率,改善了项目运行效果。目前,项目管理运用较为广泛的领域主要集中在建筑工程,而在会展行业的应用相对不够系统,尤其是会展行业具有特殊的周期性和典型的项目特征,合理的管理能规避不必要的风险,降低不必要的成本支出。然而,在现今国内的会展行业,由于市场规范不足,成熟度不高,许多中小会展企业缺乏完善的会展管理体系,项目的管理也多靠人员的经验来运行,缺乏科学的依据和考量标准,往往造成任务在最后关头才得以勉强完成或未达到计划目标,甚至无法完成,这必然会伴随着诸多质量问题、成本问题、潜在隐患以及客户投诉等负面影响。

在本书的编写过程中,编者通过走访会展专业公司和会展行业协会、跟踪调研知名展会、访谈会展专家等方式收集了第一手会展实务资料,为教材的务实性提供了素材。本书对于重要理论内容不惜笔墨写透,强调实践,但不是简单操作步骤的罗列,实践内容为理论内容服务,通过大量的实务资料来说明和验证理论,很好地体现了"理论够用为度,注重实践运用"。本书根据会展行业的特点,参考了其他同类教材的优点,突出自身特色,在体例编排上,以会展项目过程系统化为核心,重视教学的技能性和实践性,将会展项目管理工作中的各项典型任务,转化为职业能力标准,并通过具体实训项目,让学生在实训过程中将理论知识与实践技术同步深化,实现理论实践一体化教学。本书的主要特色是按照会展项目管理流程技能要求进行项目分解,以任务驱动的形式设计实训项目,分项目进行技能专项实训。创新编排结构,符合学生认知规律。本书以项目管理流程贯穿主线,版块内容包括教学目的和要求、教学重点和难点、开篇案例、学习内容、复习与思考、技能实训,其由简到难、由浅入深的循序渐进的教与学进程,符合学生的认知规律。本书注重理论知识和技能运用的契合,通过形象的图表,结合典型案例分析来直观理解知识点。

本书由施谊负责全书体系的设计和编写工作的全局安排,并负责统稿工作。全书共分9个模块,具体分工是:模块1、2由李胜(北京联合大学)、仲毅(北京城市学院)、徐涛涛(北京理工大学)合作编写,模块3由黄海力(北京农业职业学院)编写,模块4、7由冉彬(上海出版印刷高等专科学校)编写,模块 5、6 由施谊(上海应用技术学院)编写,模块 8 由王贞(上海出版印刷高等专科学校)编写,模块 9 由都薇(上海出版印刷高等专科学校)编写。我们期盼本书有助于读者增加对会展项目管理的了解和进一步的深入运用,切实提高会展项目运作的决策和操作能力。

本书建立了全面的教学支持体系,收录了大量的网络资源,并配备了配套的教学课件和参考资料,有助于加深对教材内容的理解,指导学生在网络时代如何突破传统教材的内容,从而进行自主性、研究性学习。相关课程配备完整的教学大纲、电子教材、题库、电子教案、案例等,以满足多方面的教学需求。会展教学网址为:http://www.hzgd.id666.com,相关教学课件请联系 shiyi73@126.com。

本书在编写过程中,参考并引用了国内外有关的研究成果和文献(排名不分先后),其中大部分已经在参考文献中列明,但由于篇幅所限,难免会有遗漏,在此谨向这些文献的作者致以诚挚的谢意。由于作者水平有限而且时间紧迫,书中不足之处在所难免,希望各位读者和业内人士不吝赐教,以使本书得以不断修改和完善。

编　者

2015 年 2 月

目　录

模块一　会展活动的项目化管理 …………………………………………………… (1)
　1.1　会展项目的特征 …………………………………………………………… (3)
　1.2　会展项目的分类 …………………………………………………………… (3)
　1.3　会展项目管理的过程 ……………………………………………………… (5)
　1.4　会展项目的利益相关者 …………………………………………………… (6)
　1.5　会展项目管理涉及的知识领域 …………………………………………… (7)
　小结 ……………………………………………………………………………… (10)

模块二　会展项目的识别与启动 …………………………………………………… (12)
　2.1　会展项目策划的基本工作流程 …………………………………………… (13)
　2.2　会展项目策划书的写作 …………………………………………………… (18)
　2.3　会展项目的立项与报批 …………………………………………………… (25)
　小结 ……………………………………………………………………………… (28)

模块三　会展项目的可行性分析 …………………………………………………… (30)
　3.1　会展项目的可行性研究的内容与工作流程 ……………………………… (34)
　3.2　会展项目的市场环境分析 ………………………………………………… (35)
　3.3　会展项目竞争力和执行方案分析 ………………………………………… (41)
　3.4　会展项目可行性研究报告的编写 ………………………………………… (48)
　小结 ……………………………………………………………………………… (50)

模块四　会展项目的人力资源管理 ………………………………………………… (53)
　4.1　会展项目人力资源管理概述 ……………………………………………… (54)
　4.2　会展项目组织 ……………………………………………………………… (55)
　4.3　会展项目团队建设 ………………………………………………………… (56)
　4.4　会展项目经理 ……………………………………………………………… (58)
　4.5　会展项目沟通和冲突管理 ………………………………………………… (60)
　4.6　会展项目志愿者的管理 …………………………………………………… (63)
　小结 ……………………………………………………………………………… (64)

模块五　会展项目计划管理 ………………………………………………………… (67)
　5.1　会展项目计划概述 ………………………………………………………… (69)
　5.2　会展项目范围计划管理 …………………………………………………… (70)
　5.3　会展项目进度计划管理 …………………………………………………… (76)

5.4　会展项目资源计划管理 ………………………………………………………… (81)
　　小结 ………………………………………………………………………………………… (87)
模块六　会展项目的财务管理 ……………………………………………………………… (89)
　　6.1　会展项目财务管理概述 ………………………………………………………… (91)
　　6.2　会展项目财务预测 ……………………………………………………………… (94)
　　6.3　会展项目预算管理 ……………………………………………………………… (100)
　　6.4　会展项目的资金筹集 …………………………………………………………… (104)
　　小结 ………………………………………………………………………………………… (110)
模块七　会展项目的现场管理 ……………………………………………………………… (113)
　　7.1　会展场地布置与管理 …………………………………………………………… (116)
　　7.2　会展开幕式 ……………………………………………………………………… (123)
　　7.3　会展现场后勤管理 ……………………………………………………………… (125)
　　7.4　会展现场人员管理 ……………………………………………………………… (127)
　　7.5　会展现场突发事件管理 ………………………………………………………… (129)
　　小结 ………………………………………………………………………………………… (132)
模块八　会展项目的法律与风险管理 ……………………………………………………… (134)
　　8.1　会展项目涉及的法律问题 ……………………………………………………… (135)
　　8.2　会展项目合同管理 ……………………………………………………………… (139)
　　8.3　会展项目的风险管理 …………………………………………………………… (153)
　　小结 ………………………………………………………………………………………… (163)
模块九　会展项目评估与影响研究 ………………………………………………………… (165)
　　9.1　会展项目评估 …………………………………………………………………… (166)
　　9.2　会展项目评估的方法、内容与过程 …………………………………………… (169)
　　9.3　会展项目评估报告及其应用 …………………………………………………… (186)
　　9.4　会展项目的影响研究 …………………………………………………………… (187)
　　小结 ………………………………………………………………………………………… (188)
技能实训部分参考答案 …………………………………………………………………… (190)
参考文献 …………………………………………………………………………………… (198)

模块一

会展活动的项目化管理

教学目的和要求

1. 掌握会展项目的特征；
2. 理解会展项目的分类；
3. 掌握会展项目管理的过程；
4. 了解会展项目的利益相关者；
5. 了解会展项目管理涉及的知识领域。

教学重点和难点

1. 重点是会展项目的特征、分类，会展项目管理的过程；
2. 难点是会展项目的分类和会展项目管理的过程。

小松山"把买家留住"，突出展会平台亮点

小松山是日本一家以生产推土机和巨型挖掘机为主的集团公司。和无数其他参展商每年都制定出相似的主题和可比的目标相比，小松山参展的突出地方在于用高明的措施，真正留住了买家。

一、汇聚人气

参观者到达小松山展区的第一站是一个有 80 个座位剧场式的主活动场所，这是小松山展区的焦点。每隔半个小时就会来一段 12 分钟的演出，节目主题直接表现展销主题，即生产率、可靠率和价值率。为了吸引婴儿潮时期出生的群体，在节目间隙播出他们这个年龄段喜欢听的摇滚音乐，结果在 5 天的展览期，80 个座位从未虚席，现场的气氛还感染着 100 多个围观者，效果非常显著。初步估算，至少有 8,500 人获得了 12 分钟演出传达的信息，超过了预先设定的 7,500 人的目标。

二、推动观众

大约 80% 的观众为演出所吸引，进入小松山的展区。每场演出结束时，迷人的女主持就会把小松山的帽子发给即将离去的观众。她们都是最有效率的观众组织者，不仅有偿参加了博览会开幕前一天的培训课程，而且熟知产品经理、工程师以及具体产品的销售代表，她们可以帮助潜在买家与小松山的任何管理者见面,并同小松山另外85名展区服务人员进行了配合演练,对展览的整体情况了如指掌。

三、多层展示

中心活动区域的演出结束1分钟之后,还有2个更短的对具体产品进行描述的演示活动。产品演示原先设计都为8分钟,但是其中一个演示不能吸引观众坚持看完。故策划者们把该演示时间减少,并记下原因,以避免下一届展览犯同样的错误。女主持也运用她们学到的小松山产品知识,引导参观者积极参与,有效延长了来此区域的参观者停留的时间。

四、持续推动

在展区后部,轮转装货机模拟装置司机室和操纵杆可以用来测试自己的操作技能。如果参观者在产品演示结束之后不愿意参与销售代表组织的活动,也不想在电脑上查阅挖土机的技术指标,就可以参与这项复杂的虚拟现实的视频游戏,具有极大的挑战和自我满足感。司机室里通常有10个或12个参赛者轮流操作,两分钟换一人。外面排队的人可以同步观看现场即兴的喜剧表演和参赛者们的操作水平。参观者平均等待的时间为20分钟,但他们花在这里的每一分钟都意味着对手失去了观众本该花在他们展台上的时间。

五、网站点击

从日本拆装后运到会展举办地,然后再拼装起来的价值180万美元、型号为PCI800的巨型液压挖土机,是会展上最大的挖土设备,吸引了众多参观者的眼球。但是,小松山把它带来的主要用途是邀请参观者们站在1414立方英尺的挖土机的铲斗里,拍摄一张数码照片,照片会立刻被贴到公司网站上并被保留大约6个月。在展中和展后的6周时间里,点击者在查看他们的照片的同时也查看小松山在博览会展出的所有21种机械产品的技术指标,网站被点击了37.5万次。

六、收集客户资料

自参展以来,小松山每周都通过保存在"快速反应系统"内的客户资料来追踪分销商的销售进展。到6月中旬为止,由于参展的缘故,他们已经做成了好几笔买卖,包括博览会第二天就做成的交易。在会展上收集的2,700份客户资料中,48%来自从未购买过小松山产品的人。可见在现有客户的基础上,这次展览成功地扩展了潜在客户群。

资料来源:http://wenku.baidu.com/view/793c1f747fd5360cba1adba6.html,有改动。

案例解析

本案例中可以抓住的关键词:"演出""女主持""演示""视频游戏""照片""客户资料"。这些词语并非展览会的专业用语,却突出体现了"小松山"在展览中别出心裁的创意。

演出突出展会主题。例如,以30分钟为间隔,以12分钟为一个演出段落,以"小松山"的生产率、可靠率和价值率为主题,以摇滚音乐为穿插点缀,以抽奖为奖励的特别安排演出,5天内吸引了8,500人观看,实现了把参观者留在自己展台的目标。反思国内的一些参展企业,虽然在展会期间安排穿插类似的节目,但在节目主题的设计和细节的安排上却与产品无关,节目或插科打诨、格调低下,或文艺味太浓,给人"作秀"的感觉。

重视沟通的有效性。"小松山"的女主持都是精挑细选、有偿培训、配合演习,她们对工作胜任自如,能担负重要的接待与沟通任务。当其他企业的展台上的女主持还在风情无限地展示自己时,"小松山"的美女们已经得心应手地参与到了展览的商务环节之中。

1.1 会展项目的特征

会展业是现代都市以完善的基础设施和健全的都市服务体系为支撑,通过举办各种不同形式的会议或者展览活动,吸引大批与会、参展人员及一般游客前来进行经贸洽谈、文化交流或者旅游观光,以此带动城市相关产业发展的一项综合性经济产业。会展项目是以会展活动为管理对象的新型项目形式,具有自身的项目特色,与其他项目存在着明显的差异。概括而言,会展项目的特征主要体现在以下几个方面。

1. 顾客导向性

顾客导向性即会展项目是以提供令客户满意的服务为目标的。会展属于第三产业,也是具有自身特点的服务业。从服务业的本质出发,要求会展的从业人员围绕顾客来工作,以顾客的需求为导向,最终实现顾客的满意。因此,从目标上看,会展企业引进项目管理的运作方式可以使企业最大限度地实现会展目的,服务好参展商及顾客。

2. 项目连带性

实施一个会展项目往往会涉及服务、交通、通信、建筑、装饰等诸多部门,能直接或者间接地带动一系列相关产业的发展。因此,以城市为依托的会展项目的开展,往往关联性地连带着整个城市的治理与建设,以提高城市综合竞争力。

3. 客户广泛性

客户广泛性是指会展项目以客户群体而非个体为对象。会展项目的服务对象是以参展商和观展商为主的客户群,会展项目的构思与启动要以充分调研两个客户需求市场为基础。一个成功的会展项目往往把会议、展览和文化、旅游等活动有机地结合起来,一方面吸引大量的参展商参展,丰富会展内容,另一方面也增强对观众的吸引力,扩大参展规模。

4. 效益整合性

会展项目的投资收益是整合性的。这种整合性体现为:会展项目取得经济效益的同时,也取得了巨大的社会效益;另一方面,项目的连带性也决定了项目收益由多方构成,具有整合性的特点,是高收益、高利润的项目。

1.2 会展项目的分类

会展活动是指在一定的地点和一定的日期和期限里,通过展示达到产品、服务、信息交流的一种活动形式。它包括各种类型的会议、展览(包括交易会、博览会)、体育赛事、节庆等。因此,会展项目就是以各种会展活动为管理对象的新型项目形式。从不同的角度出发,会展项目可以分成不同的类型,不同类型的会展项目又有不同的特征。

1. 展览项目分类

(1) 按展览项目的目的分类,会展项目可以分为展示类展览项目和交易类展览项目。

(2) 按展览项目的性质来分类,会展项目可以分为贸易类展览项目、消费类展览项目和科技类展览项目。

贸易类展览项目是为制造业、商业等行业举办的展览活动,展出者和参观者的主体都是商人,参展商可以是行业内的制造商、贸易商、批发商、经销商、代理商等相关单位,参观者主要是经过筛选邀请来的采购商,一般的观众被排除在外。展览的最终目的是交易。

消费类展览项目是为社会大众举办的展览活动,这类会展项目多具有地方特色,展出内容以消费品为主,通过大众媒介(比如电视、电台、报刊、网络等)吸引观众,观众主要是消费者。一般来说,消费者需要购买门票入场,这类项目非常重视观众的数量。

科技类展览项目主要是以科技和技术成果为展出内容,该类展会科技含量高,专业性较强,适合专业参展商和专业观众参展和参观。

(3) 按展览项目内容来分类,会展项目可以分为综合类展览项目和专业类展览项目。

综合类展览项目是指包括全行业或数个行业的展览会,也被称作横向性展览会,比如重工业展、轻工业展。

专业类展览项目是指展示某一行业甚至某一项产品的展览会,比如钟表展、汽车展等。

2. 会议项目的分类

会展活动中重要的一块就是会议,对会议的分类主要以会议的目的划分为以专项研究为目的的会议和以产品发布为目的的会议。

会议项目主要是指以重要城市为中心而举办的综合性的国际会议及大型论坛活动等,如 APEC 会议、亚洲博鳌论坛等,这类会议项目具有以下特征。

(1) 重复性强。

会议洽谈型项目一般是定期举办的会展项目,重复性强。尤其是一些大型的国际会议,每年定期举行,但每届的举办地一般安排在不同的国家、不同的城市,在同一城市举办的可能性较小。

(2) 服务全面。

会议和展览不同,其服务范围更加全面。一次大型的会议,从音响、通信、信息系统、场地布置到会间服务都要全面到位。比如餐饮服务,一般的展览型项目要求比较简单,只提供基本餐饮,而会议洽谈型项目通常要提供包括早餐、中餐、晚餐等全方位的服务,会议期间一般还有茶点服务。

(3) 参与人数少。

会议洽谈型项目与前几种展览项目不同,与会人员有一定的人数限制。一般的展览会都有上十万的人流量,而会议型项目有上千人就算很大规模了。同时,高规格的会议对与会人员有较高的专业要求与其他要求。

1.3 会展项目管理的过程

1.3.1 会展项目生命周期

在项目的每个阶段通常都规定了一系列的工作任务,设定这些工作任务的目的是使得管理控制能达到既定的水平。对项目过程进行排序,我们可以确定一个项目的生命周期,大多数项目的生命周期具有以下共同的特点。

(1) 对成本和工作人员的需求量最初比较少,在向后发展的过程中需求会越来越多,当项目结束时又会急剧减少。

(2) 在项目开始的时候,成功的概率是最低的,而风险和不确定性是最高的。随着项目逐步地向前发展,成功的概率也越来越高。

(3) 在项目起始阶段,项目设计人员的能力对项目产品的最终特征和最终成本的影响力是最大的,随着项目的进行,这种影响力逐渐减弱。这主要是由于随着项目的逐步开展,投入的成本在不断地增加,而出现的错误也在不断地被纠正。

(4) 通过项目生命周期,我们可以确定一个会展项目的每个阶段所需做的技术性工作(如宣传资料的印刷是在筹展阶段还是在扩展阶段),每个阶段所涉及的人(如宣传策划人员、拓展人员、会展现场服务人员)。

1.3.2 会展项目管理的过程

会展项目管理的过程是指会展项目生命周期中产生某种结果的行动序列,基本管理过程可归纳为如下5个阶段,如图1.1所示。

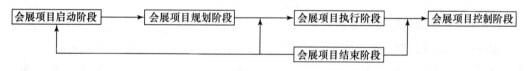

图 1.1 项目管理过程

(1) 会展项目启动阶段。确认一个项目或者一个阶段应当开始并付诸行动。

(2) 会展项目规划阶段。为实现启动过程提出目标并制订计划。

(3) 会展项目执行阶段。实施计划所需执行的各项工作,包括对人员和其他资源进行组织和协调。

(4) 会展项目控制阶段。监控、测量项目的进程,并在必要的时候采取纠正措施,以确保启动阶段提出的目标得以实现。

(5) 会展项目结束阶段。通过对项目或项目阶段成果的正式接受,以使从启动阶段开始的这一周期有条不紊地结束。

每个会展项目都要经历以上5个阶段的管理过程。这些并非独立的一次性事件,而是按一定的顺序发生,工作强度有所变化,并互有重叠的活动。会展项目各阶段要完成的工作如表1.1所示。

表 1.1　会展项目各阶段工作

会展项目启动阶段	会展项目规划阶段	会展项目执行阶段	会展项目控制阶段	会展项目结束阶段
1. 会展项目调研 (1) 参展市场调研 (2) 观展市场调研 2. 会展项目构思 (1) 确定会展项目主题 (2) 构思相关项目内容 (3) 实施项目可行性研究 3. 会展项目立项国际、国内相关立项规定	1. 制订会展项目计划 (1) 明确会展项目目标 (2) 确定会展项目范围 (3) 估算会展项目时间 (4) 编制会展项目预算 2. 实施项目分解计划 (1) 招展项目设计 (2) 观展项目设计 (3) 服务项目设计	1. 团队人员任务工作布置 (1) 任务分解 (2) 任务岗位落实 (3) 任务实施 2. 项目设备物资配置 3. 项目资金安排	1. 会展项目控制 (1) 项目任务监控 (2) 项目成本控制 2. 会展项目调整 (1) 会展项目人员调整 (2) 会展项目预算调整 (3) 会展项目目标调整	1. 会展结束总结 2. 会展效益评估 3. 会展信息反馈

一个会展项目阶段的结束通常以对关键的工作成果和项目实施情况的回顾为标志,做这样的回顾有两个目的:决定该项目是否进入下一个阶段;尽可能以较小的代价查明和纠正错误。这些阶段末的回顾,通常被称为阶段之口、进阶之门或是关键点。

1.4　会展项目的利益相关者

1.4.1　会展业利益相关者的界定

根据广义的利益相关者的定义,凡是和企业产生利益关系,与企业发生双向影响的个人和团体,都是企业的利益相关者。会展项目的利益相关者则有个人和团体,如会展公司、参展商、参展观众、场馆企业。向外围扩展后有政府、会展行业协会、酒店餐饮企业、交通旅游企业、会展相关企业、组展公司的内部员工、媒体、举办城市、社会公众等。

任何一个会展项目的成功实施都离不开组展公司、参展商、参展观众、中介机构等组织。图 1.2 可以使我们对会展业的利益相关者有一个更加清晰的界定。

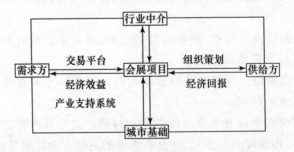

图 1.2　会展项目构成

如图 1.2 所示,一个会展项目的成功举办,离不开与其密切相关的 5 个方面,首先离不开市场供给和市场需求对其举办的推动,当确定举办该次会展时,又离不开会展中介机构的引导与产业支持系统的支持,以及城市基础的保障。这样就能更加全面和详细地对会展利益相关者进行界定。通过对会展项目构成进行分项研究发现,市场需求方的组成要素包括参展商、参展观众和与会者(对各类会展有需求的参与人员)。市场供给方的组成要素包括参展商、组展商、会展相关企业(展览运输企业、展示设计与搭建企业)、酒店餐饮企业、会展场馆及物业管理企业、休闲娱乐企业等。城市基础的组成要素则包括城市经济、城市文化、公务与政务、信息、科技、旅游资源和城市形象等。产业支持系统组成要素包括硬件(市交通等公用设施,酒店餐厅等服务设施,会展场馆等专业设施)、软件(行业管理体制,公共服务水平,政策法规,人力资源状况等)。行业中介则由行业协会和专业代理机构等组成。参展商在市场供给方和市场需求方中同时出现,这主要是因为参展商是一个特殊的主体,自然也是一个特殊的利益相关者,相对于会展的组织机构来说,参展商是会展产品的消费者,租用会展场馆以及指定的会展服务都是由参展商来消费,因而他是市场需求方;而就参展商的性质来讲,参展商又是会展产品的重要供给者,所以参展商既是市场需求者,又是市场供给者。

1.4.2 会展业主要利益相关者的分类

我国会展业的主要利益相关者可以划分为4类(如表1.2所示),即核心层利益相关者、次核心利益相关者、支持性利益相关者和边缘性利益相关者。核心层利益相关者包括政府、会展公司、参展商、参展观众;次核心利益相关者包括场馆企业;支持性利益相关者包括会展业相关企业(展台设计、运输和搭建企业)、会展行业协会;边缘性利益相关者包括社会公众和酒店餐饮企业、交通旅游企业。

表1.2 我国会展业主要利益相关者分类表

利益相关者类别	具体利益相关者
核心层利益相关者	政府、会展公司、参展商、参展观众
次核心利益相关者	场馆企业
支持性利益相关者	会展业相关企业(展台设计、运输和搭建企业)、会展行业协会
边缘性利益相关者	社会公众、酒店餐饮企业、交通旅游企业

1.5 会展项目管理涉及的知识领域

会展项目管理涉及9大领域的知识,即范围管理、时间管理、成本管理、质量管理、人力资源管理、沟通管理、风险管理、采购管理及整体管理。

1. 项目范围管理

要保证项目成功地完成所要求的全部工作。这一知识领域包括:
(1) 项目启动,对项目或项目的阶段授权;
(2) 范围计划,制定一个书面的范围陈述,作为未来项目决策的基础;
(3) 范围定义,把项目应提交的成果进一步分解成为更小、更易管理的组成部分;
(4) 范围确认,正式确认可项目满足了范围要求;
(5) 范围变更控制,控制项目范围的变更。

2. 项目时间管理

要保证项目按时完成。这一知识领域包括:

(1) 活动定义，识别出为产生项目提交成果而必须执行的特定活动；
(2) 活动排序，识别并记录活动之间的相互依赖关系；
(3) 活动时间估计，估计完成每一个活动需要的工作时间；
(4) 制定时间表，分析活动顺序、活动时间的估计和资源需求，建立项目时间表；
(5) 时间表控制，控制项目时间表的变更。

3. 项目成本管理

要保证项目在批准的预算内完成。这一知识领域包括：
(1) 资源计划，决定为执行项目活动所需要的资源的种类（人员、设备、材料）和数量；
(2) 成本估算，对完成项目活动所需资源的成本进行估计；
(3) 成本预算，把估算的总成本分配到每一个工作活动中；
(4) 成本控制，控制项目预算的变更。

4. 项目质量管理

要保证项目的完成能够使需求得到满足。这一知识领域具体包括：
(1) 质量计划，找出与项目相关的质量标准，并决定如何满足标准的要求；
(2) 质量保证，对项目绩效做经常性的评价，以保证达到质量标准的要求；
(3) 质量控制，监视特定的项目结果以判定是否满足相关的质量标准，并找出方法来消除不能满足要求的因素。

5. 项目人力资源管理

尽可能有效地使用项目中涉及的人力资源。这一知识领域包括：
(1) 组织的计划，识别、记录、指派项目的角色、责任和报告关系；
(2) 人员获得，使项目所需的人力资源得到任命并在项目中开始工作；
(3) 团队建设，开发个人和团队的技能以提高项目的绩效。

6. 项目沟通管理

保证适当、及时地产生、收集、发布、储存和最终处理项目信息。这一知识领域包括：
(1) 沟通计划，决定项目相关者的信息和沟通的需求，包括谁需要什么信息，什么时间需要，以及得到信息的方式；
(2) 信息发布，及时地把所需的信息提供给相关者使用；
(3) 绩效报告，收集、分发绩效信息，包括状态报告、进度衡量和预测；
(4) 管理上的结束，产生、收集、分发信息，使项目或项目阶段正式地结束。

7. 项目风险管理

对项目的风险进行识别、分析和响应的系统化的方法，包括使有利的事件发生的可能性和利益最大化和使不利的事件发生的可能性和损失最小化。这一知识领域包括：
(1) 风险管理计划，决定如何处理并计划项目的风险管理活动；
(2) 风险识别，决定哪些风险可能会影响项目，并记录风险的特征；
(3) 风险定性分析，对风险和条件进行定性分析，根据其对项目目标的作用排定优先级；
(4) 风险量化分析，度量风险的可能性和后果，并评估它们对项目目标的影响；

(5) 风险响应计划,对于影响项目目标的风险制定过程和方法来增加机会和减少威胁；

(6) 风险监视和控制,监视已知的风险,识别新的风险,执行风险减低计划,在整个项目生命周期中评价它们的有效性。

8. 项目采购管理

为达到项目范围的要求,从外部企业获得货物和服务的过程。这一知识领域包括：

(1) 采购计划,决定采购的内容和时间；

(2) 邀请计划,记录产品需求,识别潜在来源；

(3) 邀请,根据需要获得价格、报价、投标、建议书等；

(4) 来源选择,从潜在的销售商中进行选择；

(5) 合同管理,管理与销售商的关系；

(6) 合同结束,合同的完成和结算,包括解决任何遗留问题。

9. 项目整体管理

保证项目中不同的因素能适当协调。这一知识领域包括：

(1) 制订项目计划,集成、协调全部的项目计划内容,形成一致的、联系紧密的文件；

(2) 执行项目计划,通过执行其中的活动来执行项目计划；

(3) 集成的变更控制,在整个项目中协调变更。

项目作为一个整体,要使各方面的资源能够协调一致,就要特别熟悉项目管理三角形的概念。所谓项目管理三角形,是指项目管理中范围、时间、成本三个因素之间的互相影响的关系。项目管理三角形所包括的范围,除了要考虑对项目直接成果的要求,还要考虑与之相关的在人力资源管理、质量管理、沟通管理、风险管理等方面的工作要求。项目管理三角形中的成本主要来自于所需资源的成本,自然也包括人力资源的成本,这些资源通过不同的方式获得,可以对应不同的成本,对资源的需求与工作范围和工作时间都有直接的联系。

项目管理三角形强调的就是这三个方面的这种相互影响的紧密关系。为了缩短项目时间,就需要增加项目成本(资源)或减少项目范围；为了节约项目成本(资源),可以减少项目范围或延长项目时间；如果需求变化导致增加项目范围,就需要增加项目成本(资源)或延长项目时间。因此,项目计划的制订过程是一个多次反复的过程,根据各方面的不同要求,不断调整计划来协调各因素之间的关系。在项目执行过程中,当项目的某一因素发生变更时,往往会直接影响其他因素,需要同时考虑一项变更给其他因素造成的影响,项目的控制过程就是要保证项目各方面的因素从整体上能够相互协调。

早在20世纪80年代,国外学术界就展开了对项目成功标准的研究,传统项目成功的"铁三角"标准是满足项目的进度、预算以及质量的要求,而忽视了顾客的重要性；过分重视方法和工具的应用；项目经理的工作职责定义太狭窄。项目成功的评价标准应该从动态发展的眼光来评价项目成功,从整个项目的生命周期和每个管理层次的角度充分考虑是否实现了利益相关者的目标。会展业集政治、经济、科技、文化交流于一身,会展项目管理的主要目的是满足项目的要求与期望(会展发展目标)；满足项目利益相关者(组展商、参展商、专业观众等)各方不同的要求和期望；满足项目尚未识别的要求和期望(项目成员利益、非专业观众、社会等)。随着市场竞争的加剧,需要考虑更多的变化因素以及众多的项目利益相关者,面向顾客的成功标准,如顾客接受程度、顾客满意度水平、顾客的保持率、顾客衡量的性价比、顾客的回头率等,越来越体现出其重要地位。

美国市场营销大师菲利普·科特勒指出:"企业的整个经营活动要以顾客满意度为指针,要从顾客角度,用顾客的观点而非企业自身利益的观点来分析考虑消费者的需求。"会展作为一项综合性的服务业务过程,顾客满意对会展项目的发展壮大来讲至关重要,应以参展商、观展商等顾客满意为中心,强调顾客满意增加了再次合作的可能性,重新定义项目经理在会展项目中的职责和作用。会展项目的生命周期必须加以延伸,增加运行和维护阶段,以保证展后跟踪服务到位,增加顾客的满意度,体现"以人为本"的管理理念。良好的会展产品或服务质量才能最大限度地使顾客满意,使其有可能持续参加并成为忠诚顾客。展览会作为一种长期、动态的服务性产品,在实际会展项目运作中要更好地以项目管理思路作为会展运营的基础,通过不断借鉴各方面的管理经验和工具,提升会展项目运作的水平和能力,提高顾客对展览会的满意程度,这是会展业界需要不断努力的过程,也是会展业不断发展壮大的基石。

小 结

会展项目的特征主要体现在顾客导向性、项目连带性、客户广泛性、效益整合性。

会展项目就是以各种会展活动为管理对象的新型项目形式。从不同的角度出发,会展项目可以分成不同的类型,不同类型的会展项目又有不同的特征。

会展项目管理过程是指会展项目生命周期中产生某种结果的行动序列,基本管理过程可归纳为如下5个阶段:会展项目启动阶段,会展项目规划阶段,会展项目执行阶段,会展项目控制阶段,会展项目结束阶段。

我国会展业的主要利益相关者划分为4类,即核心层利益相关者、次核心利益相关者、支持性利益相关者和边缘性利益相关者。核心层利益相关者包括政府、会展公司、参展商、参展观众;次核心利益相关者包括场馆企业;支持性利益相关者包括会展业相关企业(展台设计、运输和搭建企业)、会展行业协会;边缘性利益相关者包括社会公众和酒店餐饮企业、交通旅游企业。

会展项目管理涉及9大领域的知识,即范围管理、时间管理、成本管理、质量管理、人力资源管理、沟通管理、风险管理、采购管理及整体管理。

 复习与思考

1. 会展项目的特征是什么?会展项目包括哪些内容?
2. 会展项目如何分类?
3. 会展项目的管理过程是什么?
4. 会展业主要利益相关者包括哪些?
5. 会展项目管理涉及哪些相关知识?

 **技能实训**

"中国进出口商品交易会"的成功项目管理因素分析

一、实训要求

运用本章所学知识,分析案例,掌握会展项目管理的过程。

二、实训目的

强化学生对会展活动的项目化管理的掌握。

三、实训组织

学生以 4 人为一个小组,分析背景案例。

四、背景资料

中国进出口商品交易会即广州交易会,简称广交会。创办于 1957 年春季,每年春秋两季在广州举办,迄今已有五十余年历史,是中国目前历史最长、层次最高、规模最大、商品种类最全、到会客商最多、成交效果最好的综合性国际贸易盛会。自 2007 年 4 月第 101 届起,广交会由中国出口商品交易会更名为中国进出口商品交易会,由单一出口平台变为进出口双向交易平台。2012 年 10 月 15 日,第 112 届广交会开幕,尽管受全球市场仍处于持续降温状态影响,但中国外贸发展的传统优势并未根本削弱。

五、实训内容

(1) 通过网络查阅广交会的相关资料。

(2) 广交会在会展管理过程中主要采取了哪些措施?

(3) 作为一个成功的会展案例,广交会在项目管理中成功的要素有哪些?

模块二

会展项目的识别与启动

 教学目的和要求

1. 掌握会展项目策划的基本工作流程；
2. 掌握会展项目策划书的写作；
3. 理解会展项目的立项与报批。

 教学重点和难点

1. 重点是会展项目策划的基本工作流程；
2. 难点是会展项目策划书的写作。

 **开篇案例**

圣诞节巨献美食购物嘉年华

作为一年一届的美食界盛事——香港"冬日美食嘉年华"（同时也是最大的室内美食展），至今，已经连续举办了12年，每期举办3—5天。举办以来，主办方希望借机打造香港一年一度圣诞节公众假期的"合家欢"节目，亦成为市民及访港旅客欢度佳节的必选节目，历届均有不少声名显赫的参展商参与，吸引了大批参观者前往品尝美食、购置年货。

展会每年推陈出新，创意迭出不穷。2007年第5届冬日美食嘉年华凸显"温情"主题，由一众天水围家庭合力炮制圣诞大餐揭开序幕，处处都是免费试食试饮，分量虽少种类繁多，而且当中不乏新产品，让市民于展场大饱口福。2008年第6届冬日美食嘉年华瞄准了25日和26日是香港的圣诞节公众假期这一"贺岁档"，于25—28日举行，参展摊位超过300个，展品包括国际特色美食、香港地道食品、有机产品等。2009年第7届冬日美食嘉年华推出了全港最大的"南洋鸡尾包"，希望将温暖送给参观者，共为香港2009年加油打气。2010年第8届冬日美食嘉年华集合逾1,000个参展摊位，增添多个主题展区，如红酒及美酒佳肴区、台湾特色食街、日本食品展区、海味及贺年食品区，场内汇聚饮食业内不同范畴的公司，展示世界各地多款特色食品，满足入场人士对美食的渴求。再配合大会精心挑选的台上节目及讲座，为入场人士提供2010年饮食业最新颖的资讯，最优质的食品、饮品及服务。2011年香港"冬日美食嘉年华"首日吸客逾20万，原价138港币的挪威三文鱼扒以超低价1角发售，限量20件不到2分钟已经售罄。2012年以"热爱全城"为主题，安排了多项特备节目，例如Make A Wish美食烹饪慈善赛、亲子角色扮演大变身、歌星云集贺圣诞及失惊无神圣诞老人等,向广大游客推广"大爱"文化,还举办了大型的室内圣诞派对,齐齐欢度圣诞。2013年香港"冬日美食嘉年华"致力打造全亚洲最具规模的美食嘉年华,与各国领事馆合作,邀请不同地区的代表团、贸易团来港介绍特色风味食品,给参加者一次愉快的美食体验!2014香港"冬日美食嘉年华"更延长至29号(5日展期)!场内首选节目星级名厨教室,邀请大厨和专家为大家示范精彩美食。在十大场馆可品尝更多日韩潮食、环球美酒及参茸海味,并特设众多试食专区。国内旅客持有效证件还可以获得大礼包一份!

资料来源:http://wenku.baidu.com,有改动。

案例解析

(1) 结合展会主题突显特色。香港"冬日美食嘉年华"作为世界最大的室内美食展,美食的独特产品特色让主办方拥有更多的发挥空间,观众充分体验到美食乐趣。试吃、打折、制作最大的点心等活动,在充分调动展会气氛的同时也激发了观众们更高的积极参与性。

(2) 展会主题迎合时代潮流。温情主题是其一直以来不变的经典主题,以家庭参与为主的形式恰好迎合美食主题,尤其是对于注重家族情感的香港人来说,一个举办在年底的美食展会为众多家庭的集体出游、品尝、采购提供了前所未有的机会。让"冬日美食嘉年华"如此火爆的绝不仅仅是美食主题本身,迎合了时代的大潮流才是展会的王牌杀手锏。

(3) 适当的促销与减价增加了展会的吸引力。备受通货膨胀、物价飞涨压力的普通民众需要一处安全放心的地方来采购物美价廉的食材。而美食展会恰好提供了这样一个平台。当然,薄利多销也使得商家获利不少,显然,适当的让利带来的是更大的利润。如果把蛋糕做大,收获必然会更大。

(4) 展览的生命之源来自丰富的内容与新鲜的创意。不断增加的参展商类型和每年新颖的创意吸引着众多的观众与参展商,试问,一个本来就被群众需要与爱戴的展会,在不断推陈出新、更新自我、不断寻求进步的前提下,怎么会不受到群众更多的喜爱与拥护呢?

(5) 特殊产品展会成功的关键是展览时间的策划。每届美食展的开幕都选择在圣诞节之前,而年底举办的展会也满足了民众年底采购年货的需求,可谓是"天时地利人和"中的"天时"。

2.1 会展项目策划的基本工作流程

会展项目策划是指充分利用现有信息和资源,判断事物变化发展的趋势,全面构思、设计,选择合理、有效的方案,使之达到预期目标的活动。策划是一个综合性的系统工程,目标是起点,信息是基础,创意是核心。会展项目策划就是会展企业根据收集和掌握的信息,对会展项目的立项、方案实施、品牌树立和推广、会展相关活动的开展、会展营销及会展管理进行总体部署和具有前瞻性规划的活动。

2.1.1 成立策划小组

会展项目策划工作需要集合各方面的人员进行集体决策。因此,首先要成立一个会展项目策划小组,具体负责会展项目策划工作。一般而言,会展项目策划小组应由以下人员组成,如表2.1所示。

表 2.1 会展项目策划小组人员组成

人员	事务
策划主管	负责协调、沟通整个小组各策划人员的工作,并全权负责策划方案的制订和修订
策划人员	负责编拟会展项目计划
文案撰写人员	负责撰写各类会展文案,包括会展常用文书、会展社交文书、会展推介文书、会展合同等
美术设计人员	负责各类各种类型视觉形象设计,如广告设计、展示空间设计,此负责人要求能熟练运用 Photoshop、Imageready、Illustrator、CoreIDRAW 等软件
市场调查人员	负责进行市场调查并编写市场调查报告
公关及媒体联络人员	进行会展形象宣传和媒体宣传推广

1. 策划主管

策划主管一般由总经理、副总经理或业务部经理、创作总监、策划部经理等人担任。在会展公司里,策划主管具有特殊地位,他是沟通会展公司与会展服务承包商、参展商的中介。一方面,他代表会展公司与会展服务承包商、参展商等洽谈业务;另一方面,他又代表会展承包商、参展商等监督会展公司一切活动的开展。

2. 策划人员

策划人员一般由策划部的正副主管和业务骨干来承担,主要负责编拟会展计划。

3. 文案撰写人员

文案撰写人员专门负责撰写各种会展文案,包括会展常用文书、会展业务社交文书、会展业务专用文书、会展业务推介文书、会展业务事务文书、会展业务合同协议文书、会展业务法律文书等。文案撰写人员应该能够准确地领悟策划小组的集体意图,具有很强的文字表述能力。

4. 美术设计人员

美术设计人员专门负责进行各种类型视觉形象的设计。美术设计人员是策划小组很重要的组成部分。因为在整个会展策划过程中,诸如各种类型的广告设计、展示设计、展示空间设计等都需要美术设计人员的参与。美术设计人员必须具有很强的领悟能力和将策划意图转化为文字、图画的能力。

5. 市场调查人员

市场调查人员负责进行各种复杂的市场行情调查,并能写出精辟的市场调查报告。

6. 公关及媒体联络人员

公关及媒体联络人员负责为会展公司创造融洽、和谐的公众关系氛围,以获得各方面的支持帮助,同时,还能够从公关的角度提供建议。其应当熟悉各种媒体的优势、劣势及其价格,并且与媒体有良好的关系,能按照会展策划的部署,进行媒体规划,争取最佳的广告宣传效果。

在会展策划过程中,由策划主管负责,各方面人员需要通力配合,协调一致,共同做好会展策划工作。

2.1.2 进行市场调查

市场调查是以科学的方法,有系统、有计划、有组织地收集、调查、记录、整理、分析有关产品或劳务市场等信息,客观地测定与评价,发现各种事实,用以协助解决有关营销的问题,并作为各种营销决策的依据。

会展市场调查是会展策划的基础。从传播学的角度来看,市场调查是会展策划者为了了解市场信息,把握市场动态,进而确定会展目标和主题,编写会展策划方案,选择会展策略,检查会展效果等所必需的调研工作。只有在系统地收集有关市场与相关背景的资料,并加以科学概括分析的基础上确立的会展计划,才能卓有成效地实现其总体目标。

在执行市场调查时,不仅要考虑本区域的优势产业和主导产业,还要考虑重点发展中的行业、政府扶植的行业等。具体分析行业市场状况,要摸清市场的归属,即买方市场还是卖方市场等。

以一次会展为例,主办者需要将市场调研的重点放在以下4个方面:

(1) 市场前景分析(如政策可行性、市场规模及类型等);
(2) 同类会展的竞争能力分析;
(3) 本次会展的优势条件分析;
(4) 潜在客户需求调查。

总之,在瞬息万变的市场中,如果没有科学的市场调研和预测做先导,会展的策划、运作就很难达到预期的目的。

2.1.3 决定会展策略

做出会展决定是一个决策过程,应该有相应的程序。在一般情况下,会展决策应考虑营销需求、市场条件、营销方式、内部条件等因素。

在充分地进行市场调研与预测之后,接下来需要进行会展目标市场的定位和制订会展营销计划。以展会为例,组织者在进行目标市场定位时需要考虑以下因素。

1. 展会的类型

组织者首先要明确自己所主办的是什么类型的展会,因为政府主办的会展、公益性质的会展和商贸会展在具体操作模式和策略的制定上有很大的区别。

2. 产业标准

一次展会往往要涉及多个产业,这是导致会展目标市场定位复杂的主要原因。例如,举办一次汽车展,组织者除考虑汽车生产企业外,还要努力吸引销售、运输等汽车需求较大的企业,甚至一些研究机构等。

3. 地理细分

由于不同地区的参展商和专业观众有着不同的需求特征及营销反应,所以,地理变量经常被作为细分会展市场的依据。在进行地理细分时,会展组织者不仅要分析不同国家的参展商对会展的个性化要求,而且要弄清参展商在本国的具体分布,这样才能行之有效地进行决策。

4. 行为细分

行为细分是根据参展商的参展动机、购买动机、购买状态或对会展的态度等进行划分,其中,参展动机被认为是进行会展市场细分的最佳起点。

决定会展策略应该在充分掌握现有相关资料的基础上进行,如宏观政策环境、企业经营实力、会展市场竞争状况、顾客满意程度等。从会展营销的角度来说,一份会展营销计划应包括会展营销现状分析、企业 SWOT 分析、营销目标的确立、市场营销组合策略、具体的行动方案、营销预算费用以及营销计划与控制等。

2.1.4　制定媒体策略

现代社会是一个信息社会,人与人之间、企业与企业之间都需要交流,而信息交流的主要载体便是各种各样的媒体。实施有效的媒体策略对会展活动组织者至关重要,会展组织者根据有限的广告预算以及举办会展的需要和条件来选择合适的媒体。在选择媒体的类型时需要综合考虑目标受众的媒体习惯、产品性质、信息类型以及广告成本等因素。市场化程度的提高,带来了媒体的迅速成长或衰落,会展专业媒体也不例外。

例如,若从提升城市形象的角度分析,在一次大型的国际会议或展览会中,城市政府面向媒体的主要工作包括以下 3 点。

(1) 在会展活动开始之前,政府需要媒体对会展前期的准备工作、会展的特点及创新性等做大量宣传报道,具体方式有举行记者招待会,或组织专家学者讨论并在专门的媒体上发表声明,以吸引市民和潜在专业观众的注意。

(2) 在会展举办期间,继续组织有关媒体尤其是本地的主流报纸或电视台对会展活动做进一步的宣传,以满足不同公众对此活动的关注需要。

(3) 活动结束之后,政府应该鼓励媒体对此活动的效应和成果等做出总结性的报道,以加深公众的印象,并达到提升城市形象的目的。

若从参展商与媒体的角度来说,在展会开幕之前,参展商除了可以通过直接邮寄等方式与客户联系并邀请对方光临自己的展台外,还要积极利用各种形式的媒体对本企业的参展活动作大量的宣传,可以在报纸、杂志或参展手册上刊登广告,也可以利用会展主办者发行的会展快讯,宣传和介绍企业参展产品,以吸引专业买家来洽谈。在会展期间,还可以通过别出心裁的现场表演、公关事件或召开新产品推介会等,吸引媒体以及专业观众的广泛关注。

同时,为了推广企业的品牌形象或提高产品的知名度,参展商必须与媒体保持良好的关系,并积极提供有价值的新闻,争取让媒体在会展期间对本企业给予更多报道。

随着会展活动的不断升温,不仅是大众媒体,专业媒体也跟着热起来。纵观现有的会展杂志、报纸及网站的竞争格局和特点可以发现:专业刊物正走向多元化,刊物定位也更加鲜明,媒体的形式丰富多彩,互联网正在被深入地应用。因此,在会展媒体选择上,必须与时俱进,制定更加有效的媒体策略。

2.1.5　制定展示设计策略

会展展示设计是以传达会展信息、吸引参观者为主要功能,有目的、有计划地做好环境、展台、展品设计。好的设计能提高会展的品位,吸引参展者、专业观众,对产品营销也起着潜移默化的作用。

一般而言,对于较大的会展,展示设计工作在开展前 9 个月就开始了。从参展商的角度来说,设计不仅仅是一个展台设计的问题,在策划阶段就要考虑设计会展结构、取得会展公司的设计批准、制作会展宣传册等。

展台设计根据具体情况要求有不同的设计原则和功能区分。所以,其设计原则也是千变万化。

以宣传材料的设计与制作为例:对于参展商来说,狭义的宣传材料主要指各种文印资料,如宣传册页、新闻稿件等。而实际上,宣传资料不仅仅限于现场分发给观众或记者的资料,它还包括很多形式,如直接邮寄资料、产品介绍、VCD、纪念包(手提袋)、户外广告或会展的每日快讯等。

在宣传材料外观的设计上,必须要尊重整体的风格,同时,要能形成强大的视觉冲击力。外观设计主要是解决材料的形状和大小两个问题,并且要求设计富有人性化,便于人们携带。

2.1.6 预算方案

良好的财务管理和预算控制是筹办会展最重要的因素之一,如果安排得当,不仅会起到增加收益、提高效益的作用,而且能使管理者了解收入的来源及比例,分析主要的投入项目,确定主要的收入来源。预算是协助实现财务目标的一个工具,可以把预算看作是一张特别的地图,它能引导会展公司达到所寻找的目标。为了实现这个目标,会展在制定预算时必须做到有计划、有步骤并不断地更新信息。预算方案详见模块六第二节。

2.1.7 撰写项目策划方案

会展项目策划就是会展的策略规划,为了会展的成功举办,必须对会展的整体性和未来性的策略进行规划,包括从构想、分析、归纳、判断到拟定策略、方案实施、事后追踪与评估过程。

会展策划与计划不同,它包括为达到目的的各种构想。这些构想和创意是新颖的,与目标保持一致的方向,并有实现的可能。把项目策划过程用文字完整地记录下来就是会展项目策划案。

广义的会展项目策划案可以涵盖经市场调查而产生的可行性研究报告、项目意向书、项目建议书以及广告策划方案、宣传手册等,包括围绕某次会展的展前、展期、展后所有的策划方案。

2.1.8 实施效果评估

会展的效果是长期的,展出者在重视并投入很大力量进行展台设计、产品展示、展览宣传、展台接待和推销等工作的同时,也应当投入相当的力量做会展后续工作。如果说会展相当于"播种",建立新的客户关系,那么,会展的后续工作就相当于"耕耘"与"收获",将新的客户关系发展为实际的客户关系。会展的后续工作有很多,实际效果评估是其中的重要一环。

会展的效果评估内容也很丰富,有会展工作评估和会展效果评估。会展效果评估需要由展出者自己安排或委托专业评估公司来做,会展效果的评估内容有定性的内容,也有定量的内容,条件许可的情况下尽量用定量的评估内容,这样能使评估的结果更客观、更有价值。

总之,会展作为一种营销方式,在开拓市场、巩固市场等方面发挥着重要作用。但是,会展活动是一项复杂、浩繁的工程,它的工作环节很多,为了保证其顺利、有效地开展,必须要重视其策划工作。有学者指出,只有当会展被认为是最有效的营销方式时才决定参加会展,而在决定会展主题后,能激发创意并有效地运用手中的资源,选定可行性的方案,达到预期目标或解决一个难题,这就是策划。会展项目策划在整个会展过程中扮演着重要角色。

2.2 会展项目策划书的写作

2.2.1 会展预备阶段的文案

1. 会展预备阶段的文案的概念

会展预备阶段的文案是指一次会展从确定题材、收集信息、进行项目立项策划一直到会展正式开幕前的预先准备阶段涉及的所有文本文案。

2. 会展预备阶段的文案种类

一般来说,会展预备阶段的文案包括会展立项策划书、会展项目立项可行性研究报告(详见模块三)、参展说明书等。

2.2.2 会展预备阶段的文案写作

1. 展会立项策划书的写作要求

所谓展会立项策划,就是根据掌握的各种信息,对即将举办的展会的有关事宜进行初步规划,设计出展会的基本框架,提出计划举办的展会的初步规划,主要包括展会名称和展会地点、办展机构、办展时间、展品范围、办展频率、展会规模、展会定位、展会价格和展会初步预算、人员分工、拓展和宣传推广计划、展会进度计划、现场管理计划和相关活动计划等。

(1) 展会名称。

展会名称一般包括3个方面的内容:基本部分、限定部分和行业标志。例如,"第115届中国进出口商品交易会",如果按上述3个内容对号入座,则基本部分是"交易会",限定部分是"中国"和"第115届",行业标志是"进出口商品"。下面分别对这3个方面进行说明。

基本部分:用来表明展览会的性质和特征,常用词有展览会、博览会、展销会、交易会和"节"等。

限定部分:用来说明展会举办的时间、地点和展会的性质。

展会举办时间的表达方式有三种:一是用"届"来表示,二是用"年"来表示,三是用"节"来表示。例如,第24届大连国际服装节、2014广州国际旅游展览会、法兰克福春季消费品展览会等。在这三种表达方式中,用"届"来表示最常见,它强调展会举办的连续性。那些刚举办的展会一般用"年"来表示。展会举办的地点在展会的名称里也要有所体现,如第24届大连国际服装节中的"大连"。

展会名称里体现展会性质的词主要有"国际""世界""全国""地区"等。如第24届大连国际服装节中的"国际"表明本展会是一个国际展。

行业标志:用来表明展览题材和展品范围。如第24届大连国际服装节中的"服装"表明这个展会是服装产业的展会。行业标志通常是一个产业的名称或者是一个产业中的某一个产品大类。

(2) 展会地点。

策划选择展会的举办地点,包括两个方面的内容:一是展会在什么地方举办;二是展会在哪个展馆举办。

策划选择展会在什么地方举办,就是要确定展会在哪个国家、哪个省或者哪个城市举办。

策划选择展会在哪个展馆举办,就是要选择展会举办的具体地点。具体选择在哪个展馆举办展会,要结合展会的展览题材和展会定位而定。另外,在具体选择展馆时,还要综合考虑使用该展馆成本的大小、展期安排是否符合自己的要求以及展馆本身的设施和服务如何等因素。

(3) 办展机构。

办展机构是指负责展会的组织、策划、招展和招商等事宜的有关单位。办展机构可以是企业、行业协会、政府部门和新闻媒体等。

根据各单位在举办展览会中的不同作用,一个展览会的办展机构一般有以下几种。

主办单位:拥有展会并对展会承担主要法律责任的办展单位。主办单位在法律上拥有展会的所有权。

承办单位:直接负责展会的策划、组织、操作与管理,并对展会承担主要财务责任的办展单位。

协办单位:协助主办或承办单位负责展会的策划、组织、操作与管理,部分地承担展会的招展、招商和宣传推广工作的办展单位。

支持单位:对展会主办或承办单位的展会策划、组织、操作与管理,或者是招展、招商和宣传推广等工作起支持作用的办展单位。

(4) 办展时间。

办展时间是指展会计划在什么时候举办。办展时间有三个方面的含义:一是指举办会展的具体开展日期;二是指会的筹展和撤展日期,三是指展会对观众开放的日期。

展览时间的长短没有一个统一的标准,要视不同的展会具体而定。有些展会的展览时间可以很长,如"世博会"的展期长达几个月甚至半年;但对于常见的专业贸易展来说,展期一般是 3—5 天为宜。

(5) 展品范围。

展会的展品范围要根据展会的定位、办展机构的优劣势和其他多种因素来确定。

根据展会的定位,展品范围可以包括一个或者是几个产业,或者是一个产业中的一个或几个产品大类,例如,"博览会"和"交易会"的展品范围就很广,如"广交会"的展品范围就超过 10 万种,几乎是无所不包;而德国"法兰克福国际汽车展览会"的展品范围涉及的产业就很少,只有汽车产业。

(6) 办展频率。

办展频率是指展会是一年举办几次还是几年举办一次,或者是不定期举行。从目前展览业的实际情况看,一年举办一次的展会最多,约占全部展会数量的 80%,一年举办两次和两年举办一次的展会也不少,不定期举办的展会已经是越来越少了。

办展频率的确定受展览题材所在产业的特征的制约。我们知道,几乎每个产业的产品都有一个生命周期,产品的生命周期对展会的办展频率有重大影响。

产品的投入期和成长期是企业参展的黄金时期,展会的办展频率要牢牢抓住这两个时期。

(7) 展会规模。

展会规模包括三个方面的含义:一是展会的展览面积是多少;二是参展单位的数量是

多少；三是参观展会的观众有多少。在策划举办一个展会时，对这三个方面都要做出预测和规划。

在规划展会规模时，要充分考虑产业的特征。展会规模的大小还会受到展会观众数量和质量的限制。

(8) 展会定位。

通俗地讲，展会定位就是要清晰地告诉参展企业和观众本展会"是什么"和"有什么"。具体地说，展会定位就是办展机构根据自身的资源条件和市场竞争状况，通过建立和发展的差异化竞争优势，使自己举办的展会在参展企业和观众的心目中形成一个鲜明而独特的印象的过程。

展会定位要明确展会的目标参展商和观众、办展目标、展会主题等。

(9) 展会价格和展会初步预算。

展会价格就是为展会的展位出租制定一个合适的价格。展会展位的价格往往包括室内展场的价格和室外展场的价格，室内展场的价格又分为空地价格和标准展位的价格。

在制定展会的价格时，一般遵循"优地优价"的原则，即那些便于展示和观众流量大的展位的价格往往要高一些。展会初步预算是对举办展会所需要的各种费用和举办展会预期获得的收入进行的初步预算。

在策划举办展会时，要根据市场情况给展会确定一个合适的价格，这样对吸引目标参展商十分重要。

(10) 人员分工、招展、招商和宣传推广计划。

人员分工、招展、招商和宣传推广计划是展会的具体实施计划，这四个计划在具体实施时会互相影响。

人员分工计划是对展会工作人员的工作进行统筹安排。招展计划主要是为招揽企业参展而制定的各种策略、措施和办法。招商计划主要是为招揽观众参观展会而制定的各种策略、措施和办法。宣传推广计划则是为建立展会品牌和树立展会形象，并同时为展会的招展和招商服务的。

(11) 展会进度计划、现场管理计划和相关活动计划。

展会进度计划是在时间上对展会的招展、招商、宣传推广和展位划分等工作进行的统筹安排。它明确在展会的筹办过程中，到什么阶段应该完成哪些工作，直到展会成功举办。展会进度计划安排得好，展会筹备的各项准备工作就能有条不紊地进行。

现场管理计划是展会开幕后对展会现场进行有效管理的各种计划安排，它一般包括展会开幕计划、展会展场管理计划、观众登记计划和撤展计划等。现场管理计划安排得好，展会现场将井然有序。

相关活动计划是对准备在展会期间同期举办的各种相关活动做出的计划安排。与展会同期举办的相关活动最常见的有技术交流会、研讨会和各种表演等，它们是展会的有益补充。

2. 会展项目立项策划书的撰写

会展项目立项策划书又称会展项目立项报告，是会展项目承办单位或会展项目法人，根据市场情况或社会某一重大问题等提出的某一具体会展活动的建议文件，是对拟举办会展活动提出的框架性的总体设想，它包括如下主要内容。

(1) 举办会展项目的市场环境分析。

市场环境分析包括宏观市场环境分析和微观市场环境分析。宏观市场环境包括人口环境、经济环境、技术环境、政治法律环境、社会文化环境等;微观市场环境包括办展机构内部环境、目标客户、竞争者、营销中介、服务商和社会公众等。

(2) 提出会展项目的基本框架。

基本框架包括会展项目的名称、举办地点、办展机构的组成、展品范围、办展时间、办展频率、会展项目规模和会展项目定位等。

(3) 会展项目价格及初步预算方案。

会展项目价格主要是指会展展位或参会的价格。会展初步预算是指对会展项目投入、支出与收益的预见性计划。

(4) 会展工作人员的分工计划。

会展工作人员的分工计划是指依据会展项目的子项目进行人员的具体安排方案。

(5) 会展招展计划。

会展招展计划是指展会的展区或会议区如何安排、展位如何划分、如何招揽企业参展、非企业性质单位参会的计划。

(6) 会展招商计划。

会展招商计划即招揽展会商户的计划,是指会展举办方将自己的服务、产品信息面向一定范围进行发布,以招募商户共同发展。会展招商计划是指会展举办方将采取什么方式和方法吸引其他商户加入所举办的项目活动中来的方案。

(7) 会展宣传推广计划。

会展宣传推广计划是指会展举办或承办单位以怎样的方式、方法或手段向与会展项目有关的企业或单位传递信息,并吸引他们和其他对该会展项目感兴趣的民众来参展的具体方案。它包括特定的新闻报道、深度文章、付费短文广告、案例分析等。

(8) 会展筹备进度计划。

会展筹备进度计划是指会展项目在进行立项时,说明哪些工作必须于何时完成或完成每一任务所需要的时间等预设方案。其目的是控制时间和节约时间。因为会展项目的主要特点之一是有严格的时间期限要求,因此,筹备进度计划在会展项目管理中显得十分重要。常用的制订进度计划的方法有关键日期表、甘特图(Gantt Chart)、关键路线法(Critical Path Method,CPM)和计划评审技术(Program/Project Evaluation and Review Technique,PERT)等。

(9) 会展服务商安排计划。

会展服务商安排计划是指会展举办或承办方为前来参展的企业或单位、个人提供诸如交通、住宿、旅游、餐饮、娱乐等方面的服务性单位的方案。

(10) 会展开幕和现场管理计划。

会展开幕和现场管理计划包括会展开幕仪式的程序、礼仪等的时间、人员安排,会展现场的安保、卫生、紧急情况预案等的安排计划。

(11) 会展期间举办的相关活动计划。

会展期间举办的相关活动计划即与展会直接相关或不直接相关的一些活动安排。如展会后与展会相关的研讨会,与会展项目不相关的娱乐活动或旅游活动等。

(12) 会展的结算计划。

会展的结算计划是指会展举办或承办单位对举办会展活动而产生的商品交易、劳务供应或资金调拨等原因所发生的货币收、付业务的清算方案。会展结算的方式有两种,即现金结算和转账结算。会展结算的内容包括业务货款支付的地点、时间和条件,商品所有权转移的条件,结算凭证及其传递的程序和方法等。

2.2.3 参展说明书

1. 参展说明书的概念

办展机构在确定了展会的有关日期安排,指定了展会承建商、展会运输代理和展会旅游代理以后,就可以着手编制展会的《参展说明书》了。

《参展说明书》是办展机构将展会筹备、开幕以及参展商参加展会时应注意的其他问题汇编成册,以方便参展商进行参展准备的一种小册子,编制《参展说明书》是展会筹备过程中一项基础性的工作。

2. 参展说明书的作用

《参展说明书》主要是为方便和指引参展商顺利进行筹展、布展、展览和撤展等服务的,它不仅对参展商进行参展筹备有着十分重要的指引作用,也对办展机构对展会的布展、展览和撤展等各环节进行有效的现场管理有很大的帮助和影响。

(1)《参展说明书》对参展商的指引作用。

《参展商说明书》分别对展览场地、展会基本情况、展会规则、层位搭装、展品运输和会展旅游等做出详细的说明,参展商在得到《参展说明书》以后,就可以按照该说明书的指引对参展的各项准备工作进行筹备。如安排展品的运输、准备展位的搭装材料和设计等;在展会布展现场,参展商将按该说明书的有关要求进行展位搭装和布展,避免布展期间的盲目和违规;在展览期间,参展商可以按该说明书的要求布置展品演示;在撤展期间,参展商可以按照该说明书的指引有条不紊地撤展;展会结束后,参展商还可以按照该说明书的指引选择适合自己需要的会展旅游。在《参展说明书》的指引下,参展商可以更有效地准备和完成参加展会各工作环节的各项事务。

(2)《参展说明书》对展会现场管理的作用。

《参展说明书》对展会在筹展、布展、展览和撤展期间的各项规定,不仅有利于指导各参展商按规定办事,也有利于办展机构按该说明书的规定监督展会现场的各种事宜,并按说明书的规定为参展商提供各种服务。《参展说明书》是办展机构对展会筹展、布展、展览和撤展等环节进行现场管理的重要依据之一,它为展会各阶段制定了大家必须遵守的行为规范,有利于办展机构按此规范对展会各环节的现场进行管理。

(3)《参展说明书》对观众的作用。

除了对参展商的指引和对展会现场管理的作用外,《参展说明书》对展会观众也能起一定的作用。比如,《参展说明书》对展馆平面图、馆内服务设施分布图、交通路线、指定接待酒店和展会开放时间的说明,就对观众参观展会有较大的帮助。

观众在展馆交通路线图的指引下可以更方便地到达展馆,在馆内服务设施分布图的指引下可以找到自己需要的服务提供点,可以享受展会指定接待酒店的优惠价格待遇,在展会开放时间说明的指引下可以合理地安排自己的参观时间等。一般来说,展会的观众有很大一部分是各参展商自己邀请来的,参展商一般都会将上述信息通知其邀请的观众,这样,《参展说明书》对观众所起的作用将更大。

3. 编制《参展说明书》的基本原则

从《参展说明书》所起的作用我们可以看出,《参展说明书》是展会筹备过程中的一个重要文件。要让《参展说明书》在展会筹备过程中切实地起到上述作用,在编制时必须做到以下几点。

(1) 实用。

《参展说明书》所包含的内容必须对参展商进行筹展、布展、展览和撤展等有较大的指引作用,或者对办展机构对展会筹展、布展、展览和撤展各环节进行管理有较大帮助,或者对参展商邀请其老客户来展会参观有辅助作用,否则,该内容就不能编入《参展说明书》。

(2) 简洁明了。

《参展说明书》对各方面内容的说明和叙述应该简洁,文字不宜太多,篇幅不宜太长,能说明问题就行;《参展说明书》对各方面内容的说明和叙述必须准确、具体,让人看得明明白白,不能让人产生歧义。否则,在展会筹展、布展、展览和撤展等环节的具体执行中就会引起争议,既不利于参展商展出,也不利于办展机构对展会现场进行管理。

(3) 详细全面。

对于《参展说明书》提到的各项内容要尽量详细,如对布展和撤展加班时间的规定可以具体到小时和分钟,对各种表格的返回的最后期限的规定具体到某月某日等,这样更有利于展会的具体操作和管理;对于《参展说明书》提到的各项内容要做到没有遗漏,如对展览场地基本情况的说明中,对展馆入口的高度和宽度、对展馆的地面承重能力、对消防的注意事项等要一一列明,不能遗漏,否则,现场操作就会出现问题,比如,如果没有提到展馆入口的高度和宽度,就有可能会使一些较大、较长的物品进不了展馆。

(4) 美观。

《参展说明书》的排版和制作要美观大方、印刷讲究,尽量不要出现错别字和其他印刷错误;《参展说明书》的制作和用纸与展会的档次和办展机构的品牌与声誉相符,不能让人产生不好的联想。

(5) 专业。

《参展说明书》的遣词造句要符合行业习惯和规范,要使用行业熟悉的语言,所涉及的术语要规范,不能想当然地使用一些行业比较陌生的词语;内容编排要符合参展商筹展的筹备程序,不能让他们翻来覆去地寻找自己需要了解的内容。

(6) 国际化。

如果展会是国际性的展会,或者展会有向国际化方向发展的打算,那么,《参展说明书》的内容编排和制作也要尽量做到符合国际参展商的需要,如除了要有中文的文本外还要有外文的文本。外文文本的参展说明书,其翻译一定要准确,因为海外参展商就是根据该说明书来筹备各项参展事宜的;如果翻译得不准确,将会给他们带来极大的不便。

4. 《参展说明书》包含的主要内容及写作要求

从某种意义上讲,《参展说明书》是帮助参展商进行参展筹备的纲领性文件,也是办展机构对展会布展、展览和撤展等各环节进行有效管理的指导性文件,它所包含的内容涉及举办展会的各个环节。一般来说，《参展说明书》主要包括以下几个方面的内容。

（1）前言。

前言主要是对参展商参加本展会表示欢迎，说明本说明书编制的原则和目的，提醒参展商在筹展、布展、展览和撤展等环节要自觉遵守本说明书的相关规定等。前言一般都很简短，言简意赅。

（2）展览场地基本情况。

展览场地的基本情况包括展馆及展区平面图、至展馆的交通图、展览场地的基本技术数据等。绘制展馆及展区平面图时，要注意标明展馆各种服务设施所在的位置、展区和展位划分的详细情况、展馆内部通道和出入口等；在绘制至展馆的交通图时，要注意标明展馆在该城市的具体位置、到展馆可以利用的各种主要交通工具和交通路线、各指定接待酒店在该城市的具体位置等；对于该展览场地的基本技术数据，要清楚准确地列出地面承重、馆内通风条件、货运电梯容积容量、展馆室内空间高度、展馆入口高度和宽度、展馆的水电供应状况等。展览场地基本情况的介绍对于帮助参展商准确地找到展馆和自己的展位，进而进行展位搭装和布展有着很好的指引作用。

（3）展会基本信息。

展会基本信息包括展会的名称、举办地点、展览时间、办展机构、展会指定承建商、指定运输代理、指定旅游代理、指定接待酒店等。对于办展时间，要具体列明展会的布展时间、开幕时间、对专业观众和普通大众开放的时间、撤展时间、布展撤展加班时间等，对以上时间尽量精确到小时；对于办展机构，要具体列明展会的主办单位、承办单位、支持单位和协办单位等；另外，还要具体列明各办展机构、展会指定承建商、指定运输代理、指定旅游代理、指定接待酒店等的详细联系地址、联系电话、传真和联系人，如果有网址和电子邮箱也最好能公布，以便参展商在需要的时候方便联系各有关单位。

（4）展会规则。

展会规则是展会要求参展商和观众等参加展会时所必须遵守的一些规章制度，包括展会有关证件使用和管理的规定、展会现场保安和保险的规定、展位清洁的规定、物品储藏的规定、现场使用水电的注意事项、现场展品销售的规定、消防规定、知识产权保护规定、现场展品演示的注意事项等。展会规则是所有与会人员必须遵守的制度，对展会现场管理和维护现场秩序十分重要。

（5）展位搭装指南。

展位搭装指南是对展会展位搭装的一些基本要求和说明，主要包括标准展位说明和空地展位搭装说明等。所有的标准展位的基本结构和配置都是一样的，所以标准展位说明主要是对展位的标准配置做出说明，列明参展商使用标准展位的注意事项，提出如果参展商需要增加标准配置以外的其他配置的处理办法等。空地展位搭装说明主要是对参展商搭建空地展位做出的一些规定和要求，如使用材料的要求、动火作业的规定、消防安全的规定和铺设电线的规定等。展位搭装指南对指导参展商顺利、安全地搭装展位和布展有较大帮助。

（6）展品运输指南。

展品运输指南是对参展商将展品等物品运到展览现场所做的一些指引和说明，主要包括海外运输指南和国内运输指南等。不管是海外还是国内运输指南，都要对展品等的运输方式和运输线路、各种货品的交运和文件提交的期限、货运文件的准备和交付、收费标准、包装、海关报关、回程运输、可供选择的自选服务等做出具体说明。展品运输指南对帮助参展商及时安排展品等物品的运输有较大的作用。

（7）会展旅游信息。

会展旅游信息是对解决参展商及观众等参加展会期间的交通、吃、住、行等需要和展会前后的旅游需要等做出的一些说明。会展旅游信息要详细地列出各指定接待酒店的档次、协议优惠价格、地址、联系电话和传真以及联系人、与展馆的距离等，要列出国（境）外观众和参展商入境的签证办法、会展期间及前后可供选择的商务考察和观光休闲旅游的线路和安排等。会展旅游信息主要是为了方便参展商及观众的日常生活服务。

（8）相关表格。

相关表格是有关参展商在筹展和布展过程中需要使用的各种表格，主要包括展览表格和展位搭装表格两种。展览表格主要有贵宾买家服务表、聘请临时服务人员申请表、额外工作证和邀请卡申请表、研讨会和技术交流会申请表、刊登会刊广告申请表等。《参展说明书》编制成功以后，可以印刷成册，在展会开幕前适当的时间寄给参展商，也可以将其内容发布在展会的专门网站上供参展商阅览和下载，如果展会有海外参展商，还要将其翻译成外语文本。

2.3 会展项目的立项与报批

2.3.1 会展项目的立项

1. 会展项目立项的概念

会展项目立项，是指承办会展活动的相对人以书面报告形式向相关行政主管部门进行项目申请，并最终获得相关行政主管部门批准或承认的过程。

2. 会展项目立项的特征

（1）会展项目有一个明确界定的目标——一个期望的结果。一个项目的目标通常依照工作范围、进度计划和成本来定义。例如，一个展销项目的目标可能是在一个星期内完成签约10亿元合同，而且期望能够高质量地完成工作，使参展商、参展客户和参展观众都满意。

（2）会展项目可能是独一无二的，是一次性的努力。有些会展项目是以前从未举办过的，如人造 UFO 展示会，且大多数会展项目都是一次性的努力，无须重复。

（3）每个项目都有参展参会客户。客户是提供必要的资金或经费，以达成目标的实现，它可能是一个人，或一个组织，或由两个或更多的人构成的一个团队，或是许多个组织。当一个承约商为某一会展公司搭建展台时，这一会展公司就是资助这一项目的客户。

（4）会展项目还有一定的不确定性。一个项目开始前，应当在一定的假定和预算基础上准备一份计划。用文件记录这些假定是很重要的，因为它们将影响项目预算、进度计划和工作范围的发展。项目以一套独特的任务、任务所需的时间估算、各种资源和这些资源的有效性及性能为假定条件，并以资源的相关成本估算为基础。这种假定和预算的组合产生了一定程度的不确定性，影响项目目标的成功实现。例如，会展项目最终如期举办，但是最终成本可能会由于最初低估了某些资源的成本，而高于预计成本。

2.3.2 会展项目的报批

1. 会展项目报批的概念

所谓的会展项目报批,是指会展举办或承办单位针对会展活动的主题、时间、地点、所需的人力、物力、财力,以及预计产生的经济效益与社会效益等以书面形式向上级主管部门申请批准,以获得该会展项目的开展许可。其与批准有本质的区别,报批是指一种还不确定的情形,而批准是指处于确定的状态。

2. 会展举办单位的资格

(1) 国内商品展销会举办单位资格的规定。

根据《商品展销会举办单位资格》规定,商品展销会的举办单位应具备的条件包括:具有法人资格,能够独立承担民事责任,具有与展销规模相适应的资金、场地和设施,具有相应的管理机构、人员、措施和制度。

(2) 国内举办对外经济技术展览会主办单位资格的规定。

根据国务院2003年文件规定,撤销原经贸部的《关于举办来华经济技术展览会审批规定》,对原经营企业资格的审批放开,只有在工商管理部门颁发的营业执照中的经营范围内,注明有主办或承办会展内容的企业,才可以申报举办会展项目。

(3) 出国(境)举办经济贸易展览会组办单位资格的规定。

根据2006年8月颁布的《出国举办经济贸易展览会审批管理办法》修订版的规定:出国(境)办展须经中国国际贸易促进委员会审批。组展单位应当向中国国际贸易促进委员会提出出国(境)办展项目申请,项目经批准后方可组织实施。

组展单位应具备以下条件:

① 依法登记注册的企业、事业单位、社会团体、基金会、民办非企业单位法人,注册3年以上,具有与组办出国(境)办展活动相适应的经营范围。

② 具有相应的经营能力,净资产不低于300万元人民币,资产负债率不高于50%。

③ 具有向参展企业发出因公临时出国任务通知书的条件。

④ 法律法规规定的其他条件。

3. 会展项目报批的程序

(1) 向主办单位的主管部门申报立项。

会展举办单位在向上级主管部门申报会展项目立项时应提交如下材料:

① 项目申请报告,包括纸质版和电子版;

② 按规定填写的《出国举办经济贸易展览会申请表》原件及电子文本;

③ 我国驻赴展国使领馆商务机构同意函复印件。

在上述3个条件中,国内展会项目只需要满足第一个条件即可,国外展会项目必须满足上述3个条件。如果是首次提出项目申请的组展单位,除应提交上述申请材料外,还应提供以下材料:

① 项目可行性报告及与国外展会主办者或展会场地经营者联系的往来函件复印件;

② 法人登记证书复印件(验证原件);

③ 会计师事务所出具的验资报告、财务年度报告、资产负债表复印件;

④ 税务机关出具的完税证明原件;

⑤ 事业单位批准成立机关或社团、基金会、民办非企业单位业务主管单位出具的同意出国办展的批准原件;

⑥ 有因公出国任务审批权的部门和单位出具的同意向参展企业发出因公临时出国任务通知书的证明函件。

(2) 向会展举办地工商行政管理机关申报登记。

① 主办或承办单位应向所在地工商行政管理局提出举办会展登记申请。根据《商品展销会管理办法》,展销会的主办或承办单位必须向举办地工商行政管理机关申请办理登记。若干个单位联合举办的,应当由其中一个具体承担商品展销会组织活动的单位向举办地工商行政管理机关申请办理登记。

② 申请登记时需要出具的材料包括:举办人具备法人资格的证明材料;举办会展项目申请书,内容包括会展项目的名称、起止时间和地点、参展商品类别、举办单位银行账号、举办单位负责人名单、会展筹备办公室地址等;当地政府批准立项的批文;会展的组织实施方案;场地使用证明材料等。

4. 会展项目的审批

(1) 国内普通商品展销会的审批。

2002 年 11 月,国务院取消了关于全国性非涉外经济贸易展览会的审批制,改为登记制。即目前在国内举办全国性非涉外经济贸易展览会已经不再实行审批制,只需到举办地工商管理局登记即可。

(2) 在我国境内举办对外经济技术展览会的审批。

根据国务院办公厅《关于对我国境内举办对外经济技术展览会加强管理的通知》,对展览面积在 1000 平方米以上的对外经济技术展览会,实行分级审批管理。其中以国务院部门或省级人民政府名义主办的,报国务院审批;国务院部门所属单位及境外机构主办的,报商务部审批;地方单位主办的,由所在省、自治区、直辖市外经贸主管部门审批,报外经贸部(现为商务部)备案;以科研、技术交流、研讨为内容的,由科技部审批;贸促会系统举办的,由贸促会审批并报外经贸部(现为商务部)备案。面积在 1,000 平方米以下的对外经济技术展览会,可由主办单位自行举办,报相应的审批部门备案。

(3) 出国举办经济贸易展览会的审批。

在我国,对于出国举办经济贸易展览会的都实行审批制。有关出国办展的审批管理体制历经多次变革。2001 年 1 月 1 日,国务院办公厅发布的《关于出国举办经济贸易展览会审批管理工作的有关问题的函》规定,自发布之日起,外经贸部(现为商务部)负责出展的宏观管理和出展资格的审核,各地区、各单位举办出国展览一律由中国贸促会审批。2001 年 2 月 15 日,贸促会和外经贸部(现为商务部)出台了《出国举办经济贸易展览会审批管理办法》,对出国办展单位、审批和备核的程序、审批的依据和要求、展览团的管理以及处罚措施作了明确的规定。虽然出国展览依然实行审批制,但与原来由外经贸部审批的行政性审批的性质已有很大不同,在审批的内容和范围方面都比过去有所减少,更加强调审批的工作效率和为组展单位提供服务,是一种协调服务行为。

(4) 非贸易性展会的审批。

对于非贸易性的,诸如文艺晚会、体育运动会等展会的审批,凡涉及商业性质的经营活动,除要在举办地的工商行政管理部门进行登记外,还须向举办地的业务主管部门进行登记或审批,凡不涉及商业性质的公益性活动,则无须在举办地工商行政管理部门进行登记。

(5) 对台经济技术展览会的审批。

审批举办对台湾地区经济技术展览会除需遵照向上述四项审批类型的部门进行有关内容审查外,其审查的标准更为严格,尤其是对涉及政治内容的审查更为严格。其审查的主要内容包括:政治内容、展览会名称、展品内容、展出面积、时间、地点、筹组方案和计划、申请报批的单位应按要求向商务部提交有关文件和资料等。

根据对外贸易经济合作部于1998年12月发布的《在祖国大陆举办对台湾经济技术展览会暂行管理办法》,举办海峡两岸的经济技术展览会,由对外贸易经济合作部(现为商务部)会同国务院台湾事务办公室审批;除此之外,举办其他对台湾经济技术展览会,由对外贸易经济合作部(现为商务部)负责审批,报国务院台湾事务办公室备案;地方由经贸主管部门审批。

小　　结

会展项目策划就是会展企业根据收集和掌握的信息,对会展项目的立项、方案实施、品牌树立和推广、会展相关活动的开展、会展营销及会展管理进行总体部署和具有前瞻性规划的活动。会展策划工作需要集合各方面的人士进行集体决策。

会展预备阶段的文案是指一次会展从确定题材、收集信息、进行项目立项策划一直到会展正式开幕前的预先准备阶段涉及的所有文本文案。会展预备阶段的文案包括展会立项策划书、展会项目立项可行性研究报告、参展说明书等。

会展项目立项,是指承办会展活动的相对人,以书面报告形式向相关行政主管部门进行项目申请,并最终获得相关行政主管部门批准或承认的过程。

会展项目报批,是指会展举办或承办单位针对会展活动的主题、时间、地点、所需的人力、物力、财力,以及预计产生的经济效益与社会效益等以书面形式向上级主管部门申请批准,以获得该会展项目的开展许可。

1. 会展项目策划的基本工作流程是什么?
2. 会展项目如何立项与报批?
3. 会展项目策划书写作包含哪些内容?

××校园展销会立项策划书

一、实训要求

运用本章所学会展项目策划书的写作知识,撰写××校园展销会立项策划书。

二、实训目的

强化学生对校园展销会立项策划书写作的掌握。

三、实训组织

学生以4人为一个小组，撰写××校园展销会立项策划书。

四、背景资料

在社会竞争日益激烈的情况下，大学生就业成为当今社会的一大难题。作为当代大学生更应该注重实践动手能力，校园展销会正是可以实现理论知识与实践相结合的平台，更是大学生充分展示自我、提高自我的良好机遇。学生是最大的消费群体，而大学生潜在购买力也越来越大。展销会是丰富校园文化，培养学生能力，发挥专业技能的平台。它又是为学生搭建的、锻炼和展示学生商贸才能的一个平台，融专业实践与校园文化活动为一体。不仅能增强大学生的决策、组织、领导、控制及创新的实际管理能力，而且也能培养大学生的团队合作与竞争意识，积极迎接挑战，更好地走向社会，成功就业。

五、实训内容

运用本章所学的知识，撰写一份××校园展销会立项策划书。

模块三

会展项目的可行性分析

 教学目的和要求

1. 理解会展项目可行性研究的内涵和工作流程；
2. 掌握会展项目市场环境分析方法；
3. 掌握会展项目竞争力分析方法；
4. 掌握会展项目执行方案方法；
5. 综合应用会展项目可行性分析，进行可行性研究报告的编写。

 教学重点和难点

1. 重点是会展项目可行性研究报告的编写，包括掌握市场环境分析方法、会展项目竞争力分析方法、会展项目执行方案分析方法等；
2. 难点是掌握会展项目市场环境分析方法和竞争力分析方法。

 **开篇案例**

第××届××年展可行性分析报告

一、 市场环境分析

（一）宏观市场环境

××市位于××省西北部，是××省历史文化名城。

（略）

（二）微观市场环境

每年一度的××年展无疑在中国乃至世界都是摄影界的一大重要展览。随着××年展的影响力越来越大，很多中国的摄影师以能参加该年展作为自己职业生涯的重要起点。从××年展上可以了解到国内外摄影界的最新发展和变化。

目标顾客：各种摄影机构及摄影爱好者。

（三）会展项目的 SWOT 分析

1. S—Strength(优势)

（1）市场潜力和发展空间大。从我国国情看，会展业基本上还处在一个初步发展的阶段，现阶段我国会展业的发展空间很大。（详细阐述略）

(2) 本土化经营,文化背景一致。了解客户的现状和本土文化,有着固定的网络和渠道,熟悉政策环境,利用其广大的社会资本在短期内有利于争夺市场份额,和客户之间有着深厚的民族感情。(详细阐述略)

2. W—Weakness(劣势)

(1) 会展整体规划不够理想,各自为政,条块分割,以省及城市的行政区域为基础制定会展发展战略规划。(详细阐述略)

(2) 会展技术水平较低,基础设施不完善。(详细阐述略)

(3) 会展专业人才短缺。(详细阐述略)

(4) 会展企业经营规模小,服务水平低,出现了结构性供需矛盾。(详细阐述略)

3. O—Opportunity(机会)

随着国内市场国际化、国际市场一体化的发展,国内会展企业被推到国际竞争的大潮中,在与世界大公司的同台较量中,我国的会展企业可以借鉴吸收国外先进管理理念、有效管理组织方式和成功运作经验,提高管理水平,提高企业竞争力,迅速向规范和现代化会展企业靠拢。由于我国在劳动力成本和原材料供应方面比较有优势以及巨大的市场前景,许多跨国公司正准备将我国变成制造基地,成为全球制造中心,这一趋势无疑会增加我国会展业市场的容量。

4. T—Threat(威胁)

(1) 中国加入世界贸易组织(WTO)以来,特别是中国内地和港澳 CEPA(Closer Economic Partnership Arrangement,即《关于建立更紧密经贸关系的安排》的英文简称,包括中央政府与香港特区政府签署的《内地与香港关于建立更紧密经贸关系的安排》、中央政府与澳门特区政府签署的《内地与澳门关于建立更紧密经贸关系的安排》)安排的实施,外商也越来越看好中国会展业,中外会展企业的合作呈现多层次、全方位态势。大量跨国会展企业的进入,加剧了市场竞争,会展业面临重新洗牌。一方面,德国汉诺威、意大利米兰和德国法兰克福展览公司等大型的跨国会展企业纷纷抢滩中国市场,他们凭借强大的资金、技术优势和先进的专业管理经验,全面进军国内市场,这使得国内某些势单力薄的会展企业必将淘汰出局;另一方面,一些有长远眼光的会展企业为了避免陷入孤军奋战、分散经营的局面而适时调整战略,加强合作和结盟,搞"兵团"作战,从资源、资金、网络的规模化入手,利用信息技术整合企业内部业务流程,通过兼并、代理、战略联盟等方式走规模化经营之路。

(2) 会展人才争夺战。为了推行本土化建设,国外会展公司不惜重金利用各种手段从国内会展企业"挖"走高素质的人才,加剧了国内会展业人才争夺的竞争。

二、会展项目生命力分析

(一) 项目发展空间

××年展被公认为中国最具专业水准的摄影节,年展的目标是创立一个国际性的、最具影响力的中国摄影节,年展每年吸引众多国际一流的摄影家与艺术家、学者参与展览和学术研讨,并与法国文化部等多个国际艺术机构合作,力图打造一个真正国际化的高艺术水准和强大学术背景于一体的摄影节。

(二) 项目竞争力(以海内外评论说明)

评论一:走出的这条路子,和中央提出文化要贴近群众生活,要发展经济,走向世界,让世界更了解中国,要吸引世界各国无论从文化、经济与中国有更多的交流等都是相符合的。

评论二:开创了山区小城举办年展的先例,体现了当地人民勇为人先,敢于开拓,争当改革开放排头兵的时代精神,也体现了市委、市政府的魄力。

评论三:看了××年展参展作品精选片子后,我有一种亢奋的感觉,特别觉得现在中国摄影师太厉害了,无论从观念或手法上,都与过去大不相同。我对中国摄影比较熟悉,曾多次应邀中国讲学,印象里中国的照片比较传统,没想到今天很多参展摄影师的作品,是传统与当代的巧妙结合,十分有趣。

三、会展执行方案分析

(一)会展名称:第××届××年展

(二)会展主题:××××××(以反映近30年来社会人文变迁为主题)

(三)展品范围:30年来社会人文变迁为素材

(四)办展时间:××××年××月××—××日,办展频率为一年一度

(五)办展地点:(略)

(六)主办单位:(略)

(七)承办单位:(9月份确定名单)

1. 条件:在当地要有权威性,知名度要高。

2. 合作方式:

(1)对方单位为我们提供一些服务,费用形式为展会利润的百分之五。

(2)对方单位只是挂名形式,采用一次性付款。

(八)展会宣传阶段

1. 广告投放形式:户外广告(POP板、道路横幅)。

2. 杂志报纸媒体广告(主要是专业杂志媒体和大众杂志媒体等,这些广告主要是招展之前和招展期间进行)。

3. 各摄影专业论坛打广告,加强专业性。

四、会展项目财务分析

(一)价格定位:门票定价50—100元

(二)收入预测:预计本次总收入为5,000万元

项目	收入支出类型	金额(元)
场地设施费	支出	30,000
演讲者酬金	支出	10,000
差旅费	支出	15,000
邀请函	支出	5,000
广告	支出	80,000
记者招待会	支出	30,000
行政费	支出	50,000
展览费	支出	100,000
临时设备租用费	支出	80,000
服务费	支出	50,000
运输费	支出	70,000

续表

项目	收入支出类型	金额(元)
保险费	支出	100,000
审计费	支出	20,000
固定费用总计		640,000
餐饮费用	支出	130,000
交通费	支出	90,000
旅游费	支出	130,000
住宿费	支出	100,000
会议装备费	支出	15,000
礼品费	支出	150,000
流动费用总计		615,000
费用合计		1255,000
旅游收益	收入	50,000,000
展会收益	收入	60,000,000
其他经济收益	收入	50,000,000
无形资产收益合计		160,000,000

五、风险分析

组织方判断是否进入哪个产业,需要很深的判断力,一旦确定了进入,则需要采用各种营销策略方式来促成供需双方的共享平台。

六、存在问题

(一) 宣传力度不够深入

(二) 盈亏平衡没有仔细研究

七、改进建议

(一) 完善宣传方法

(二) 完善场馆建设

(三) 做盈亏平衡表

八、努力方向

年展的目标是创立一个国际性的、最具影响力的中国摄影节。

资料来源:http://blog.sina.com.cn,有改动。

案例解析

会展项目可行性分析是一系列的前期准备工作。可行性分析是确定会展项目前具有决定性意义的工作,最终提出一份详尽的关于拟议中的会展项目是否可行的报告。要想举办一次成功的展会,详细完整的可行性分析的作用是非常重要的。本案例中通过市场环境的SWOT分析、会展项目生命力分析、执行方案和财务分析,说明举办第××届××年展是具有广泛的社会效益和一定的经济效益,为举办摄影展的××市政府决策提供了预算支持,帮助决策的制定。会展项目可行性研究报告应体现预见性、可靠性、科学性和完整性的特点,一份完整科学的会展项目可行性研究报告都包括哪些内容呢?

3.1 会展项目的可行性研究的内容与工作流程

3.1.1 会展项目可行性研究的含义

会展项目立项策划完成了,并不意味着该立项的会展项目就可以举办了,这只是对举办什么题材的会展项目和如何举办该会展项目提出一个初步的意见。这之后还要着手进行项目的一系列前期准备工作。这部分内容主要是以最恰当的方式收集相关信息、综合各方面信息,对该会展项目进行可行性分析和研究,并最终提出一份详尽的关于拟议中会展项目是否可行的报告。

会展项目可行性研究是指在对会展主题进行投资决策前,对开展与会展主题有关的自然、社会、经济、行业、技术资料进行调查研究,在仔细研究各种信息的基础上,对会展项目立项策划提出的会展举办方案进行全面系统的研究、分析、比较和选择,分析并比较可能的备选方案,预测、评价运行后会收到的社会效益、经济效益等,综合论证实施的必要性、盈利性、实用性和可行性,从而为最终是否可以举办该会展提供科学的决策依据。要想举办一次成功的会议或展览,细致、完善的可行性研究是必不可少的。

3.1.2 会展项目可行性研究的工作流程

会展项目的可行性研究是由一系列有次序、有节奏的工作共同构成的过程,不能一蹴而就。由于各流程之间彼此相关,不可偏废,所以也不能随意省略其中任何一个工作流程。具体而言,整个可行性研究过程主要包括以下几个工作流程,这也是本模块集中讨论的主要内容。

1. 市场环境分析

对市场环境进行真实全面的分析是会展项目可行性分析的基础,这是做好会展立项可行性分析的首要一步,是整个会展项目成功运行的前提。市场环境分析是根据会展项目立项策划提出的会展项目举办方案,在已经掌握的各种信息的基础上,进一步分析和论证举办会展项目的各种市场条件是否具备,是否有举办该会展项目所需要的各种政策基础和社会基础。市场环境分析的对象主要有:(1)会展项目所处的宏观社会环境,包括经济环境、政治环境和公众对会展项目的关注程度等内容;(2)直接影响会展项目的微观环境,包括办展机构内部环境、目标客户和竞争者等。

2. 会展项目的生命力分析

仅仅从市场环境的角度分析举办该会展项目的条件是否具备还不够,只具备外部条件的项目并不一定有发展前途,因此还要进行会展项目可行性分析的第二步,即对该会展项目进行生命力分析。会展项目的生命力分析是从计划举办的会展项目本身出发,分析该会展项目是否有发展前途,包括对会展项目的发展空间、竞争力和办展机构进行分析。

3. 会展项目的方案分析

会展项目的方案分析是可行性研究的重要步骤。在这个阶段,从计划举办的会展项目本身出发,分析该会展项目立项计划准备实施的各种执行方案是否完备,是否能保证该会展项目计划目标的实现。会展项目执行方案分析的对象是该会展项目的各种执行方案,分析的重点是各种方案是否合理、是否完备和是否可行,包括对计划举办的会展项目的基本框架进行评估、对会展项目进度计划进行评估、对招展招商和宣传推广计划进行评估和对现场管理和相关活动计划进行评估。

4. 会展项目的财务分析

会展项目的财务分析是从办展机构财务的角度出发,分析测算举办该会展项目的费用支出和收益。会展项目财务分析的主要目的是分析计划举办的会展项目是否经济可行,并为即将举办的会展项目制定资金使用规划。这一步骤主要包括价格定位、成本预测、收入预测和现金流量分析等。

5. 会展项目的风险预测

从会展项目可行性分析的角度看,风险就是办展机构在举办会展项目的过程中,由于一些难以预料和无法控制的因素的作用,使办展机构举办会展项目的计划和举办会展项目的实际收益与预期发生背离,从而使办展机构举办会展项目的计划落空;或者是即使会展项目如期举办,但办展机构有蒙受一定的经济损失的可能性。会展项目的风险预测主要是对市场风险、经营风险、财务风险和合作风险进行预测。

6. 撰写完成会展项目的可行性研究报告

会展项目的可行性研究报告就是在对会展立项的可行性做出系统的评估和说明,并为最终完善该会展项目立项策划的各具体执行方案提供改进依据和建议。这一步骤是会展项目的可行性研究阶段的核心内容,与会展的项目总结报告一起成为会展项目管理的知识信息库,对会展项目成功运行具有重大意义。会展项目的可行性研究报告应以经济效益为核心,力求做到内容齐全、结论明确、数据准确、论据充分,以满足会展项目投资者、决策者确定项目方案的需要。

3.2 会展项目的市场环境分析

任何经营活动都是生存在一定的市场环境之中,会展项目也不例外。市场环境是影响会展项目开展及其目标实现的不可控制的外部条件,而这些条件是不断变化的,因此市场环境分析是会展项目可行性研究工作流程的第一步。根据会展项目立项策划提出的会展项目举办方案,在已经掌握的各种信息的基础上,进一步分析和论证举办会展项目的各种市场条件是否具备,是否有举办该会展项目所需要的各种政策基础和社会基础。会展项目的市场环境分析不仅要分析各种现有的市场条件,还要对其未来的变化和趋势做出预测,使可行性研究得出的结论更加科学合理。

3.2.1 会展项目的宏观市场环境

会展项目的宏观市场环境是指那些能对会展项目举办产生影响的主要社会力量。这些因素都是办展机构不可控制的变量,主要包括人口、经济、自然、技术、政法和社会六大环境要素。它不仅直接影响办展机构所处的行业环境和微观环境,而且为会展项目提供机会或构成威胁,制约着会展项目的成败。办展机构在策划举办会展项目时,必须对它们加以密切关注,并及时对其做出适当的反应,以便有效地识别和抓住市场机会,避开和减少市场威胁。

1. 政治法律环境

政治法律环境由对举办会展项目产生影响的法律、政府部门和其他组织机构所构成,像一只有形之手,调控着会展活动的主体方向。由于举办会展项目涉及的行业和社会面非常广,因此会展业受到比其他行业更加严厉的法律法规的约束和管制。例如,国家进出口政策的变化,对海外企业参加展览会会产生重大的影响,一国禁止或限制某类产品的进出口,那么海外企业不管是参展还是参观展览会的意愿都将非常低;政府对举办展会在消防、安保、工商管理和产品进出口方面的要求较严格,举办展会还要严格遵守广告法和知识产权保护法等;国家对某一些行业产品在销售方面的特殊规定和要求,对企业参加展览会会有一定的限制作用。此外,与展会展览主题所在产业有关的法律、法规和相关政策对举办展会也会产生较大的影响。一般来说,在新兴产业和政府规划为重点发展的产业里举办展览会,其发展前景比较看好。

2. 社会文化环境

社会文化环境是一个社会的民族特征、价值观念、生活方式、风俗习惯、伦理道德、教育水平、语言文字和社会结构等的总和,它是会展项目成功举办的社会文化基础。综观国际著名的会展城市,如德国的汉诺威、慕尼黑、法兰克福,意大利的米兰,西班牙的马德里、巴塞罗那,比利时的布鲁塞尔,法国的巴黎,英国的伦敦,美国的华盛顿、纽约、芝加哥,日本的东京,澳大利亚的悉尼,新加坡等,这些国家和城市都具有良好的社会文化基础。社会文化环境有三大类:物质文化、关系文化、观念文化,它们分别代表人们对物质生活、社会关系和意识形态等方面的要求、认识和看法。社会文化环境对企业参展和观众观展会产生较大影响。例如,人们的餐饮习惯,国与国之间的关系,世界各国节假日和喜庆日的安排。例如上海具有海纳百川的文化特色,文化的多元性和开放性十分突出,为诸多国际性展会在此举办提供了良好的社会环境和文化氛围。2003年年底,在国家商务部主办的"中国展会经济论坛"上,上海被评为中国办展社会文化环境最好的城市。联合国亚太经社第60届年会、全球扶贫大会、第二届世界工程师大会、世界500强和大型跨国公司的年会等一系列重大国际会议纷纷登陆上海。

3. 人口环境

从量的角度看,人口数量是构成展会规模的重要标志因素,从人口的分布、结构及变动的趋势可以分析判断出市场需求的特点和发展趋势,这一点对展销会等注重现场零售的展会有重要的意义。对于专业贸易类的展会来说,更要注意该展会展览主题所在产业及其相关产业的从业人员数量和结构构成,因为从这里能预测展会的专业观众的大约数量,而拥有一定数量和质量的专业观众正是专业贸易类展会的生存之本。例如,深圳市会展中心建设投资逾30亿元,两次变更选址造成近5,000万元的损失,其中一个原因就是选址时没有考虑选址所在区域人口较少,比较冷清。

4. 经济环境

经济环境是指那些能对企业参展和观众观展产生影响的各种经济因素,如社会经济发展水平,产业利润的高低,市场规模的大小,产业进出口状况,产业结构状况,展会所在地的住宿、餐饮、旅游交通等配套设施的完备程度等。这些因素从侧面影响着企业参展和观众观展的意愿。国民经济是支撑会展业发展的最根本要素,当前中国经济快速发展,中国经济的前景和中国经济对世界经济的影响越来越为世界瞩目,也为中国会展业的持续活跃、会展项目的成功举办奠定了雄厚的经济基础。

5. 技术环境

科学技术是现代生产力发展中最活跃和决定性的重要因素,因此技术环境是会展项目能够正常运行、顺利举办的保障。科技的发展会给企业的经营活动和经营方式带来重大影响,一方面可以给企业提供新的有利的发展机会,另一方面也可以给企业的生存与发展带来威胁。另外,在所有展会服务的外部环境方面,科学技术的发展也能发挥其巨大作用。例如,互联网的出现就极大地改变了会展业的办展思路和竞争模式,计算机的广泛使用使观众的参展方式发生了翻天覆地的变化。通过对视频、音频、动画、图片、文字等媒体加以组合应用,深度挖掘展览陈列对象所蕴含的背景、意义,实现普通陈列手段难以做到的既有纵向深入解剖,又有横向关联扩展的动态展览形式,促进观众视觉、听觉及其他感官和行为的配合,创造崭新的参观体验,提高其观赏、探索的兴趣,从而最大程度地展现展览设计意图,吸引观众参与,在会展项目和观众之间创造出一种互动激发关系,增加观众资源的保持力。

在进行认真的市场调查和充分掌握以上各种信息的基础上,要切实结合会展产业的实际特征,对举办展会所面临的宏观市场环境的各个方面做出准确的分析,寻找市场机会,发现威胁,为会展项目立项可行性研究的最终决策服务。

3.2.2 会展项目的微观市场环境

会展项目的微观市场环境是指对办展机构举办展会构成直接影响的各种因素。这些因素包括办展机构内部环境、目标客户、竞争者、营销中介、服务商和社会公众等,其中目标客户和竞争者居于核心的地位。和宏观市场环境相比,微观市场环境所包括的各因素对办展机构举办展会的影响更加直接,可能会给办展机构带来市场机会,或者造成市场威胁。

1. 办展机构内部环境

办展机构内部环境就是办展机构内部所具备的各种条件,包括资金、人力、物力(办公设备和通信工具)以及所掌握的信息资源和能联系的社会资源等。通过对办展机构内部环境的客观分析,准确地找出它们在本展会所在产业以及它们本身所具有的办展优势和劣势,并对这些优势和劣势进行客观的评估,分析办展机构是否具有举办该展会的能力。

2. 目标客户

目标客户是指展会的潜在参展商和观众。从类别上看,展会的目标客户包括消费者市场客户、生产者市场客户、中间商市场客户、政府部门和国际市场客户五大类。这些客户可能是生产商,也可能是经销商,还可能是参观的个体观众。参展商和观众都是展会的服务对象,两者都不可偏废。展会的最终目的是要满足目标客户的要求。因此,在分析展会的目标客户时,不仅要分析他们的数量和分布状况,还要注意分析和把握它们的需求及其变化趋势,并以此作为展会举办的起点和服务的核心。

3. 竞争者

竞争者是指与本展会有竞争关系的其他同类展会。在现实中,一个主题的展会往往不止一个。办展机构要尽量弄清楚国内和国际范围内的与即将举办的展览会主题相同的展会数量，搞清楚这些展览会的地域分布情况。同主题展会的数量越多，对在该产业策划举办新展览会越不利；同主题展会的分布离计划举办的展会地域越远，对策划举办新展览会越有利。所举办的展会要想在市场上取得成功，就必须能比其他同类展会更有效地满足参展商和观众的需求。

一般来说，每个展会都会面临四种类型的竞争：一是欲望竞争，即参展商和观众想要满足各种需求之间具有可替代性，他们可以选择参展，也可以选择不参展；二是类别竞争，即能满足参展商和观众的各种需求的不仅仅是展会，其他的营销形式也可以具有此功能；三是展会间竞争，即参展商和观众能在可以满足他们需求的同类主题的不同展会之间进行选择，他们可以选择本展会，也可以选择其他同类展会；四是品牌竞争，即参展商和观众凭展会本身的品牌和办展机构的品牌对参加哪个展会做出选择。所以，在对竞争者进行分析时，不仅要分析具有竞争关系的展会，还要分析这些展会的办展机构；不仅要分析具有竞争关系的展会和其办展机构的现状，还要分析它们的变化并及时提出对策。

4. 营销中介

营销中介是指那些受办展机构委托的、或者是协助展会进行宣传推广和招展的中介组织和单位，包括展会的招展代理、招商代理、广告代理和其他营销服务机构等。营销中介和目标客户直接打交道，因而它是一个展会成功举办不可缺少的环节。好的营销中介能很好地分担和完成办展机构的宣传推广和招展招商等营销工作，能更好地协助办展机构成功地举办展会，因此必须选择合适的营销中介。

5. 服务商

服务商是指受办展机构委托的运输代理、负责展位搭装的展位承建商、提供旅游服务的旅行社、提供住宿服务的宾馆酒店，以及提供展会资料印刷和观众登记的专门服务商等。大多数办展机构都要借助这些服务商，因而他们是办好展会必不可少的组成部分。在举办展会时，参展商和观众大多会将这些服务商提供的服务看成是展会本身的一个有机组成部分。

6. 社会公众

社会公众是指对展会实现其目标具有实际和潜在影响的群体。一个展会所要面临的公众主要有6种：一是媒体公众，即专业和大众报纸、杂志、广播和电视等，它们具有广泛的影响力，对展会的声誉具有举足轻重的影响；二是政府公众，即负责管理展会和商业活动的有关政府机构和部门；三是当地民众，即展会举办地的居民和其他社团组织等；四是市场行动公众，即各种知识产权保护组织、消费者保护组织、环保组织等；五是办展机构公众，即办展机构的全体员工；六是金融公众，即那些可能影响办展机构资金获取能力的机构和组织，如银行和投资公司等。这六类公众都具有增强或阻碍一个展会实现其目标的能力，有时候它们的态度还能直接影响一个展会的市场前途。因此，成功地处理好展会与这些公众的关系格外重要。有些办展机构成立公共关系部门，专门负责策划和处理与这些公众的关系，为举办展会提供宽松的市场环境。

微观市场环境的构成要素与展会本身密切相关。在分析这些要素时，要善用资源、整合资源，使各种资源优势互补，最大限度地挖掘资质优良的资源，壮大办展队伍，并最大限度地降低办展成本。

3.2.3 市场环境分析

在对市场环境的上述各因素进行分析以后,办展机构就要根据通过市场调查获取的有关信息,对市场环境进行整体分析和综合评估,以预防在举办展会时可能受到的威胁,抓住可以利用的机会。

在掌握了大量的有关信息并对未来的环境变化趋势做出一定的预测后,就可以对市场环境进行整体分析和综合评估。评估的方法很多,最常用的是SWOT分析法。

SWOT分析法就是把办展机构所面临的宏观环境和微观环境中各要素综合起来进行分析,得出市场环境对办展机构举办展会所形成的优势、劣势、机会和威胁,并将这四个方面结合起来研究,以寻找到适合办展机构举办展会的可行战略和有效对策。

SWOT分析法一般分三步进行:① 整理和分析搜集到的各种信息,并根据这些信息对环境的变化趋势做出预测;② 详细地分析办展机构内部和外部的各种环境要素,列出市场环境对办展机构举办该展会所形成的机会、威胁、优势和劣势;③ 对市场环境对办展机构举办该展会所形成的机会、威胁、优势和劣势进行综合分析,确定可以选择的战略和对策。

SWOT分析法为办展机构举办展会提供了四种可以选择的对策,如表2.1所示。

表2.1 SWOT分析法

内部\外部		外部环境	
		机会(Opportunities)	威胁(Threats)
内部环境	优势(Strengths)	SO战略 利用内部优势 抓住外部机会	ST战略 利用内部优势 回避外部威胁
	劣势(Weakness)	WO战略 改进内部劣势 利用外部机会	WT战略 克服内部劣势 回避外部威胁

1. SO战略

利用办展机构的内部优势去抓住外部市场机会。例如,如果某办展机构办展经验丰富并且资金雄厚(即内部优势),而某产业尽管有展会存在但该展会的市场覆盖面不广(即外部机会),那么,如果其他条件具备,该办展机构就可以利用本战略进入该产业举办展会。

2. ST战略

利用办展机构内部的优势去回避和减少外部威胁。例如,如果某办展机构的品牌优势十分明显(即内部优势),但与之有合作关系的展会服务商却不尽如人意(即外部威胁),那么,该办展机构就可以利用本战略,通过寻找更好的展会服务商进入该产业举办展会。

3. WO战略

利用外部机会来改进办展机构内部弱点。例如,如果从市场分析得出结论,某产业举办展会的市场机会巨大(即外部机会),而某办展机构内部缺乏展会策划和招展招商的人才(即内部劣势),那么,如果其他条件具备,该办展机构就可以利用本战略,利用社会和其他单位的策划和招展招商等人才,为本办展机构进入该产业举办展会服务。

4. WT战略

克服办展机构的内部弱点,避免外部威胁。例如,如果某办展机构即将举办的展会与另一已经存在的展会冲突(即内部劣势),而大部分参展商和观众又认同该已经存在的展会(即外部威胁),那么,如果其他条件具备,该办展机构就可以利用本战略,重新对计划举办的展会进行定位,以吸引参展商和观众。

除了以上4种战略,一般来说,面对市场环境带来的威胁,办展机构还可以采取以下3种对策。

(1)抗争。

办展机构试图利用各种措施限制或扭转不利因素的发展,为顺利进入某一产业举办展会创造条件。

(2)减轻。

办展机构利用各种措施来改善环境,降低市场环境带来的威胁的严重性,为顺利进入某一产业举办展会创造条件。

(3)放弃。

如果办展机构利用各种措施都无法改善环境,降低市场环境带来的严重威胁,或者无法限制或扭转不利因素的发展,那么,办展机构就要果断地放弃进入某一产业举办展会的念头。

在对市场环境进行整体分析和综合评估后,就可以形成针对市场环境的分析结论和分析报告,供办展机构最终决定是否进入某一产业举办展会作决策参考。

例如北京盛大超越国际展览有限公司从2013年开始和中国国际汽车新能源及技术应用展览会组委会合作,为展会策划。2014年举办第二届,定于2014年10月17—21日举行。北京盛大超越国际展览有限公司在前期对2014汽车新能源及技术应用展览会进行可行性分析,并对展会做SWOT分析,如表2.2所示。

表2.2 SWOT分析样例

优势	劣势
环保节能汽车是现在的汽车主流 北京具备举办大型汽车会展的能力,并已多次举办过 场馆设在国家会议中心,2013年已经成功举办第一届 汽车市场还在不断增长,需求不断增多 经济的快速发展,必定刺激汽车市场的快速增长	虽已经举办过一届,但举办环保节能汽车会展经验还不足 环保节能汽车会展仍未成熟
机会	威胁
环保节能已经成为主流需求 在能源紧缺的现在,环保节能大大被提倡 消费者对于环保节能的汽车,存在着好感	竞争者将会不断增加,同主题展会竞争激烈 汽车市场将逐渐趋向饱和状态

3.3 会展项目竞争力和执行方案分析

3.3.1 会展项目竞争力分析

"知己知彼,百战不殆"。市场环境分析是从计划举办的会展项目的外部因素出发来分析举办该会展项目的条件是否具备;会展项目竞争力分析则是从举办的会展项目的自身情况出发,分析该会展项目是否有发展前途。条件具备的不一定有发展前途,只有两者同时具备的会展项目才具有投资举办的价值。

1. 会展项目竞争力

展会靠什么来吸引参展商和专业观众?办展机构如何吸引人们到自己所办的展会来,而不去同一行业或同一主题的其他展会呢?事实上,这些都是会展项目的竞争力问题。

会展项目竞争力分析是从展会自身情况出发,分析本展会与同主题的其他展会相比是否具有竞争优势。展会的竞争优势来源于很多方面,但对于一个展览主题已定的展会来说,展会定位的号召力、办展机构的品牌影响力、参展商和观众的构成、展会价格和展会服务等因素,对展会的竞争优势具有决定性的影响。

(1) 展会定位的号召力。

展会定位是通过细分会展市场,找准目标参展商和观众,并清晰地让参展商和观众知道并认同该展会"是什么"和"有什么"。展会定位要能尽量反映展会主题所在产业的发展趋势,抓住该产业的热门话题,体现该产业的亮点和市场的特点,能够"抓住产业跳动的脉搏"。或者说,展会定位要能切实满足该产业某一细分市场的需求。定位不清的展会往往会让参展商感到不知所谓,缺乏新意的展会定位又像是给展会发展套上了限制的枷锁,而新颖鲜明的展会定位犹如给展会发展插上了腾飞的翅膀。如果展会定位和发展战略科学合理,该展会的竞争优势将十分明显;反之,如果该会展定位的行业号召力不大,展会对参展商和观众的吸引力不强,则展会的发展将是举步维艰。

(2) 办展机构的品牌影响力。

从某种意义上说,展会就好比是一件商品,办展机构就是这件商品的生产商,办展机构的品牌既是这件商品的说明书,也是这件商品的质量保证书。办展机构的品牌对参展商和观众具有很大的影响,他们会基于对办展机构品牌的认同而认同他们举办的展会。众多参展商包括行业内的领导型企业都会另眼相看,专业观众也会趋之若鹜。这样便会形成一个良性循环,参展商和专业观众互相吸引,展会也为双方提供了一个良好的平台。

办展机构品牌的影响力会延伸到其举办的展会上,形成品牌效应,提高了会展的档次、规格和权威性,扩大展会的影响。于是,在分析计划举办的展会是否可行时,应认真地分析其办展机构的组成是否合理。办展机构是否具有品牌影响力,是分析展会竞争力的重要组成部分。

(3) 参展商和观众的构成。

由于展会还没有举行,所以这里要分析的参展商和观众只是展会的目标参展商和目标观众。展会要有强大的竞争力,就离不开该展会展览主题所在产业里有代表性的企业对会的大力支持,离不开该产业产品的大客户到会参观。所以,一方面,参展商和观众的数量固然重要,因为没有一定数量的参展商和观众,就没有上规模的展会;另一方面,参展商和观众的质量更加重要,因为一个展会档次的提高需要有他们的参与。据广交会展馆经营部所做的一项问卷调查,60%以上被调查的办展机构认为,展会成功的标志主要是专业观众质量和展会的实际效果。蒙哥马利展览集团终身主席蒙哥马利先生也认为:"组展成功的关键在于专业观众的质量。你的品牌和观众质量是成正比的,要维护好与参展商的关系,就必须确保专业观众的质量。"

可见,参展商和观众的构成是一个展会竞争力的重要组成部分。在分析展会的参展商和观众时,不能只讲数量不讲质量。

(4) 展会价格。

展会价格的高低直接影响着企业参展成本的大小,企业总是希望以最低的价格获取最大的收益,因此在其他条件一定的情况下,企业会选择那些价格较低的展会。展会价格是展会竞争力的主要组成部分,展会定价合理能在很大程度上提高展会的竞争力。

(5) 展会服务。

展会服务包括展会筹备和展会举办过程中办展机构为参展商和观众提供的各种服务,也包括展会的服务商和营销中介单位为参展商和观众提供的服务。展会服务分为展前服务、展中服务和展后服务三个部分。展会服务是展会竞争力的主要组成部分之一。展会要尽量为参展商和观众提供专业、及时、优质和周到的服务。

在其他条件一定的情况下,展会的竞争力越大,其生命力就越强。因此,提高展会的竞争力是提高其生命力的一条有效途径。

2. 会展项目发展空间

任何新投资的项目都需要一定的发展空间,策划举办一个新的展会也不例外。会展项目发展空间分析是立足于已经掌握的各种信息,根据会展项目立项策划提出的办展方案和会展定位,从会展项目的长远发展出发,分析会展项目是否有发展空间,主要分析下列空间是否齐备。

(1) 产业空间。

产业空间就是计划举办的展会主题所在的产业的发展现状和发展前景。产业的发展现状和发展前景是举办一个专业贸易性质的展会所依托的产业基础。如果某一产业的规模过小或者是发展前景有限,那么,在该产业里举办展会就比较困难。从一个国家或地区的产业结构和产业分布来看,每一个国家或地区都有自己的优势产业,也有自己支持和鼓励发展的重点产业。这些产业很多是根据比较优势分工、本地具有竞争优势的产业,也是具有发展前途的产业,或是政府扶持的产业以及发展中的朝阳产业。当然,说这些产业的空间较大,并不是说就不能举办其他产业的展会,只是在这些产业里举办展会的发展前景更好。事实上,只要某一产业的产品需求量大,产品更新快,那么,该产业就有举办展会的空间。

(2) 市场空间。

市场空间主要是指市场结构状况、市场规模的大小和市场辐射力的强弱,这是举办展会的市场基础。市场结构状况揭示了展会主题的选择是否适合市场的需求,市场规模的大小从一个侧面表明了展会对企业参展的吸引力有多大,市场辐射力的强弱能反映展会影响和辐射的地域有多广。市场空间的大小是决定是否举办展会的一个重要依据。我们总是希望在那些市场规模较大的产业里举办展会,希望举办的展会展出的商品符合目标市场的市场结构状况,希望举办的展会有较强的市场辐射力。

(3) 地域空间。

地域空间主要是指展会举办地域和辐射力如何。展会的举办地对展会本身的发展有较大影响,很难想象在一个较偏僻的地方举办一个大型展会。一般来说,应选择在那些会展主题所在产业比较发达的地区举办,或者选择在该产业产品的主要销售地举办会展。那些交通比较便利、基础设施较完善、信息较灵通、服务业较发达的城市往往也是举办会展的首选之地。

(4) 政策空间。

政策空间包括展会举办地对会展业发展的政策、对展览主题所在产业的政策以及对与会展业有关的行业政策。如果在一个政府鼓励会展业发展的地方举办展会,办展机构肯定能得到比在其他地方举办展会更多的便利。如果计划举办展会的展览主题正是当地政府鼓励和支持发展的产业,那么,在那里举办展会肯定更加顺利。

当然,决定会展项目发展空间的因素不仅仅只有上述四种,还有其他一些因素,如展馆设施状况等。对会展项目发展空间影响最大的还是上述四个因素。在分析会展项目是否可以举办时,一定要注意认真分析这个会展项目是否具有发展空间。如果发展空间较小,那么,举办这样一个会展项目的可行性将是一个问题。

3. 办展机构优劣势分析

"术业有专攻",每一个办展机构都有自己擅长的领域,也都有自己不熟悉的领域。在自己不熟悉的领域里从事经营活动,就好像是在黑夜里摸索前进,失败和挫折往往在所难免。

办展机构的优势,决定着他们在哪些产业里举办展会成功的可能性较大,也决定着他们举办怎样性质的展会将会有较大的优势。例如,某一个办展机构对汽车产业非常熟悉,在汽车产业里颇有合作网络,而对家具产业基本一无所知,这样,该机构举办汽车类的展会成功的概率就比举办家具类展会要大。又如,某办展机构具备举办综合性展销会的各种条件,并有丰富的经验,但从来没有举办过专业贸易类的展会,那么,该机构举办综合性展销会肯定比举办专业贸易类的展会要更为擅长。

办展机构的劣势,决定着他们在哪些产业里举办展会成功的可能性较小,也决定着他们不可能举办怎样性质的展会。例如,如果让不熟悉家具产业的办展机构去举办家具展,让不擅长举办专业贸易展会的办展机构去举办专业贸易类的展会,展会的效果将难以保证。

所以,办展机构在计划举办一个展会时,不要只考虑该展会本身是否有发展空间、是否有竞争力,还要考虑办展机构自身的优劣势,要考虑自身是否有能力举办这样一个展会,或者自己是否适合举办这样一个展会。如果条件不具备,就不要轻易举办。

3.3.2 会展项目执行方案分析

会展项目执行方案分析是从计划举办的会展项目本身出发,分析该会展项目立项计划准备实施的各种执行方案是否完备,是否能保证该会展项目计划目标的实现。会展项目执行方案分析的对象是该会展的各种执行方案,分析的重点是各种方案是否合理、是否完备和是否可行。

1. 展会基本框架评估

分析展会执行方案的可行性,首先就要对计划举办的展会的基本框架进行评估。所谓展会的基本框架,也就是展会的基本内容,包括展会的名称、举办展会的地点、办展机构、办展时间、展品范围、办展频率、展会规模和展会定位等有关展会的基本信息。对展会的基本框架进行评估，就是对构成展会基本框架的各种因素从总体上进行评估，看各种因素彼此是否协调，从总体上分析展会的基本框架是否可行。

对展会基本框架进行的评估包括以下内容。

（1）展会名称和展会的展品范围、展会定位之间是否有冲突。

（2）办展时间、办展频率是否符合展品范围所在产业的特征。

（3）展会的举办地点是否适合举办该展品范围所在产业的展会。

（4）展品范围所在产业里能否举办如此规模和定位的展会。

（5）展会的办展机构对展品范围所在的产业是否熟悉，以及在计划的办展时间内能否举办如此规模和定位的展会。

（6）展会定位与展会规模之间是否有冲突。

对展会基本框架进行评估，重点不是分析构成展会基本框架的某一个因素的策划安排是否合理和可行，而是从总体上分析展会基本框架是否合理和可行。因为，尽管对构成展会基本框架的每一个因素的策划安排可能是合理和可行的，但由这些因素所构成的展会基本框架从总体上看可能是不合理和不可行的。所以，要避免这种"个体合理、群体冲突"现象的出现，对展会基本框架进行评估就十分重要。

2. 展会进度计划评估

展会进度计划是对展会筹备以及展览期间的各项工作进行统筹安排的计划，它明确规划了各办展机构在什么时候应该做什么事情，到什么时候应该完成任务、达到什么目标。展会进度计划的主要目的，是要让各办展机构以及工作人员明确展会各时期的工作和任务，让展会筹备以及展览期间的各项工作能有条不紊地进行，并能保质保量地完成。

对展会进度计划进行评估，主要从以下几个方面着手。

（1）各阶段工作目标的准确性。

在展会的筹备期间，到一定的时期就必须完成某些工作，否则，整个办展计划就会受到影响；在执行某些工作时，到一定的时期，该工作就应该推进到某种程度。这些安排和规划必须准确，不然，展会的筹备工作就会出现混乱。

（2）各项工作进程的合理性。

从展会自身的办展规律出发，看展会进度计划安排的各项工作是否符合展会筹备和展览期间的实际需要，是否符合展会的一般办展规律。

（3）各项工作的配套性。

举办一个展会是一项涉及方方面面的系统工程，它需要各方面的配合。如果展会的各项筹备工作安排不配套，展会的筹备工作就可能顾此失彼，自乱阵脚。

（4）各项工作的可行性。

展会进度计划所规划的各项工作必须是切实可行的，不能脱离实际。展会进度计划所规划的在某一时期所应达到的目标，必须是经过努力可以达到的，而不能是天马行空、遥不可及。

（5）各阶段工作的统一性。

展会筹备工作可以分成若干阶段，每一个阶段的工作及其重点各不相同，但展会筹备各阶段的工作必须互相衔接，前后照应，整个工作保持前后统一基调和进程。

3. 招展、招商和宣传推广计划评估

招展计划、招商计划和宣传推广计划是展会的三个重要执行方案，它们互相影响、互相依赖、互相制约。这三个执行方案执行的结果直接关系到将会有多少企业参展、有多少观众到展会参观，关系到展会在参展商、观众以及公众心目中的形象如何。

从可行性分析上看，招展计划、招商计划和宣传推广计划三个方案要做到具体、可行。所谓具体，就是这三个方案要尽量详细、不空泛；所谓可行，就是这三个方案要尽量符合展会主题所在产业的实际，能抓住该产业的特征，又不脱离展会定位，能发挥实际作用，达到实施的目标。

从可行性分析上看，这三个方案还要相互配套、彼此配合。招展计划、招商计划和宣传推广计划三个执行方案在实际实施时会相互影响，很难截然分开。例如，招揽企业参加展会的过程，实际上也部分地起到了邀请观众到展会参观的作用，客观上也是在为展会在本行业内做宣传；邀请观众到展会参观的过程，实际上也部分起到了招揽企业参加展会的作用，客观上也是在为展会在本行业以及相关行业内做宣传；至于宣传推广方案，在实施时，不仅仅是为展会做宣传，它同时也起到招揽企业参加展会和邀请观众参观的作用。从可行性分析看，这三个方案在具体实施时不能截然分开，而是各有侧重点。

从可行性分析上看，这三个方案还要重点突出、目的明确。尽管招展方案、招商方案和宣传推广方案三个执行方案在具体实施时不能截然分开，但它们并不是浑然一体的，而是各有侧重点、各有具体目标。对于招展方案来说，如何有效地招揽企业参加展会是其重点，也是其首要目标，邀请观众参观和宣传展会只是其"副产品"。对于招商方案而言，如何有效地邀请观众参观才是其根本目标和重点，招揽企业参展和宣传展会只是其"副产品"。对于宣传推广方案来说，尽管其根本目的是招揽企业参展和邀请观众参观，但在不同的时期，其实施的重点和目标是不一样的。在展会筹备的早期，宣传推广的目的是要让市场知道本展会，宣传推广的重点是展会本身；在展会筹备的中期，宣传推广的目的和重点是如何有效地招揽企业参展；在展会筹备的后期，宣传推广的目的和重点是如何有效地邀请观众参观。理解了这一点，可以使我们在制订这三个方案时做到重点突出、目的明确，不会出现彼此功能不清、喧宾夺主的现象。

4. 现场管理和相关活动计划评估

现场管理计划是对展会开幕现场和展会现场进行管理的计划安排。展会相关活动计划是对在展会同期举办的各种研讨会、表演和比赛等进行的计划安排。这两项计划的具体执行时间都是在展会的展览期间，地点常常是在展会现场内，执行时会彼此影响。

对这两项计划进行评估，主要是考察以下内容。

(1) 现场管理计划的周密性。

现场管理计划的制订必须详尽，每一项现场管理工作都必须指定专人负责、专人跟进；现场管理计划必须照顾到展会现场的方方面面，不能有所遗漏。

(2) 现场管理计划的可控性。

展会现场人多事杂，场面复杂，现场不能出现混乱局势和其他严重影响展会召开的现象；展会现场的一切局面都必须在办展机构可以控制的范围之内，不能出现办展机构经过努力还不能将其控制的局面和现象。

（3）相关活动的必要性和可行性。

与展会同期举办的其他相关活动,不论是技术交流会、研讨会,还是表演和比赛,都必须是对展会的整体形象和对展会功能的实现有所帮助。各种相关活动必须与展会本身融为一体,不能将举办相关活动和举办展会两者割裂开来,为举办活动而举办活动。同时,与展会同期举办的这些相关活动,尤其是各种表演和比赛活动,必须是安全的、可行的。

（4）现场管理和相关活动的协调性。

由于相关活动和现场管理计划在具体执行时会彼此影响,因此两者必须相互协调。与展会同期举办的任何活动,不能对展会本身产生不良影响,不能因为相关活动而影响到展会本身;同样,也不能因为现场管理的混乱而影响到相关活动的举行。

3.3.3 会展项目财务分析的方法

会展项目财务分析是从办展机构财务的角度出发,按照国家现行的财政、税收、经济、金融等规定,在筹备举办会展项目时确定的价格的基础上,分析测算举办该会展项目的费用支出和收益,并以适当的形式组织和规划好举办会展项目所需要的资金。

会展项目财务分析的主要目的是分析计划举办的会展项目是否经济可行,并为即将举办的会展项目制定资金使用规划。

为评估一个会展项目是否可以举办而进行的财务分析,与企业财务管理中的财务分析有着明显的不同,两者不能混为一谈。例如,项目财务分析所依据的数据来源和性质与企业日常财务分析不一样,项目财务分析所依据的数据带有很大的预测性,分析所形成的报表只供分析之用,并且报表中项目的名称与对外报表中的名称也可不一样。又如,项目财务分析的时间跨度很大,是对会展项目的长期性考察,并且还考虑到资金的时间价值,而企业日常财务分析就不必考虑这些问题。

项目财务分析与前面讲的可行性分析的几个环节密切相关。它所需要的基础数据,如投入资金的多少、成本、收益和利润等,都是来源于前期的市场分析而做出的预测。另外,会展项目的各个实施方案对项目财务分析也有重大影响,不同的实施方案会产生不同的财务分析结果。

会展项目财务分析可以按以下步骤进行。

1. 财务分析预测

在对计划举办的会展项目总体了解的基础上,对相关市场和执行方案进行充分调查,搜集并预测会展项目财务分析所需要的各种基础数据。财务分析预测所依据的基础数据要尽量准确,因为财务分析预测是整个项目财务分析的基础,是决定整个财务分析的质量和成败的关键。根据财务分析的数据及其预测,计算会展项目的财务盈利性如何。会展项目盈利性是判断该会展项目能否举办的一个重要的依据。

2. 制定资金规划

根据财务分析和预测,筹措和安排举办会展项目所需要的资金投入量,为展位的前期资金投入提供保障。

财务分析预测和制定奖金规划的具体方法详见模块六。

3.3.4 会展项目的风险预测

风险是指某一行动的结果所具有的不确定性。从会展项目立项可行性分析的角度看,风险就是办展机构在举办展会的过程中,由于一些难以预料和无法控制的因素的作用,使办展机构举办展会的计划和举办展会的实际收益与预期发生背离,从而使办展机构举办展会的计划落空,或者是即使展会如期举办,但办展机构有蒙受一定的经济损失的可能性。举办展会可能面临的风险有四种,即系统风险、经营风险、财务风险和合作风险。办展机构要通过对各种风险的评估,采取相应对策,尽量回避和降低可能遇到的风险(详见模块八)。

1. 系统风险

系统风险是指那些对所有企业都产生影响的风险,如战争、自然灾害、瘟疫、经济衰退、通货膨胀、恐怖袭击等。这类风险涉及所有企业,又称为不可分散风险。对于这类风险,办展机构仅靠自身的力量很难克服,也很难抵挡它们给会展项目带来的不利影响。办展机构只能采取一些措施对它们进行预防和规避,或者将它们对会展项目的不利影响降低到最低限度。

系统风险一旦发生,就会给会展项目带来灾难性的影响,如2003年的SARS疫情曾给我国会展业带来重大损失。为了回避和降低系统风险,办展机构在举办展会前,要对相关的政治经济环境进行研究,对有关风险进行预测和预防,选择在较安全的地点和时间办展,尽量减少上述不可抗力对会展项目造成的不利影响。

2. 经营风险

经营风险是指因办展机构经营方面的原因给举办展会带来的不确定性,如展会定位不当、招展不力、招商不顺、宣传推广效果不佳、人力资源及人员结构不适合、出现新的竞争者、管理不善等。例如,因布展管理不善而引起布展现场出现火灾,或者因展览现场管理不善而出现安全问题等。经营风险不像系统风险那样不可抗拒,如果提前预防,很多经营风险是可以克服的,也是可以控制和消除的。经营风险一旦出现,很容易给相关会展和办展机构的市场声誉造成伤害,并严重影响它的形象。

对筹备举办一个展会而言,经营风险很多时候集中表现为招展不理想,展会无法达到预期招展规模。展会"盈亏平衡规模"是举办展会的最低规模要求,如果展会达不到这个规模,就会出现亏损。我们也可以通过展会"盈亏平衡规模"(详见模块六:会展项目财务管理)计算出举办展会的"经营安全系数",用这个系数来对展会的经营风险进行预测和评估判断。

展会经营安全系数可以通过以下公式计算出来:

展会经营安全系数=1-展会盈亏平衡规模/展会预期(实际)规模

如果展会经营安全系数大于或等于40%,则举办该展会将非常安全;如果该系数在29%~39%之间,举办该展会将是安全的;如果该系数在16%~28%之间,举办该展会将是较安全的;如果该系数在10%~15%之间,举办该展会有一定的风险,需要注意;如果该系数在9%以下,举办该展会的风险较大,要加倍小心。

比较常见的经营风险还有展会开幕期间的食品安全问题、与会公众的卫生健康问题、保安问题等。如果会展项目的主办机构组织不力,还可能出现参展商"闹展""罢展"等问题。所谓参展商"闹展"和"罢展",是指由于会展效果与会展主办单位当初对外宣称的严重不符,参展商因严重不满而在会展现场"闹事"或干脆不再继续展览。参展商"闹展"和"罢展"是会展项目的严重经营危机,办展机构必须事先防范。

3. 财务风险

财务风险包括举债筹措资金给办展机构在财务上带来的不确定性和办展机构资金投入所带来的不确定性。如果办展机构举债筹措办展资金,由于种种原因,办展机构息税前资金利润率和借入资金利息率之间具有很大的不确定性,这种不确定性会使办展机构自有资金的利润率变化无常。如果办展机构息税前利润还不够支付利息,展会就有发生亏损的风险。另外,办展机构投入筹办展会的各种资金能否按期如数收回,也有一定的风险。并不是所有的展会都能带来利润。

对于财务风险,办展机构可以通过维持一个合理的资金结构,或者慎重选择会展投资项目等措施来进行规避和降低。

4. 合作风险

合作风险是指办展机构各单位之间、办展机构与展馆之间、办展机构与展会各服务商和各营销中介之间,在合作条件、合作目标和合作事务各环节上可能出现的不协调、不一致和其他不确定性。合作风险的出现,不仅会影响办展各有关单位、机构、各展会服务商和各展会营销中介之间的合作,还会给展会本身、展会服务以及展会的展出效果等多方面造成不良影响。

办展机构可以通过细化合作条件、明确各合作单位的责权利、与各单位进行积极的沟通和协调等多种方式来消除和降低合作风险。

对于以上各种风险,办展机构首先要评估它们存在的可能性有多大,并评估一旦它们发生,对即将举办的展会可能会造成哪些影响,展会是否可以规避或者克服这些风险及其影响。另外,对于上述风险,有些风险是办展机构无法控制的,只能规避;还有些风险,办展机构则可以通过有效措施来进行积极预防和消除。

3.4 会展项目可行性研究报告的编写

认识会展项目社会效益和经济效益双重功能及其相互关系,有助于清除在策划会展项目时可能出现的"近视"行为,即片面追求举办会展项目的经济效益而不考虑其社会功能,从而人为地割断了会展项目与其他相关产业的内在联系,削弱了会展经济可持续发展的基础,或片面追求举办会展项目的社会功能而不考虑其经济效益,人为地封堵了进行会展产业市场化的一个有效途径,削弱了会展项目对相关产业的带动作用。可见,举办一个会展项目,不仅项目本身要可行,还必须有经济效益和社会功能,无论欠缺哪一方面,该会展项目的举办方案都可能需要重新策划。

如果通过评估,举办该会展项目的经济效益和它所带来的社会效益都是明显的和可以接受的,就可以认为举办该会展项目是可行的,否则就是不可行的。

完成上述分析以后,就可以整理编写《会展项目立项可行性研究报告》,对会展项目立项是否可行做出系统的评估和说明,并为最后完善该会展项目立项策划的各具体执行方案提供改进依据和建议。

3.4.1 编制时要注意的问题

会展项目立项可行性研究报告是可行性分析阶段的核心内容,是办展机构对是否要举办该展会而进行决策的重要依据。由于可行性分析工作对于整个会展项目建设过程以至于对地区经济发展都有极其重要的意义,因此,为保证其科学性、客观性和公正性,有效防止错误和遗漏,一般要求在编制可行性研究报告时要注意以下几点。

1. 必须站在客观公正的立场进行调查研究和报告的编制

从资料的搜集到报告的撰写,其中所有信息材料应当尽可能真实充分。对于基础资料,要根据实际情况进行论证评价,以便如实反映客观规律。会展项目是否可行应根据科学的数据来回答,而不能先确定可行的结论再去编写相应的数据。

2. 报告的内容需要具有一定的深度

会展项目立项可行性研究报告的内容深度要达到国家规定的标准,基本内容要完整,避免粗制滥造走形式。这就强调其可行性分析要坚持先论证后决策,坚持多方案比较,从中选取优秀的方案,并要求将相关的调查和分析贯彻始终以保证资料选取的全面性、重要性、客观性和连续性。

3. 分析客观,避免突击

为保证会展项目立项可行性研究报告的质量,应保证咨询相关人员必需的工作时间,合理统筹,分析客观科学,判断准确有理,防止因各种原因而搞突击,草率行事。

3.4.2 可行性研究报告的主体内容

综合考虑一般可行性研究报告的编写规范,会展项目立项可行性研究报告应包括以下内容。

1. 总论

作为可行性研究报告的首要部分,总论应综合叙述研究报告中各部分的主要问题和研究结论,并对该会展项目可行与否提出最终建议,为可行性分析的决策、审批提供方便。

2. 项目背景和发展概况

这部分主要应系统叙述这次会展项目的发起过程、目标和范围、提出的理由、前期工作的发展过程、有关项目主题的主要理念和其他相关的背景资料等。需要注意的是,在叙述会展项目发展概况的同时,应能清楚地提示本会展项目可行性分析的重点和问题所在。

3. 市场环境分析

综合对会展项目所处宏观环境、办展机构自身资源等微观环境多方面信息的分析结果,可以运用SWOT分析方法,明确会展项目可以利用的机会和可能面临的风险,并将这些机会和风险与项目的优势和劣势结合起来,分析和论证举办本会展项目的各种市场条件是否具备,具体方法参照本模块第2节。

4. 会展项目生命力分析

会展项目生命力分析则是从计划举办的会展项目本身出发,分析该展会是否有发展前途。分析展会的生命力,不是只分析展会举办一届或两届的生命力,而是要分析该展会的长期生命力,即要分析如果本展会举办超过五届以上,是否还有发展前途的问题。具体方法参照本模块第 3 节。

5. 会展项目执行方案分析

会展项目执行方案分析是从计划举办的会展项目本身出发,总体分析该会展项目立项计划准备实施的各种执行方案是否合理、是否完备和是否可行,是否能保证该会展计划目标的实现。具体方法参照本模块第 3 节。

6. 会展项目财务分析

会展项目财务分析是项目可行性分析内容的重要组成部分。从办展机构财务的角度出发,分析预测举办本会展项目的费用支出和收益,分析计划举办的展会是否经济可行。具体方法详见模块 6。

7. 风险预测

在对项目进行评价时,所采用的数据多数来自预测和估算。由于资料和信息的有限性,项目的实际运行情况可能与计划有出入,这会对项目投资决策带来风险。为避免或尽可能减少风险,办展机构应当全面考虑各种潜在风险,分析不确定性因素对项目各项评价指标的影响,并对其做出充分的对策分析。风险的具体类型参看本模块第 3 节。

8. 存在的问题

存在的问题包括通过以上可行性分析发现的会展项目立项策划存在的各种问题、研究人员在可行性分析以外发现的可能对会展项目产生影响的其他问题等。

9. 改进建议

根据前面各部分的研究分析结果,对会展项目在技术上、经济上、社会效益上进行全面评价,对项目投资方案进行总结,提出结论性意见和改进建议。

10. 努力的方向

根据会展项目的办展宗旨和办展目标,在上述分析的基础上,针对存在的问题,提出要办好该会展项目所需要具备的其他条件和需要努力的方向。

需注意的是,在会展项目立项可行性研究报告以外单独成册的文件,都应当列为可行性研究报告的附件,并入总论部分以资参考。

小　　结

会展项目可行性研究是指在对会展主题进行投资决策前,对开展与会展主题有关的自然、社会、经济、行业、技术资料进行调查研究,在仔细研究各种信息的基础上,对会展项目立项策划提出的会展举办方案进行全面系统的研究、分析、比较和选择,分析并比较可能的备选方案,预测、评价运行后会收到的社会效益、经济效益等,综合论证实施的必要性、盈利性、实用性和可行性,从而为最终是否可以举办该会展提供科学的决策依据。举办一次成功的会议或展览,细致、完善的可行性研究是必不可少的。

会展项目的市场环境分析不仅要分析各种现有的市场条件,还要对其未来的变化和趋势做出预测,使可行性研究得出的结论更加科学合理。

会展项目竞争力分析是从举办的会展项目自身情况出发,分析该会展项目是否有发展前途。条件具备但不一定有发展前途,只有两者同时具备的会展项目才具有投资和举办的价值。

完成上述分析后,就可以整理编写会展项目立项可行性研究报告,对会展项目立项是否可行做出系统的评估和说明,并为最后完善该会展项目立项策划的各具体执行方案提供改进依据和建议。

1. 会展项目可行性研究包括哪几个工作流程?
2. 会展项目的 SWOT 分析法主要分析哪些要素?
3. 会展项目如何分析自身是否有竞争力?
4. 会展项目执行方案分析是对哪些方案和计划进行评估?
5. 会展项目财务分析是按哪几个步骤进行?
6. 举办会展项目可能面临的风险有哪几种?
7. 会展项目立项可行性研究报告应包括哪几部分内容?

××职业学院大型书市的 SWOT 分析

一、实训要求

运用本模块中会展项目的市场环境分析知识点,运用 SWOT 分析法分析××职业学院是否具备开展大型书市的外部条件。

二、实训目的

强化学生对会展项目 SWOT 分析方法的应用。

三、实训组织

学生每 4~5 人组成一个分析小组,每小组选 1 人担任项目经理,组织分析过程。

四、背景

微观环境结合学生所在学校的实际情况进行分析。

2014 北京春季珠宝展的可行性研究报告

一、实训要求

运用本模块中会展项目立项可行性研究报告内容要求,完成 2014 北京春季珠宝展的可行性研究报告。

二、实训目的

强化学生对会展项目可行性分析工作流程的应用,掌握编写会展项目立项的可行性研究报告。

三、 实训组织

学生每4~5人组成一个分析小组,每小组选1人担任项目经理,组织分析和编写过程。

四、 背景资料

(一) 展会要素

1. 举办时间：2014.3.27—2014.3.30
2. 举办展馆：北京展览馆（中国北京西城区西直门外大街135号）
3. 所属行业：奢侈品
4. 展会面积：13,000平方米
5. 主办单位：中国珠宝玉石首饰行业协会

(二) 展会概况

2014北京春季珠宝展是由中国珠宝玉石首饰行业协会（以下简称中宝协）主办的专业珠宝展。北京是中国的政治、经济、文化中心,历史文化沉淀丰厚,孕育了大量的收藏家、鉴赏家。中宝协每年11月份举办的北京展已经是众所周知的行业大展,在北京积累了一大批忠实的珠宝消费者和爱好者。但是每年一度的北京展已经不能满足消费者和珠宝展商的需求。所以,中宝协对展览进行了适当的补充,举办规模控制在600个展位左右的珠宝展,努力将本次展览打造成以北京为中心的珠宝贸易平台。

(三) 参展范围

宝石：钻石、翡翠玉石、红蓝宝石、海蓝宝石、祖母绿、人造宝石、琥珀、珊瑚、猫眼、碧玺、欧泊等。

首饰：珍珠首饰、钻石首饰、铂金首饰、白银首饰、黄金首饰、K金首饰、玉石首饰。

其他：钟表、贵金属及宝玉石产品、珠宝首饰生产设备及工具、包装、道具、珠宝首饰检测及度量仪器、有关社团及工会、专业媒体。

(四) 参展费用

国内标摊：18,000元/个

背景资料来源：E展网

五、 注意事项

背景资料有限,本实训教师可以指导学生收集更多信息,学生所收集的材料多为二手资料,侧重点在于学生掌握会展项目可行性分析的工作流程和报告编写过程,帮助学生提升分析能力。

模块四

会展项目的人力资源管理

教学目的和要求

1. 掌握会展项目组织机构设置原则及组织结构类型；
2. 掌握会展项目团队建设的方式；
3. 理解会展项目经理的责权利；
4. 掌握会展项目沟通和冲突管理方法；
5. 掌握会展项目志愿者管理方法。

教学重点和难点

1. 重点是会展项目组织结构类型、项目经理责权利、项目沟通方法；
2. 难点是会展项目团队建设方式和项目冲突的主要解决模式。

组建展会新项目团队的基本方法

组建展会新项目团队的基本方法如下：

一、根据项目性质确定团队成员的人数、构成

项目性质大体可分为以下类别：

- B2B（专业展会）、B2C（消费类展会）、B2B + B2C（要确定是 B2B 为主，还是 B2C 为主）；
- 辐射国内外的展会、辐射国内的展会[要确定是辐射全国，还是辐射某一区域（如华南地区，中西部地区等）或某省甚至于某一城市]；
- 参展商以制造商为主的展会、参展商以代理商为主的展会；
- 创办超大型或大型展会、创办中型或小型展会（2万—5万平方米的展会为大型，其上为超大型，其下为小型）；
- 制度化举办的展会、临时性或阶段性举办的展会；
- 政府意志下的展会（政府交办或政府主办，公司承办）（所谓政府主办，是指政府自己决定创办的展会，只是让公司外包销售或其他经营业务，而非公司决定创办、商请政府挂名主办的展会）、公司自行创办的展会。

根据科学定位展会性质的综合要求确定项目团队成员的人数。

例1：某展览公司异地创办专业展会，展会题材是公司首次介入，地点选择在中西部某省会城市，展会辐射范围定位为省内市场，首届展会面积规划为0.5万—1万平方米之间（展位数在150—450个之间）。则项目团队正式成员人数可控制在5名左右，另配置3—5名实习生。

例2：某展览公司异地创办专业展会，展会题材是公司熟悉并正在运作的。如其他条件与例1相同，则项目团队正式成员人数可控制在3名左右，另配置3—5名实习生。

例3：某国家级部委决定在东部地区某大城市（"北上广"之外）创办专业展会，明确提出展会辐射范围为国内外市场，首届展会面积要求达到4万—6万平方米之间（展位数在2,000—3,000个之间）；某公司接受外包销售展位并负责客服工作，其项目团队正式成员人数应配15名左右，另可配置5—10名实习生。

由于新项目市场需要开发，团队成员普遍面临业务生疏的困难（主要指不熟悉展会所涉及的行业），新项目所在地的公共关系（包括展馆）需要磨合等因素，都需要花更多的人力，故新项目团队用人要多于老项目。

展会团队成员的构成应与项目性质相匹配。新项目需要在推广和客服上比老项目下更多功夫，而且新到异地办展，许多公共关系要拓展，故项目团队均应配备营运、营销和销售三方面的人员。

项目性质不同要求团队成员的构成有所不同。如面向国外的项目，需要其成员懂外语；主要同制造商打交道的项目，需要其成员有懂专业或熟悉相关专业的人；政府委托外包服务的项目，需要其成员有善于和政府机关沟通的人；消费类项目，需要其成员有在展会现场善于处理危机的人；会议型展会项目，需要其成员有筹办会议、熟悉事件管理的人。

二、团队成员的素质应符合新项目经营的要求

由于新项目困难大，变数多，能否成功存在诸多不确定性因素，因而经营压力比老项目大很多。新项目团队成员的整体素质应优于老项目。

由于展览公司中许多有经验的老员工从个人收益出发，一般不愿意去尝试新项目。故一些公司往往大胆启用新人用于新项目，在发挥新人的"闯劲"的同时也为新人提供发展机会。当然，这样做公司需要冒很大风险。万一项目失败，新人容易成为"炮灰"。

资料来源：http://blog.sina.com.cn/s/blog_61666d1001011qbz.html，有改动。

案例解析

怎样让新项目团队不但具有较高的素质又要有较强的活力，是展览公司管理层非常关心的问题，上述案例从实践经验出发，提出了可供参考的组建会展项目团队的方法。

4.1 会展项目人力资源管理概述

4.1.1 会展项目人力资源管理的含义

会展项目人力资源管理，即需要清楚地知晓在具体的会展项目中如何募集专业人力，如何推动组织工作，如何进行人际沟通和处理人际冲突，以及如何训练出有经验并继续成长的人力资源。

管理的目的在于如何将适当的人放在最适当的位置，使其具备完成项目目标的动机，并

使员工、组织和社会受益共赢。

所谓人力资源，泛指组织内所有与员工相关的资源，包括员工的能力、知识、技术、态度和激励等。

4.1.2 会展项目人力资源管理的意义

（1）任何会展项目要顺利实施，必须有适当的人力资源、适当的组织，配置、管理得当。

（2）当今会展项目活动牵涉的相关产业非常多，同时信息传播技术的发展使产业、政府、学界或研究界的联系愈来愈多元化，要推动会展项目的顺利开展，迫切需要适当的人力资源，尤其是专业团队的努力，才能达成目标。

4.2 会展项目组织

4.2.1 会展项目组织的概念

会展项目组织是为了完成会展项目而建立的团队组织，一般也称为会展项目组、会展项目团队和会展项目管理班子等。

会展项目组织的具体职责、组织结构、人员构成和人数配备等会因项目性质、复杂程度、规模大小和持续时间长短不同而有所不同。

一些大中型会展项目组织叫会展项目经理部，由于项目管理工作量很大，会展项目组织专门履行管理功能，具体的技术工作由他人或其他组织承担。

有些会展项目由于管理工作量不大，没有必要单独设立履行管理职责的班子，其具体技术性工作和管理职能均由会展项目组织成员承担。

4.2.2 会展项目管理组织机构设置原则

1. 目的性原则

任何会展项目都有确定的目标，以实现特定的功能、作用和任务，而任何会展项目管理组织的设置，都是围绕项目目标的实现。在设计和制定管理组织机构时，首先根据会展项目目标列出项目的关键任务以及相应的组织单元，从而将合适的人放在合适的组织位置。

2. 精干高效原则

会展项目的人员配置需结合项目实际运营情况及发展需要，分析部门工作量及人员需求，秉持合理适用、定岗定编、精干高效的原则，建立一支高素质、高技能的员工队伍。随着市场竞争越来越激烈和项目承包制度的落实，会展项目组织管理人员配置将会越来越倾向于精干高效，力求一专多能、一人多职。

3. 会展项目组织与企业组织一体化原则

项目组织是企业组织的有机组织部分，归根结底，会展项目组织是由会展企业组建的。从管理方面来看，企业是项目管理外部环境，项目管理人员全部来自企业，项目管理组织解体后，项目管理人员仍回企业。

4.2.3 会展项目组织结构的类型

会展项目组织结构有许多类型，常见的有工作队式、部门控制式、项目型、矩阵型和直线职能型。各种类型的组织结构适应不同的公司规模及项目需要。

1. 工作队式

(1) 适用范围:适用于工期要求紧,要求多工种、多部门密切配合的大型项目。

(2) 优点:按职能原则建立项目组织,把项目委托给某一职能部门,由职能部门主管负责,在本单位选人组成项目组织。

(3) 缺点:只适用于同时进行多个项目,但不生产标准产品的企业。

2. 部门控制式

(1) 适用范围:适用于小型、专业性较强,不需涉及众多部门的项目。

(2) 优点:小型、可控,适合以技术为重点的项目。

(3) 缺点:不适应大项目需要。

3. 项目型

(1) 适用范围:适用于经常有多个类似的、大型的、重要的、复杂的项目的会展企业。

(2) 优点:能迅速有效地对项目目标和客户需要做出反应。

(3) 缺点:资源不能共享,成本高,项目组织之间缺乏信息交流。

4. 矩阵型

(1) 适用范围:适用于同时承担多个项目的企业。如果一个组织经常有多个内容差别较大、技术复杂、要求利用多个职能部门资源时,比较适合选择矩阵式组织结构。

(2) 优点:将职能与任务很好结合在一起,既可满足对专业技术的要求,又可满足对每一项目任务快速反应的要求,充分利用人力、物力资源。

(3) 缺点:双重领导。各项目间、项目与职能部门间容易发生矛盾。项目组成员不易管理。

5. 直线职能型

(1) 适用范围:直线职能型组织是一种层次型组织结构,按专业化原则设置一系列职能部门,将项目按职能分为不同的子项目,目前我国传统企业进行项目工作时常采用直线职能型。

(2) 优点:可控。

(3) 缺点:项目时间长,各部门协调困难。

以上介绍的5种常见的会展项目组织结构都有其优点、缺点和适用条件,对不同的项目,应根据项目的具体目标、任务条件、项目环境等因素进行分析、比较,设计或选择最合适的组织结构形式。

4.3 会展项目团队建设

4.3.1 会展项目团队成员应具备的素质

1. 遵守职业道德,遵守职业行为规范

职业道德是调整职业内部、职业之间、职业与社会之间的各种关系的行为准则,它是内在的、非强制性的约束机制,其中包括职业观念、职业情感、职业理想、职业态度、职业技能、职业良心和职业作风等。

我国会展职业行为规范也蕴含在商务部和地方展览业管理部门制定的管理制度与政策法规中,包括遵纪守法,恪尽职守;敬业爱岗,积极进取;文明礼貌,热情服务;诚实守信,团结协作等规范。

2. 团队成员对会展项目背景的理解、研究是会展项目成功运作的关键

仅把一组人员集合在一个会展项目中共同工作,并不能形成团队。形成团队的关键是成员对项目带来的益处有共同设想,对项目背景进行过研究并有深刻的理解,另外还要高度明确团队成员工作范围、质量标准、预算和进度计划,只有这样才能使会展项目团队的工作卓有成效。

3. 应具备会展项目管理知识体系与技能

会展项目团队成员应熟悉会展项目的操作流程,掌握会展专业应用领域知识、标准和规章制度,能够接受不同观点,具备项目整体操作及市场开发能力,具备依据进度和资源约束完成工作的能力,具备跨越部门和权限工作的能力等。

4. 需要掌握和处理好人际关系的沟通技能

会展项目团队成员应具备在国内外有效沟通、交流的能力,具备对相关组织和部门施加影响以取得领导支持的能力,具备激励下属团队实现目标的能力,具备谈判与冲突管理的能力,具备与会展行业相关人员及单位沟通并达成协议的能力。

4.3.2 如何建设一个有成效的会展项目团队

1. 对会展项目目标的清晰理解

仅把一组人员集合在一个会展项目中共同工作,并不能形成团队。为使会展项目团队工作有成效,就要高度明确工作范围、质量标准、预算和进度计划。对于计划要实现的会展项目目标,每个团队成员必须对这一目标以及由此带来的益处有共同的设想。

2. 对每位成员的角色和职责的明确期望

会展项目团队中的每位成员都要参与制订会展项目计划,要重视彼此的知识与技能,并能确定为实现该目标所付出的劳动。每位成员都要对他所承担的工作有明确的认识,并要为完成工作承担应有的责任。

3. 目标导向

会展项目团队中每位成员都要把实现会展项目目标作为自己的工作目标导向。为树立一个良好的典范,项目经理需要为大家确定努力工作的标杆,而团队成员应积极热情地为项目成功付出必要的时间和努力。例如,为使会展项目按计划进行,必要时项目团队成员愿意加班、牺牲周末或午餐时间完成任务。

4. 高度互助

在需要的时候,会展项目成员要进行开放、坦诚且及时的沟通。成员需要彼此交流信息、想法及感情,不以寻求其他成员的帮助为耻,成员能成为彼此的力量和源泉,而不仅只完成分派给自己的任务。他们希望看到其他成员成功地完成任务,并愿意在他们陷入困境或停滞不前时提供帮助;他们能相互做出和接受彼此的反馈及建议性批评。基于这样的合作,

团队就能在解决问题时及时地、有创造性地做出决策。

5．高度信任

一个有成效的会展团队的成员，应承认团队中的每位成员都是会展项目成功的重要因素。团队成员互相关心，能大胆提出一些可能产生争议或冲突的问题，鼓励其他成员自由表达不同意见，并尊重这些意见。有成效的会展项目团队会通过建设性的、及时的反馈积极正视问题，解决冲突。

4.4 会展项目经理

4.4.1 会展项目经理的角色定位

项目部是会展公司实施项目管理的具体组织形式。项目经理受会展公司最高领导委托，要为会展公司按计划在有限的资源范围内组织项目实施并实现项目目标。

在项目运行过程中，会展项目经理一般扮演着项目的领导者、协调者、资源分配者、谈判者和危机管理者等多种不同的角色。因此，项目经理是会展项目的核心人物，是项目成功的关键。

4.4.2 会展项目经理的选聘

项目经理的选拔和任用可能会直接关系到某个项目的成败，因此，精心选聘项目经理是组织会展项目实施计划最重要的一步。

（一）项目经理选聘的原则

（1）选聘的方式必须有利于选聘到适合会展项目管理的人。

（2）项目经理产生的程序必须经过审查。

（3）项目经理的任免权归属于总经理。

（二）项目经理选聘的方式

1．竞争招聘制

招聘的范围可面向公司内外，但基本本着先内后外的原则，其程序是：个人自荐—组织审查—答辩讲演—择优选聘。通过这种方式既可选出优秀人才，又可增强项目经理的竞争意识和责任心。

2．总经理委任制

委任的范围一般限于会展公司内部的在职管理人员，其程序是：公司经理提名—行政人事部考察—总经理办公会决定项目经理人选。

3．基层推荐制

通过会展公司内部协调，从公司基层向上推荐若干人选，然后由行政人事部集中意见，经严格考核后，确定项目经理人选。

对于会展项目，建议采用总经理委任制和竞争招聘制相结合。小型会展项目的项目经理可由主管项目的领导直接任命；中型会展项目的项目经理可由主管项目的领导提名，报公司总经理审批；大型会展项目的项目经理由主管项目的领导提名候选人2～3名，然后由公司总经理办公会确定。

项目经理人选确定后,还应对其进行全方位、多角度的集中培训,让其牢固树立良好的服务理念及团队合作精神,对当前的具体任务有清晰深入的认识,并于项目实施期间发挥应有的激励作用。

项目经理在项目实施期间,原则上不要任意更换,以保持会展项目的连续性和稳定性。如确实发现项目经理不称职或有重大经济问题予以更换时,应事先物色好合适的备用人选,并及时调换,以免影响项目的顺利进行。

4.4.3 会展项目经理的责权利

一、项目经理在会展项目进行过程中主要履行以下五项职责

1. 组建会展项目团队

项目经理是项目责、权、利的主体,是项目的组织者,必须把项目的组织职责放在首位。组织会展项目团队是项目经理管理好项目的基本条件,也是项目成功的组织保证。

2. 确保会展项目实现

项目经理应根据会展公司的经营目标和年、季度计划以及经营责任书,制订项目部的分阶段的目标及工作计划并组织实施,确保在规定时间内完成会展项目。这项基本职责是评估项目经理项目运作成败、项目管理水平高低的标志。

3. 制订项目阶段性目标和总体控制计划

项目经理负责根据公司整体经营计划制订详细的项目阶段性目标和总体控制计划,并与项目团队就这两方面内容进行交流,以便使项目小组成员对项目目标及进度达成共识。

4. 及时做出决策

在会展项目运行过程中,需由项目经理亲自做出决策的事项包括人事任免及奖惩、项目实施方案、项目进度安排、项目计划调整、合同签订和执行以及合作伙伴选择等。

5. 控制项目实施过程

在项目实施过程中,项目经理需要根据项目内部和外部的各种信息反馈,不断对项目计划进行调整和控制,以保证项目按时、按质完成。

二、项目经理的权力

为了更好地履行项目经理的职责,完成项目管理的工作任务,必须赋予项目经理项目管理权、决策权、人力资源管理权和资源支配权,使项目经理有权组织指挥本项目的所有活动,有权决定项目部的任务目标和分阶段工作计划,有权调配并管理进入本项目的劳力、资金、物资、设备等生产要素,有权在保证项目总目标不变的情况下优化调整人、财、物等资源的分配和运用。项目经理的决策权一般由会展公司法人代表授予,并用制度或合同的形式具体确定下来。

三、项目经理的利益

会展项目经理的最终利益主要表现为经济效益和社会效益,一方面,通过岗位工资和业绩提成等方式取得经济效益;另一方面,通过成功组织会展项目来反映其工作能力,可以在业内树立良好的社会形象,为今后的职业生涯提供更广阔的发展空间。

4.5 会展项目沟通和冲突管理

4.5.1 会展项目沟通

一、会展项目沟通的定义及特征

会展项目经理最重要的工作之一就是沟通,通常花在这方面的时间会占全部工作时间的75%~90%。通过良好的沟通交流会获取足够的信息、发现潜在的问题、控制好项目的各个方面。会展项目沟通是要保证项目信息及时、正确地提取、收集、传播、存储以及最终进行处置,保证项目团队内部的信息畅通。

会展项目沟通具有以下特征。

1. 复杂

大多数会展项目都与企业、参展商、专业观众和一般观众、居民、政府机构等密切相关,也多数是由其项目团队实施的,这个项目团队具有临时性。因此,项目沟通管理必须协调各部门内部以及部门之间的关系,以确保项目顺利实施。

2. 系统

会展项目的确立全部或局部涉及社会政治、经济、文化等诸多方面,对生态环境、能源等问题将产生或大或小的影响,这就决定了会展项目沟通应从整体利益出发,运用系统的思想和分析方法,全过程、全方位地进行有效沟通。

二、会展项目沟通的两条关键原则

在会展项目中,很多人也知道去沟通,可效果却不明显,似乎总是不到位,由此引起的问题也层出不穷。其实,要达到有效的沟通有很多要点和原则需要掌握,尽早沟通、主动沟通就是其中的两个原则,实践证明它们非常关键。

要做到尽早沟通,就要求项目经理要有前瞻性,定期和项目成员进行有效的沟通,不仅容易发现当前存在的问题,很多潜在问题也能暴露出来。在项目中出现问题并不可怕,可怕的是问题没被发现。沟通得越晚,暴露得越迟,带来的损失越大。

主动沟通说到底是对沟通的一种态度。在项目中极力提倡主动沟通,尤其是已经明确了必须要去沟通的时候。当项目经理面对用户或上级、团队成员面对项目经理时,主动沟通不仅能建立紧密的联系,更能表明你对项目的重视和参与,会使沟通的对方满意度大大提高,有利于整个项目顺利实施。

三、会展项目沟通的方法

1. 正式沟通与非正式沟通

(1) 正式沟通是通过项目组织明文规定的渠道进行信息传递和交流。这种沟通的优点是沟通效果好,有较强的约束力;缺点是沟通速度慢。

(2) 非正式沟通指在正式沟通渠道之外进行的信息传递和交流。这种沟通的优点是沟通方便,沟通速度快,且能提供一些正式沟通中难以获得的信息;缺点是容易失真。

2. 上行沟通、下行沟通和平行沟通

(1) 上行沟通。上行沟通是指下级的意见向上级反映,即自下而上的沟通。

(2) 下行沟通。下行沟通是指领导者对员工进行的自上而下的信息沟通。

(3) 平行沟通。平行沟通是指组织中各平行部门之间的信息交流。在项目实施过程中，经常可以看到各部门之间发生矛盾和冲突，除其他因素外，部门之间沟通不畅是重要原因之一。保证平行部门之间沟通渠道畅通，是减少部门之间冲突的一项重要措施。

3. 单向沟通与双向沟通

(1) 单向沟通。单向沟通是指信息发送者和接受者两者之间的地位不变（单向传递），一方只发送信息，另一方只接受信息。单向沟通的信息传递速度快，但准确性较差，有时还容易使接受者产生抗拒心理。

(2) 双向沟通。双向沟通中，信息发送者和接受者两者之间的位置不断交换，且发送者是以协商和讨论的姿态面对接受者，信息发出以后还需及时听取反馈意见，必要时双方可进行多次重复商谈，直到双方共同明确和满意为止，如交谈、协商等。其优点是沟通信息准确性较高，接受者有反馈意见的机会，产生平等感和参与感，增加自信心和责任心，有助于建立双方的感情。

4. 书面沟通和口头沟通

书面沟通是以文字为媒体的信息传递，形式主要包括文件、报告、信件、书面合同等。口头沟通是以口语为媒体的信息传递，形式主要包括面对面交谈、电话、开会、讲座、讨论等。

5. 言语沟通和体语沟通

言语是人们传达信息的工具，是参与社会活动的重要组成部分，是人际交往的桥梁。体态语言丰富而微妙，是人们心际的显露、情感的外化，在人际交流过程中往往起着不可估量的作用。

四、提高与改善项目沟通管理的方法

沟通的有效性，主要取决于信息发送者和接收者对待沟通的态度及其所处的环境。人际沟通是否成功，取决于领导者（发信者）所要向下级人员传达的信息与下级人员通过理解而获得的信息的含义是否相一致。为了增加沟通成功的可能性，必须保证领导者（发信者）提供的信息（下达的指令）与下级人员（接受者）对信息（指令）理解的最大限度的吻合。

1. 改善沟通的方法

(1) 重视双向沟通。双向沟通伴随反馈过程，使发送者可以及时了解到信息在实际中如何被理解，使接收者能表达接受时的困难，从而得到帮助和解决。

(2) 利用多种沟通渠道。一个项目组织往往是综合运用多种方式进行沟通，只有这样，才能提高沟通的整体效应。

(3) 正确运用文字语言。

2. 提高沟通的方法

(1) 沟通前先澄清概念，经理人员事先要系统地思考、分析和明确沟通信息，并应考虑信息接收者及可能受到该项沟通之影响者的反应。

(2) 只沟通必要的信息。

(3) 沟通者必须明确沟通目的，明确了沟通目标，沟通内容就容易规划了。

(4) 考虑沟通时的一切环境情况，包括沟通的背景、社会环境、人的环境以及过去沟通的情况等,以使沟通的信息和环境情况相配合。

(5) 计划沟通内容时应尽可能听取他人的意见。

(6) 要使用精确的表达方式。沟通者要把想法用语言和非语言精确地表达出来,而且要使接收者从沟通的语言或非语言中得出所期望的理解。

(7) 要进行信息的追踪和反馈,信息沟通后必须同时设法取得反馈,以弄清信息接收者是否真正了解,是否愿意遵循,是否采取了相应的行动等。

(8) 要言行一致地沟通。

(9) 沟通时不仅要着眼于现在,还应该着眼于未来。

(10) 应该成为一个"好听众"。成为一个"好听众",才能明确对方说了些什么。

4.5.2 会展项目冲突管理

会展项目冲突管理是从管理的角度运用相关理论来面对会展项目中的冲突事件,避免其负面影响,发挥正常作用,以保证项目目标的实现。一般包括诊断、处理和结果三个阶段。

会展项目冲突之所以发生,可能是利益相关者对若干议题的认知、意见、需求、利益不同,或是基本道德观、宗教信仰不同等因素所致。

会展项目冲突产生的原因如下:

(1) 项目团队队员的专业技能差异越大,其间发生冲突的可能性越大;

(2) 项目决策人员对项目目标的理解越不一致,冲突越容易发生;

(3) 项目团队成员的职责越不明确,冲突越容易发生;

(4) 项目经理的管理权利越小、威信越低,越容易发生冲突;

(5) 项目经理班子对上级目标越趋一致,项目中有害冲突发生的可能性越小;

(6) 项目组织中,管理层次越高,由于某些积怨产生冲突的可能性越大。

会展项目冲突包括人力资源冲突、成本费用冲突、技术冲突、管理程序冲突、项目优先权冲突、项目进度冲突和项目成员个性冲突。

1. 人力资源冲突

对有来自其他职能部门或参谋部门人员的项目团队而言,围绕着用人问题会产生冲突。当人员支配权在职能部门或参谋部门的领导手中时,双方会在如何使用这些队员上产生冲突。

2. 成本费用冲突

成本费用冲突往往发生在费用分配上。例如,项目经理分配给各职能部门的资金总被认为相对于支持要求是不足的,如工作包1的负责人总认为该工作包的预算过小,而工作包2的预算过大。

3. 技术冲突

在面向技术的项目中,在技术质量、技术性能要求、技术权衡以及实现性能的手段上都会发生冲突,如客户认为应该采用最先进的技术方案,而项目团队则认为采用成熟的技术更为稳妥。

4. 管理程序冲突

许多冲突来源于项目应如何管理,也就是项目经理要首先明确报告关系定义、责任定义、界面关系、项目工作范围、运行要求、实施的计划、与其他组织协商的工作协议,以及管理支持程序等。

5. 项目优先权冲突

项目参加者经常对实现项目目标应该执行的工作活动和任务的次序关系有不同的看法。优先权冲突不仅发生在项目班子与其他合作队伍之间，在项目班子内部也会经常发生。

6. 项目进度冲突

项目进度冲突是指围绕项目工作任务(或工作活动)的时间确定次序安排和进度计划所产生的冲突。

7. 项目成员个性冲突

这种冲突经常集中于个人的价值观、判断事物的标准等差别上，而并非技术上的问题。

4.5.3 会展项目冲突的主要解决模式

(1) 撤出：项目 A 与项目 B 的经理意见不同，那么让其中某一方回避就可以了。但这样会使冲突积聚。

(2) 缓和：找出意见一致的方面，忽视差异。但这样并没将问题解决。

(3) 妥协：项目 A 的经理认为任务在 m 天完成，项目 B 的经理认为 n 天就行了，采取折中方案，同意 (m+n)/2 天完成。这样也许并非最好的预计。

(4) 强制：项目经理命令说："就按我说的方法做"。这样会导致成员的怨恨心理，恶化工作气氛。

(5) 面对：每个人都以积极的态度对待冲突，并愿意就面临的冲突交换意见，把异议都暴露出来，尽力得到最好、最全面的解决方案。这是处理冲突最好的方法，但需要有一个良好的团队文化，只有项目组成员之间的关系是友善的、相互以诚相待、以工作为重，才能做到。面对冲突，有以下三种解决冲突的措施值得一试。

• 公断。这一方法由第三团队听取两个团队的争论，并最终决定哪一方在冲突中取胜。当两个组织存在法律争议时，这也是一个很好的方法。例如，当一个方案经理和高级领导者在决定项目 A 将得到项目 B 也想要的某种稀有资源时，这一过程也是适用的。

• 仲裁。这种方法需要第三个团体"分离差异"。这种方法让持有不同意见的两个团队感到他们的待遇都差不多好或者差不多坏。例如，一个方案经理或一个更高的经理决定项目 A 项目 B 都将得到 50% 的可用资源，他们都要接受不同于自己所设想的结果。

• 谈判。这种方法包含争论双方之间的给予和索取。例如，项目 A 和项目 B 的经理会面，他们将比较他们的自愿底线和他们在项目关键阶段的影响力，最终他们在项目之间重新分配资源方面达成共识。

总之，项目经理必须面对不断的环境变更，必须对不同项目周期阶段冲突的主要原因有所了解，才可能避免或减少潜在的冲突以及冲突造成的危害。

4.6 会展项目志愿者的管理

4.6.1 会展项目志愿者的含义

联合国将志愿者定义为：不以利益、金钱、扬名为目的，而是为了近邻乃至世界进行贡献活动者。中国青年志愿者协会将志愿者定义为：不为物质报酬，基于良知、信念和责任，志愿为社会和他人提供服务和帮助的人。

随着我国经济的快速发展，会展行业越来越热，很多企业都想通过会展来宣传自己，为自己赢得客源。但要举办一场大规模的会展，短时间内往往需要大量人力，很多会展举办商因此选择了招募志愿者的办法。

4.6.2 会展项目志愿者招募管理

（1）根据需求确定岗位。根据需求确定岗位的前提是岗位需求分析。准确进行岗位需求分析，需要实践经验的大量积累和对岗位的深入研究。根据需求确定岗位，是招募成功的基础。

（2）招募志愿者并确定服务人员。许多著名展会通过互联网广告、海报等方式吸引大量的志愿者报名，然后从中遴选出合适的志愿者。如2014年天津夏季达沃斯论坛志愿者招募从2014年3月5日启动，5天时间就有超过1.3万人报名，其中大部分报名者来自天津各大高校。这需要从报名者中经过层层筛选来确定服务人员。

（3）志愿者精神培训。前联合国秘书长科菲·安南在"2001年国际志愿者年"启动仪式上的讲话中指出："志愿精神的核心是服务、团结的理想和共同使这个世界变得更加美好的信念。从这个意义上说，志愿精神是联合国精神的最终体现。"这句话指出了志愿者精神的本质，而进行志愿者精神培训需要精心设计培训内容，从形象礼仪修养、应对突发状况能力等方面进行岗前培训。

（4）志愿者分组及上岗。志愿者精神培训结束后，为便于管理，志愿者们将被分成多个小组展开分组培训，并模拟上岗服务流程，演练相关服务项目。

（5）志愿者服务。志愿者现场服务质量是整个会展项目服务质量的重要组成部分，也是志愿者服务精神的集中体现。

（6）志愿者意见反馈、总结经验并交接工作。意见反馈是为了做好下一次的志愿者服务。总结经验包括在会展中使用志愿者有哪些优势，志愿者在会展项目中有哪些作用等。由于会展项目志愿者都是短期服务，必然会面临短期服务结束后的工作交接。

小　　结

会展项目组织是为完成项目目标而建立的管理组织，也被称为会展项目班子、会展项目管理班子、会展项目组等。

目的性、精干高效、会展项目组织与企业组织一体化，是会展项目管理组织机构的设置原则。

会展项目组织结构有许多类型，常见的有工作队式、部门控制式、项目型、矩阵型和直线职能型。各种类型的组织结构适应不同的公司规模及项目需要。

会展项目管理团队成员应遵守职业道德和职业行为规范。会展项目经理在项目运行过程中一般扮演项目的领导者、协调者、资源分配者、谈判者和危机管理者等多种不同的角色。因此，项目经理是会展项目的核心人物，是项目成功的关键，应具备培养员工的能力、非凡的沟通技巧、良好的人际交往能力、处理压力和解决冲突的能力以及管理时间的技能。

举办一场大规模的会展,短时间内往往需要大量人力,很多会展举办商因此选择了招募志愿者的办法。会展志愿者的招募、培训、上岗服务及意见反馈和工作交接,都有规范的流程。

 **复习与思考**

1. 简述会展项目组织机构设置原则。
2. 会展项目组织结构的类型有哪些?
3. 如何建设一个有成效的会展项目团队?
4. 论述会展项目经理的责权利。
5. 会展项目沟通的方法有哪些?
6. 简述会展项目志愿者招募管理程序。

 **技能实训**

××展会期间的有效沟通

一、实训要求

运用会展项目沟通和冲突管理的知识点,实施展会期间有效沟通的步骤。

二、实训目的

强化学生会展项目沟通和冲突管理技能,加深对理论知识的理解,明确沟通和冲突管理在会展项目操作实务中的重要性。

三、实训组织

学生以 5~7 人为一个小组,对××展会期间的现场有效沟通进行实训。

四、背景资料

沟通不畅是展会项目实施出现问题的主要原因之一

企业在展会现场的表现好坏,尽管只有几天时间,却可以直接影响其长远的市场销售情况,因此,展会期间的效率是至关重要的。而要保证高效率,有效的沟通则是必要的:与观众沟通,与主办方沟通,与同行沟通。

1. 选择及培训展位工作人员

应尽早选择展位工作人员以确保其工作时间,同时应为他们安排充足的培训时间。为此,应制定专门的排班时间表,并向所有成员充分传达展品信息、各自职责及公司的参展目标。

2. 设定高效的展位咨询处理系统

在展会期间捕捉、识别观众信息的方式将决定展会后跟踪销售线索的速度与效率。因此,应该设计一份"展位观众咨询表格"供展位工作人员快速记录重要的观众信息(如感兴趣的产品、采购决策权、预期采购时间等)。

3. 制定关键任务时间表

参照参展商手册,从展会开幕时间倒数制定一份关键任务时间表,其中须列明各项任务的负责人及完成截止时间,之后分发给所有参展项目相关人员。

4. 清晰界定沟通环节

沟通不畅是展会项目实施过程中出现问题的主要原因之一。为此,应该向相关供应商及展会主办方明确谁是他们的联系人,同时应在参展项目团队内定期召开简报会,以确保每位成员及时了解项目进展。

最后有一点,展会期间搜集的销售线索经正确处理后将具有极高的价值。为了最大限度地实现销售回报,务必尽快高效跟踪销售线索。因此,应该在展会前就制订好展会后的销售跟进计划,并给予足够的人手和时间。一般来说,展会期间得到的所有销售线索必须在展会后1周、最多2周内跟进联系,正所谓打铁要趁热,时间一久,效果就会大打折扣。

五、实训内容

(1) 展会现场沟通的方法很多,除了有声语言的沟通外,要善于运用肢体语言提高沟通效果,用真诚的微笑、热烈的握手、专注的神态、尊敬的寒暄等能给对方带来好感的肢体语言,活跃沟通气氛,提升有声语言的沟通的效果。

(2) 简述在展会现场进行沟通管理时,所做的沟通工作包括哪些环节?每个环节包括哪些步骤?

模块五

会展项目计划管理

教学目的和要求

1. 掌握会展项目计划的含义和形式；
2. 理解会展项目计划的编制内容和程序；
3. 掌握会展项目范围计划、进度计划和资源计划的含义；
4. 综合应用会展项目范围计划、进度计划和资源计划的方法和工具；
5. 理解会展项目资源计划的编制步骤。

教学重点和难点

1. 重点是会展项目计划的编制，包括 WBS、甘特图等工具和方法的综合应用；
2. 难点是网络技术和资源平衡法的综合应用。

日程安排表在会展项目计划管理中的重要性

××××年5月12日，由××部主办，××科学研究院、××分会和××市贸促会共同承办的"××××年××市××展览会"在××会议中心隆重举行，这是一次规模空前的行业盛会，展出面积3.2万平方米，参展商共计128家。这次展会是全面展示××行业新产品、推广新技术的交流平台，也是检验企业发展新成果的一次盛会。

日程安排表如下：

××××年北京道路运输展览会日程安排表

日期	时间	工作安排	地点	备注
5月12日（星期一）	08：30—17：30	展台搭建、展品运输	××会议中心 1、2、3号馆	—
5月12日（星期一）	08：30—17：30	参展商报到，领取胸卡和有关资料等	××会议中心展览区展商报到处	凭《参展确认函》等参展文件报到

续表

日期	时间	工作安排	地点	备注
5月13日 （星期二）	08：30—17：30	展台搭建、展品运输	××会议中心 1、2、3号馆	—
	08：30—17：30	参展商报到，领取胸卡和有关资料等	××会议中心展览区展商报到处	凭《参展确认函》等参展文件报到
	17：30—21：00	全场加班（免费）	××会议中心 1、2、3号馆	超过21：00需办理加班付费手续
5月14日 （星期三）	08：30	参展商及工作人员等入馆	××会议中心 1、2、3号馆	凭工作胸卡入馆
	09：30—10：00	开幕典礼	××会议中心E1入口前广场	凭工作胸卡或开幕式入场券出席
	10：00—16：30	专业观众入馆参观	××会议中心 1、2、3号馆	中午不闭馆，16：00观众停止入馆
	14：00—16：00	技术交流会	国家会议中心E231会议室	凭入场券出席
	17：00	闭馆	××会议中心 1、2、3号馆	—
5月15日 （星期四）	08：30	参展商及工作人员等入馆	××会议中心 1、2、3号馆	凭工作胸卡入馆
	09：00—16：30	专业观众及普通观众入馆参观	××会议中心 1、2、3号馆	中午不闭馆，16：00观众停止入馆
	17：00	闭馆	××会议中心 1、2、3号馆	
5月16日 （星期五）	08：30	参展商及工作人员等入馆	××会议中心 1、2、3号馆	凭工作胸卡入馆
	09：00—14：00	专业观众及普通观众入馆参观	××会议中心 1、2、3号馆	中午不闭馆，14：00观众停止入馆
	14：00—19：00	撤馆	××会议中心 1、2、3号馆	当日必须撤完

资料来源：http://www.automarket.net.cn，有改动。

案例解析

日程安排表在会展项目计划管理中具有重要作用。会展项目的管理者都离不开日程表，它是活动的日程或时间表。本案例中，日程表包括日期、时间、地点等基本要素，并通过"工作安排"板块细化工作内容。会展项目的工作环节对时间节点要求非常高，在"备注"中细化了工作的细节问题，如："凭《参展确认函》等参展文件报到""超过21：00需办理加班付费手续""凭工作胸卡或开幕式入场券出席""凭工作胸卡入馆""中午不闭馆，14：00观众停止入馆""当日必须撤完"等前提条件的规范提示，让会展项目的相关利益者能更好地提前做好准备工作，避免不必要的疏忽而耽误工作。所以，日程安排表一定要内容详细、表述准确。

5.1 会展项目计划概述

5.1.1 会展项目计划

计划是管理的一种手段,计划在实际执行中是可以不断修改的。会展项目计划就是根据项目策划所选定的会展项目主题,确定会展项目所要完成的目标,并制订为实现这些目标的进度计划和预算安排。项目计划主要回答以下问题。

(1) 何事(What):会展项目要实现什么样的目标,是项目经理和项目小组人员在工作过程中必须清楚的,即项目经理与项目团队应当完成哪些工作。

(2) 如何(How):如何完成这些工作和任务。解决这一问题时可利用工作分解结构(WBS:Work Breakdown Structure),WBS 是项目必须完成的各项工作的清单。

(3) 何人(Whom):确定承担工作分解结构中每项工作的具体人员。

(4) 何时(When):确定各项工作需要多长时间,以及具体于何时开始,确定每项工作需要哪些资源等。

(5) 多少(How much):确定 WBS 中每项工作需要多少经费预算。

(6) 何地(Where):确定各项工作在什么地方进行。

会展项目计划按照时间的长短可分为战略式计划、战术式计划或作业式计划。战略式计划的时间一般是 5 年或更长时间,如 2008 年奥运会计划、2010 年世博会计划都属于战略式计划。战术式计划的时间一般是 1~5 年,比如一些周期较长的协会会议,需要较长的时间做前期准备。展览业内也普遍认为准备时间在 18 个月以上的展览所取得的效果最好。作业式计划的时间一般是 6 个月到 1 年之内,一般的会展项目计划都属于作业式计划,一般的协会年会、公司会议以及具有一定规模的展览计划都属于作业式计划,如博鳌亚洲论坛年会,上海国际汽车展等的计划时间都在 1 年以内。

5.1.2 会展项目计划的编制内容

会展项目计划应该包括以下几个方面的内容,核心内容是其中的范围计划、进度报告计划、资源供应计划,也是本模块要讨论的重点。

(1) 范围计划,确定了会展项目所有必要的工作和活动的范围,在明确了会展项目的制约因素和假设条件的基础上,进一步明确了会展项目目标和主要可支付成果。

(2) 工作计划,说明了应如何组织实施会展项目,研究怎样用尽可能少的资源获得最佳的效益。具体包括工作细则、工作检查及相应的措施。工作计划最主要的一点就是项目工作分解和排序,制定出项目分解结构图,同时分析各个工作单元之间的相互依赖关系。

(3) 人员管理计划,说明了会展项目团队成员应该承担的各项工作任务以及各项工作之间的关系,同时制定出会展项目成员工作绩效的考核指标及人员激励机制。

(4) 资源供应计划,明确了会展项目实施所需要的各种机器设备、原材料的供应和采购安排。

(5) 进度报告计划,主要包括进度计划和状态报告计划。进度计划表明会展项目各项工作的开展顺序、开始及完成时间以及相互关系的计划。状态报告计划规定了描述会展项目当前进展情况的状态报告的内容、形式以及报告时间等。

(6) 成本计划,确定了完成会展项目所需要的成本和费用,并结合进度安排,获得描述成本-时间关系的项目费用基准,并以费用基准作为度量和监控项目执行过程费用支出的主要依据和标准,从而以最低的成本达到项目目标。

(7) 质量计划,是为了达到客户满意而确定的会展项目、质量标准和质量目标,以及实现该目标的实施和管理过程。

(8) 变更控制计划,规定了当会展项目发生偏差时,处理项目变更的步骤、程序,确定了实施变更的具体准则。

(9) 文件控制计划,是指对会展项目文件进行管理和维护的计划,它保证了会展项目成员能够及时、准确地获得所需文件。

(10) 风险应对计划,主要是对会展项目中可能发生的各种不确定因素进行充分的估计,并为某些意外情况制订应急的行动方案。

(11) 支持计划,是指对项目管理的一些支持手段,包括软件支持计划、培训支持计划和行政支持计划等。

5.1.3 会展项目计划的编制程序

(1) 定义项目的目标并进行目标分解。如某大学筹备建校 100 周年庆典活动,最终目标肯定是通过该活动的成功举办,实现答谢宾朋、缅怀先辈、凝聚校友、弘扬学术、光大传统、规划未来等具体目标。

(2) 进行任务分解和排序。如某校建校 100 周年庆典活动中校庆宣传活动板块包括编印校史、筹办百年校史展、领导和知名人士题词、发布校庆公告、利用媒体宣传报道、开通校庆网站、制作一部百年办学成就专题片、联络校友等具体任务;校庆教研活动板块包括百年校庆教学经验交流会和研讨会、聘请专家学者(包括校友)进行学术讲座;庆典活动板块包括百年校庆庆典大会、校庆文艺演出、校庆演讲、摄影、集邮、书画、体育竞赛等系列活动。

(3) 对完成各项任务所需要时间的估算,预先估算各项具体任务的时间。

(4) 以网络图的形式来描绘活动之间的次序和相互依赖关系。

(5) 进行会展项目各项活动的成本估算。

(6) 编制会展项目的进度计划和成本基准计划。

(7) 确定完成各项工作所需要的人员、资金、设备、技术、原材料等资源计划。

(8) 汇总以上成果并编制成计划文档。

5.2 会展项目范围计划管理

5.2.1 会展项目范围计划的含义

项目范围是指为达到项目目标,对项目的工作内容及范围保持控制所需要的一系列工作和过程。项目范围的理念是边界要明确,分而制之。项目范围计划是项目实施组织、项目团队与项目业主、客户之间达成协议或合同的基础。会展项目范围计划就是以会展项目实施动机为基础,确定项目范围并编制项目范围说明书的过程。会展项目范围计划的依据是会展项目启动的结果,即项目章程、项目说明书和项目假设条件的确定等。

制订一个科学周密的项目范围计划方案是决定会展项目能否成功举办的核心工作之一,在制订会展项目范围计划时需要加以重视。一个完整的会展项目范围计划方案,应包括项目的战略方案与操作计划两大部分,具体包括项目的意图、构想与使命,项目的目标,形势分析，达成目标的战略方案，对项目战略的评估与选择，项目的详细操作计划与执行控制，项目评估与反馈。具体到每一个城市的每一个会展项目，因项目的主题、目标、战略、规模、举办地点、主办单位等不同，项目的操作计划方案也会因此不同。但是，无论哪种类型与特点的会展项目范围计划方案，都必须包含项目的人力资源管理、市场营销传播推广计划、项目赞助、项目环境设计与管理、项目日程安排与人员责任分工、项目流程与时间管理、项目风险控制、节目编制、商品广告推销、媒体报道与公关、公众与安全、游客服务等方面的内容。

5.2.2 会展项目范围计划的工具

1. WBS

项目工作分解结构是项目管理中最具有价值的工具，是制订项目进度计划、项目成本计划等多个计划的基础。它分解项目活动界定所依据的最基本和最主要的信息，是项目团队在项目实施期间要完成的工作或要开展的活动的一种层次性、树型的项目活动描述。如奥运会的 WBS 包括以下主要领域：事件；比赛地点设施，包括食宿、交通、媒体设施和协作；电信；安全安排；医疗保健；人力资源，包括志愿者；奥林匹克文化公园；奥运会前训练；信息技术项目；开幕式和闭幕式；公共关系；财务；检查运动和事件实验；赞助者管理和营销控制。这些项目中的每一个本身均可以当成一个项目来对待。为了保证这些方面的及时完成，从而保证整个奥运会项目的成功，需要进行精确的协调。

(1) WBS 的作用。

- 通过项目工作分解可以获得项目需要完成的全部工作的整体表述，不至于漏掉任何重要的事情。
- 项目执行者明确具体的任务及关联关系，做到胸有成竹。
- 容易对每项分解出的活动估计所需时间、成本，便于制订完善的进度、成本预算等项目计划。
- 通过工作分解，可以明确完成项目所需要的技术、人力和其他资源。
- 便于把任务落实到责任部门和个人，有利于界定职责和职权，便于各方面就项目的工作进行沟通。
- 使项目团队成员更清楚地理解任务的性质及其努力方向。
- 便于对项目进行有效的跟踪、控制和反馈。

(2) 制定 WBS 的过程。

- 根据会展项目目标召开与此项会展项目有关的人员的会议，集体讨论所有主要工作事项。
- 分解会展项目各项工作。如果以前曾经举办过此项会议或展览，可以套用原来的样板。如果是新开发的会议和展览项目，则应该根据会展项目的具体情况启用新的样板。
- 画出相应的树状图，也就是 WBS 结构分解图。
- 对每个子项目进行描述，并确定每个子项目的生命周期。
- 将主要子项目分解成更细、更便于管理的任务。如会展前期准备工作是决定会展项目成功的关键，而且大部分工作也集中在这一阶段，所以要对展前准备工作进行详细划分，分解为确定项目目标、制订营销方案、实施营销计划、确定服务承包商、租用会展中心。而制订营销方案又可分为准备宣传材料、确定营销对象、选择营销方式、确定营销组合、执行营销计划等工作。对于每一项工作的分解必须能详细到可以对该项工作进行成本的估算、安排进度、分配负责人员这样的程度。
- 进行反复讨论和严格论证，以验证以上项目工作分解是否正确。是否存在某些任务还没有划分成更细的任务，是否有的任务没有必要为其分配独立的人员和其他资源。如果存在这样的情况，还要对所做的项目分解结构做进一步的修改。
- 在验证分解完全正确之后，建立一套编号系统。
- 随着其他计划编制活动的进行，对WBS做进一步的修改。

如果遵循上述步骤所形成的工作结构分解图，就定义了整个会展项目中所有的项目范围。没有包含在WBS中的工作就不应该是该会展项目的工作；而包含在WBS中的每一项工作都必须被很好地完成，才能保障整个会展项目顺利完成。因此，会展项目分解过程十分重要，是决定项目成败的关键，会展项目经理和各个职能经理以及项目小组的每个成员都应该十分关心项目分解结构图是否正确，积极参与到项目分解工作中，并对所形成的项目分解结构图提出修改意见，以使其更符合会展项目管理的需要。

在会展项目中，一般在第一层次上按会展项目的工作流程分解，而第二层次和更低层次则按工作的内容划分。

（3）WBS的层次和编码。

由于项目本身复杂程度、规模的不同，形成了WBS的不同层次。一般来说，WBS最多使用20个层次。通常多于20层是过度的，分解到能够做出所要求的准确程度的估算，便于进行管理工作的程度就可以。对于较小的项目，4~6层就够了。

WBS分解工作的一般步骤是：总项目；子项目或主体工作任务；主要工作任务；次要工作任务；小工作任务或工作元素。在分解任务时不必考虑工作进行的顺序，要把工作分解到能以可靠的工作量估计为止，在确定最低一级的具体工作时，应能分配到某个或某几个人具体负责。WBS需要运用特定的规则对分解结构图中的各个结点进行编码，可简化项目实施过程的信息交流，最常见的方法是利用数字进行编码，每项工作的编码是唯一的，具体采用数字的位数视项目的复杂程度而定，由项目的层数来决定编码数字的位数。下面以四层的工作分解结构为例说明如何编码：

第一层编码为1；

第二层编码为1.1，1.2，1.3，……

第三层编码，如1.1可以分解为1.1.1，1.1.2，……

第四层编码，如1.1.1可以分解为1.1.1.1，1.1.1.2，1.1.1.3，……

（4）WBS的形式。

WBS主要有以下两种形式。

第一种形式是以图表表示的，类似于组织机构图，只不过方框表示工作活动而不是表示组织机构。例如，某庆祝活动的WBS如图5.1所示。

其实每个工作包还可以具体分解。例如，其中的摊位工作包分解：
- 设计摊位；
- 确定材料；
- 购买材料；
- 搭建摊位；
- 粉刷摊位；
- 拆除摊位；

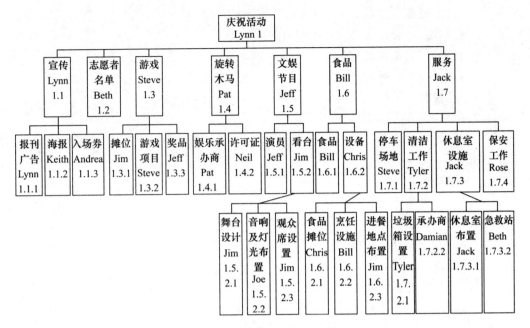

图 5.1　某庆祝活动 WBS 图

- 移至庆祝地点重新搭建；
- 拆卸货摊并送到仓库。

第二种形式是缩排的，是直接明了的活动清单。某庆祝活动的缩排 WBS 如下所示。

1　庆祝活动
 1.1　宣传
  1.1.1　报刊广告
  1.1.2　海报
  1.1.3　电视广播
  1.1.4　入场券
 1.2　志愿者名单
 1.3　文娱节目
  1.3.1　看台
   1.3.1.1　音响灯光布置
   1.3.1.2　舞台设计
   1.3.1.3　观众席设置
  1.3.2　演员
 1.4　游戏
  1.4.1　区位
  1.4.2　游戏项目
  1.4.3　奖品
 1.5　食品
  1.5.1　食品品种

      1.5.2　设备
         1.5.2.1　食品摊位
         1.5.2.2　烹饪设施
         1.5.2.3　进餐地点布置
   1.6　化装舞会
      1.6.1　道具
      1.6.2　音响设备
      1.6.3　场地
   1.7　后勤服务
      1.7.1　停车场地
      1.7.2　清洁工作
         1.7.2.1　垃圾箱设置
         1.7.2.2　承办商
      1.7.3　休息室设施布置
         1.7.3.1　休息室布置
         1.7.3.2　医务室
      1.7.4　保安工作

2. 责任分配矩阵

责任分配矩阵是用来对项目团队成员进行分工，明确其角色与职责的有效工具。通过这样的关系矩阵，项目团队每个成员的角色(也就是谁做什么)以及他们的职责(也就是谁决定什么)得到了直观的反映。项目的每个具体任务都能落实到参与项目的团队成员身上，确保了事有人做，人有事干。某庆祝活动责任分配矩阵如表5.2所示。

表5.2　某庆祝活动责任分配矩阵

WBS细目	工作细目	Andrea	Beth	Bill	Chris	Damian	Jack	Jeff	Jim	Joe	Keith	Lynn	Neil	Pat	Rose	Steve	Tyler
	庆祝活动	S	S				S	S			P			S		S	
1	宣传	S									S	P					
1.1	报刊广告											P					
1.2	海报											P					
1.3	入场券	P	S									S					
2	志愿者名单	P						S							S		
3	游戏							S	S							P	
3.1	摊位				S				P	S							
3.2	游戏项目														S	P	
3.3	奖品							P							S		
4	旋转木马										S			P	P		
4.1	娱乐承办商													P			
4.2	许可证													P	S		

续表

WBS细目	工作细目	Andrea	Beth	Bill	Chris	Damian	Jack	Jeff	Jim	Joe	Keith	Lynn	Neil	Pat	Rose	Steve	Tyler
5	文娱节目							P	S	S							
5.1	演员							P									
5.2	看台								P	S							
5.2.1	舞台设计								P	S							
5.2.2	音响及灯光布置									P							
5.2.3	观众席设置						S			P							
6	食品	P	S												S		
6.1	食品	P	P												S		
6.2	设备	S			P			S									
6.2.1	食品摊位					P			S	S							
6.2.2	烹饪设施			P													
6.2.3	进餐地点布置									P					S		
7	服务					P								S		S	S
7.1	停车场地					S										P	
7.2	清洁工作															P	P
7.2.1	垃圾箱设置															P	P
7.2.2	承办商					P											
7.3	休息室设施	S				P											
7.3.1	休息室布置					P											
7.3.2	急救站	P															
7.4	保安工作					S			S					P			

注:P——主要责任人,S——次要责任人。

责任分配矩阵可以有多种表现形式,还有用表格形式表示的。表示责任人在项目中地位的图例符号(▲——负责,◆——参与,●——监督)也可以用字母或数字来表示。但不管用何种形式来表示,基本的格式都是表格或矩阵的列项用WBS编码标明分解后的各项任务,行项则列出项目组的各部门或各负责人员,在行项与列项相交的空格内则用图例符号表示任务和各部门或各成员之间的关系。比如展览营销工作的主要负责人是营销人员,但还需要展览策划人员的辅助,财务人员不仅要制定财务预算,还要对所有工作实施监督和控制。责任分配矩阵可以明确每个部门及每个项目成员在项目中的职责,还可以表明项目组织内部各部门之间、人与人之间的相互关系。通过责任分配矩阵,每个人既能清楚自己的职责,还能够清楚自己与他人的协作关系,有利于项目小组成员之间以及部门之间的协调。

责任分配矩阵通常是将工作分解结构图与项目的有关组织机构图相对照,根据每项工作的任务描述和性质特点确定每个部门成员应该承担的责任分配任务。表5.3是某展览项目的责任分配矩阵。

表 5.3　某展览项目责任分配矩阵(以展览项目为例)

WBS 编码		任务名称	策划部	展览部	设计部	营销部	运输部	财务部	办公室
1100	1110	制定目标	▲	◆		◆		◆	●
	1120	租用场地		▲				◆	●
	1130	营销计划	◆	◆		▲		◆	●
1200	1210	数据库		◆		▲			●
	1220	印刷资料	◆	◆	◆	▲			●
	1230	实施宣传		◆		▲			●
……	……								

注：▲——负责，◆——参与，●——监督。

表 5.3 只是一个例子，表明在展览项目中各项工作的一个基本分类。当然在实际工作中，不同的展览项目的组织机构不同，项目成员也不同，而且所分解的任务也不会完全相同，因此，不能拿表格中的任务分配在实际中简单套用。如上海旅游节活动的策划实施行动计划包括财务计划、消防及安全计划、员工培训计划、接待计划、环境整治及场地布置计划、交通管制计划、宣传促销计划、开幕式和新闻发布会计划、主题论坛等配套活动的日程安排等。为了有效地实施各项计划，必须制订详细的行动方案。此方案必须明确行动计划和战略实施的关键性决策和任务，并将执行这些决策与任务的责任落实到个人或小组。

5.3　会展项目进度计划管理

5.3.1　会展项目进度计划管理的含义

进度计划是表达项目中各项工作的开展顺序、开始、结束时间及相互衔接关系的计划。会展项目进度计划管理就是为保证会展项目各项工作及总任务按时完成所需要的一系列的计划工作与过程。制订进度计划的目的是控制项目时间和节约时间。

5.3.2　会展项目进度计划管理的目的

(1) 保证按时获利以补偿已经发生的费用支出。

(2) 协调资源。由于会展项目小组通常是临时组建的，某些项目小组成员或设备可能不属于会展项目经理直接管辖，需要对这些资源做出合理的预期和假设。

(3) 使资源在需要的时候可以利用。

(4) 预测在不同时间上所需要的资金和资源的级别，以便给项目赋予不同的级别。

(5) 满足严格的完工时间约束。比如展会项目的布展、撤展都是有准确时间节点的。

5.3.3　会展项目进度计划管理的工具

1. 甘特图

甘特图又称横道图，是应用广泛的进度表达方式，甘特图通常在左侧垂直向下依次排列工作任务的各项工作名称，而在右边与之紧邻的时间度表中则对应各项工作逐项绘制横道线，从而使每项工作的起止时间均可由横道线的两个端点表示。由于甘特图简单、明了、直观和易于编制，它成为项目整体的进度计划和控制的主要工具及高层管理者了解全局、基层安排进度或工作时间时的有用工具。甘特图是一个二维平面图(如图5.2所示),具体应用方法如下。

(1) 为了达到既定目标,将整个会展项目方案分解成数项任务,按时间先后排于表格中。

(2) 先确定开始时间,估算完成每个会展项目活动所需要的时间,在图中标以横道线。该矩形以开始日期为起点向右延伸,其长度由完成该项活动的时间和表格中的时间刻度决定,形成会展项目计划展示图。

(3) 为便于随时了解会展项目整体的进展情况,在会展项目计划展示图的基础上编制会展项目执行展示图,在图中标记完成每个活动实际所花费的时间,用来和计划安排做比较。

任务编码	任务名称	1月	2月	3月	4月	5月	6月	7月	8月
1110	制定目标	■							
1120	制订营销计划	■							
1130	确定承包商	■■							
1210	数据库管理		■■■■■■■						
1220	印刷资料								
1230	参展商宣传		■■■■■■						
1240	观众宣传		■■■■■■■						

图5.2 某展览项目进度安排的甘特图

2. 里程碑计划

里程碑是项目中的重大事件,通常是指一个主要可交付成果的完成。它是项目进程中的一些重要标记,是在计划阶段应该重点考虑的关键点。里程碑既不占用时间也不占用资源。可交付成果是指为了完成项目或其中一部分,而必须完成的可度量的、有形的及可以核实的任何工作成果或事项。一般来说,项目有中期可交付成果和最终可交付成果。如启动阶段结束时,批准可行性研究报告是一个里程碑,其可交付成果是可行性研究报告;计划结束时,批准项目计划是一个里程碑,其可交付成果是项目计划文件;执行结束时,会展项目成功举办是一个里程碑,其可交付成果是会展项目成功举办的事实;收尾阶段结束时,项目交接是最后一个里程碑,其可交付成果是会展项目总结报告(如表5.4所示)。

表5.4 某会展项目里程碑

里程碑事件	2014.01.02	2014.03.03	2014.06.02	2014.06.08	2014.07.10
审批完成	◆				
筹备工作开始		◆			
开幕式			◆		
闭幕式				◆	
会展项目总结报告					◆

3. 网络计划技术

网络计划技术是指以时间为基础,用网络形式来描述一个系统,对系统进行统筹安排,寻求资源分配的协调方案。网络计划技术能够从系统的观点出发,用形象直观的图来表达生产过程中的各项工作之间相互制约、相互依赖的关系,易于协调和配合,保证有计划、有节奏地完成任务。网络图能反映出系统之间内在的联系,使管理人员能抓住工作重点,分清问题的轻重缓急,科学地组织和指挥生产;能合理协调人力、物力、财力,预见工程项目中可能产生的麻烦及工期拖延的原因,从而合理安排有限的人力、物力、财力资源,尽快完成工程项目。

(1) 网络计划技术方法。

① 节点法(Precedence Diagramming Method,PDM),又称为顺序图法或单代号网络图法,它用单个节点(方框)表示一项活动,用节点之间的箭线表示项目活动之间的相互依赖关系。

活动之间的依赖关系包括以下四种类型。

● 结束—开始关系:只有当 A 活动结束,B 活动才能开始。如图 5.3 所示。

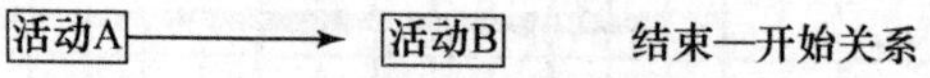

图 5.3　节点法中结束—开始关系图

● 开始—开始关系:在 B 活动开始前 A 活动必须开始。如图 5.4 所示。

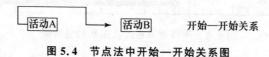

图 5.4　节点法中开始—开始关系图

● 结束—结束关系:在 A 活动结束前 B 活动必须结束。如图 5.5 所示。

图 5.5　节点法中结束—结束关系图

● 开始—结束关系:在 A 活动开始前 B 活动必须结束。如图 5.6 所示。

图 5.6　节点法中开始—结束关系图

在节点法中,结束—开始关系是最常见的,开始—开始关系和结束—结束关系是最自然的,开始—结束关系完全是理论上的,现实中比较少见。各项活动或工作之间需要根据会展项目的特点安排先后顺序。如会展项目组织者需要在做好活动场地租借、营销等准备工作的基础上,才能进行现场管理工作,最后才有后续工作,这种活动的自然运作流程是不可更改的,也就决定了这几项工作的前后顺序,这种活动之间的必然联系称为项目活动排序的"硬逻辑"关系,是不可违背的先后顺序关系。但会展项目中有很多工作是没有严格的先后顺序,如在会展项目营销、拉赞助过程中,有些活动是可以交叉进行的,这些工作可以根据具体情况进行顺序安排,带有明显的主观性,因此被称为"软逻辑"。

节点图的具体画法如图 5.7 所示。

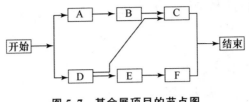

图 5.7　某会展项目的节点图

② 箭线图法(ADM,Arrow Diagramming Method),又称为双代号网络图法,它是一种用箭线表示工作、节点表示工作相互关系的网络图方法。

网络图是带有某种数量指标的图,它主要由工序、节点、线路三要素构成。

- 工序(作业、活动)是指消耗资源(人力、物力、财力),消耗时间(经过一段时间),有具体活动内容的过程。虚工序是指不消耗资源、时间,仅表示前后工序逻辑顺序的工序。
- 节点(事项、圈)是指网络图中工序与工序之间的连接点,它既表示位于其前面的紧前工序的结束,又表示位于其后面的紧后工序的开始。同时又表示网络图的始点与终点。
- 线路是指由网络图始点到终点的通畅线路。关键路线(Critical Path)是指网络图中最长的线路。

箭线图法和节点图的原理是相同的,只是表示方法不同而已。

(2) 网络图的绘制。

① 绘制步骤。

- 任务分解分系:对大中型会展项目按工作顺序进行任务分解,直到单项工作不能分为止。
- 作业时间确定:根据历史资料,对各项工作确定一个时间 t,若没有历史资料可查,则用经验估工法估计。
- 编制作业清单:对工程项目的各项工作确定顺序,哪项工作先做,哪项工作后做,哪几项工作可同时进行。

② 绘制原则。

- 有向,自左至右,源终唯一。
- 无回路。
- 两点一线。
- 线不逆行,指向节点编号增大方向。
- 节点编号由小到大,可以留有余号,以便插入新工序。

③ 网络图的时间参数计算。

- 时间参数:
  - $ES(ij)$——工序最早可能开工时间。
  - $EF(ij)$——工序最早可能完工时间。
  - $LS(ij)$——工序最迟必须开工时间。
  - $LF(ij)$——工序最迟必须完工时间。
  - $S(ij)$——工序时差。
  - T——总工期。

- ◆ CP——关键路线。
- 计算方法：结点标号法。
- 口诀：前进；加法；挑大。
  　　　后退；减法；挑小。
- 计算公式：
  - ◆ $ES = max\{紧前工作的 EF\}$。
  - ◆ $EF = ES + 工作延续时间\ t$。
  - ◆ $LF = min\{紧后工作的 LS\}$。
  - ◆ $LS = LF - 工作延续时间\ t$。

【例 5-1】 表 5.5 所示是某小型会议项目的网络作业清单，试绘制该会议项目的网络图，并确定其关键路线。

表 5.5　某会议项目的网络作业清单

作业代码	作业时间（天）	紧后工序
A	4	—
B	2	—
C	4	—
D	2	A
E	1	A
F	3	C
G	3	D
H	1	B、E

解：第一步：根据工作顺序绘制网络图，如图 5.8 所示。

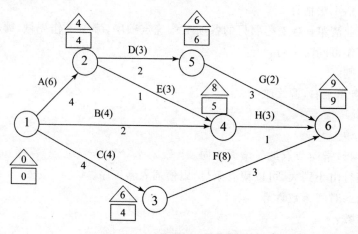

图 5.8　某会议项目的网络图

第二步：计算活动的最早开始时间和最迟结束时间，标在网络图上。
第三步：计算该项目的工序时差，计算结果如表 5.6 所示。

表 5.6 某会议项目工序时差的计算

作业代号	ES	EF	LS	LF	S
A	0	4	0	4	0
B	0	2	6	8	6
C	0	4	2	6	2
D	4	6	4	6	0
E	4	5	7	8	3
F	4	7	6	9	2
G	6	9	6	9	0
H	5	6	8	9	3

从表 5.5 可以看出,该会议项目的关键路线为 A—D—G。

项目总工期为 4+2+3=9(天)。

4. 日程表

大多数会展项目的管理者都离不开日程表,它是活动的日程或时间表。在计划的初期阶段,日程表的内容极为简单,时间分配只局限于活动的具体构成因素,随着计划的推进,日程表变得更为详细,如准确的舞蹈演员、表演模特、技术人员或其他员工的工作时间安排等,最后制定更为详细的日程表来确定每个人的任务和责任。

5.3.4 会展项目进度计划方法的选择

会展项目进度计划方法的选择,需要考虑以下几个因素。

(1) 会展项目的规模大小。对于小型会展项目应采用简单的进度计划方法,如甘特图。大型会展项目为了保证按期按质达到项目目标,就需考虑用较复杂的进度计划方法,如网络计划技术。

(2) 会展项目的复杂程度。会展项目的规模不一定总是与活动的复杂程度成正比,可以对活动的具体情况进行分析来选择进度计划方法。

(3) 会展项目的紧急性。在会展项目急需进行阶段,特别是开始阶段,需要对各项工作发布指示,以便尽快开始工作,此时如果采用复杂的方法编制进度计划,可能延误时间,这时可以先采用简单的甘特图编制进度计划。

(4) 对会展项目细节掌握的程度。如果对会展项目的细节掌握不够,对各项工作之间的逻辑关系及完成每项工作的时间估计不够,就可能遗漏,无法使用复杂的方法。

(5) 有无相关的技术力量和设备。如计算机、技术人员等。

此外,根据情况不同,还需要考虑客户的要求、用在进度计划上的预算等因素。

5.4 会展项目资源计划管理

5.4.1 会展项目资源计划的含义

项目资源包括项目实施中需要的人力、设备、材料、能源及各种设施等。项目资源计划是指通过分析识别和确定项目所需资源种类(人力、设备、材料、资金等)的多少和投入时间的一种项目管理活动。会展项目资源计划就是决定什么样的资源以及多少资源将用于会展项目的每项工作的执行过程之中。通过资源平衡，可以减少资源的过度分配，提高资源的使用效率。

5.4.2 会展项目资源计划的编制依据

（1）工作分解结构。工作分解结构确定了项目团队为完成项目目标所要进行的所有工作，是编制项目资源计划的主要依据。

（2）项目工作进度计划。项目工作进度计划是项目计划中最主要的计划，是其他各项目计划的基础。资源计划必须服务于工作进度计划，什么时候需要何种资源是围绕工作进度计划的需要而确定的。

（3）范围陈述。范围陈述包括项目工作的说明和项目目标的陈述，这些应该在项目资源计划的编制过程中特别考虑。

（4）资源库描述。什么资源是可能获得的？这是项目资源计划所必须掌握的，特别的数量描述和资源水平对于资源安排描述特别重要。

（5）组织策略。在资源计划的过程中还必须考虑人事组织、所提供设备的租赁和购买策略。

（6）历史资料。历史资料记录了先前类似会展项目使用资源的需求情况，对以后的会展项目的举办具有借鉴作用。

5.4.3 会展项目资源计划的编制步骤

资源计划的编制步骤包括资源需求分析、资源供给分析、资源成本比较与资源组合、资源分配与计划编制。

1. 资源需求分析

通过分析确定工作分解结构中每一项任务所需的资源数量、质量及其种类。确定了资源需求的种类后，根据有关项目领域中的消耗定额或经验数据，确定资源需求量。在会展项目领域内，一般可按照以下步骤确定资源数量。

（1）WBS各项工作量需求计算。
（2）确定活动实施方案。
（3）估计人员需求量。
（4）估计材料需求量。
（5）估计设备需求量。
（6）确定资源使用时间。

2. 资源供给分析

资源供给的方式多种多样，可以从项目组织内部解决，也可以从项目组织外部获得。资源供给分析要分析资源的可获得性、获得的难易程度以及获得的渠道和方式，可分别从内部和外部资源进行分析。

3. 资源成本比较与资源组合

确定需要哪些资源和如何可以得到这些资源后，就要比较这些资源的使用成本，从而确定资源的组合模式（即各种资源所占比例与组合方式）。完成同样的工作，不同的资源组合模式,其成本有时会有较大的差异。要根据实际情况,考虑成本、进度等目标要求,具体确定合适的资源组合方式。

4. 资源分配与计划编制

资源分配是一个系统工程,既要保证各个任务得到合适的资源,又要努力实现使用资源总量的最少化及其使用平衡。在合理分配资源保证所有项目任务都分配到所需资源,而所有资源也得到充分利用的基础上,编制项目资源计划。

5.4.4 会展项目资源计划的方法

项目资源计划的方法有很多,这里讨论主要的几种方法。

1. 专家判断法

专家判断法是指由项目成本管理专家根据经验和判断确定和编制项目资源计划的方法。这种方法通常又有两种具体的形式:专家小组法和特尔斐法。专家小组法是指组织一组有关专家在调查研究的基础上,通过召开专家小组座谈会的方式,共同探讨,提出项目资源计划方案,然后制订出项目资源计划的方法。特尔斐法是由一名协调者通过组织专家进行资源需求估算,然后汇集专家意见,整理并编制项目资源计划的方法。为了消除不必要的迷信权威和相互影响,一般协调者只起联系、协调、分析和归纳结果的作用,专家们互不见面,互不通气,只与协调者发生联系,并做出自己的判断。

专家判断法的优点是:主要依靠专家判断,基本不需要历史信息资料,适合于全新的项目。专家判断法的缺点是:如果专家的水平不一,专家对于项目的理解不通,就会造成项目资源计划出现问题。在得不到更多的专业信息的情况下,借助专家知识被决策者广泛采用。专家判断对于资源计划的制订是最为常用的,专家可以是任何具有特殊知识或经过特别培训的组织和个人。

2. 头脑风暴法

头脑风暴法(Brain Storming)是20世纪30年代由美国科学家A.F.奥斯本提出的,其主要特点在于能够最大限度地挖掘专家的潜能,使专家能够无拘无束地表达自己关于某问题的意见和提案,让各种思想火花自由碰撞,好像掀起一场头脑风暴,一些有价值的新观点和新创意可能在"风暴"中产生。

采用头脑风暴法应遵守如下原则:(1)严格限制预测对象的范围,使参加者把注意力集中于所涉及的问题,并就所讨论的问题提出具体要求,规定所用术语;(2)不能对别人的意见提出怀疑,不能放弃和中止讨论任何一个设想,不管这种设想是否适当和可行;(3)鼓励参加者对已经提出的设想进行补充、改进和综合,为准备修改自己设想的人提供优先发言权;(4)创造一种自由发表意见的气氛,使参加者能解除思想顾虑,激发参加者的积极性;(5)发言简单,不需详细论述;(6)不允许参加者宣读事先准备好的发言稿。

"头脑风暴"领导者的发言应能激起参加者的思维灵感,促使参加者感到急需回答会议提出的问题。通常,在"头脑风暴"开始时,领导者必须采取强制询问的做法。一旦参加者被鼓动起来,新的设想源源不断地涌现,这时,领导者只需根据"头脑风暴"的原则进行适当引导即可。头脑风暴法还仅是一个产生思想的过程,要形成最后决策还须有其他方法辅助。头脑风暴法在帮助解决资源计划方面被证明是很有效的方法。

3. 资源平衡法

资源平衡就是力求每天的资源需求量接近平均值,避免出现短期内的高峰或低谷,在不延长项目要求完工时间的情况下建立资源均衡利用的进度计划。资源平衡法是指通过确定出项目所需资源的确切投入时间,并尽可能均衡使用各种资源来满足项目进度计划的一种方法。它是均衡各种资源在项目各阶段投入的一种常用方法。

在项目实际运转中,资源总是有限的,我们需要考虑资源的可获得性、资源的功能以及它们与项目进度之间的关系,即项目团队不得不考虑成本、时间和员工的熟练程度等相关因素对项目的制约,资源平衡的首要工作就是进行资源约束的分析。

(1) 活动之间的技术限制分析。首先可以通过网络图表示出各项活动之间的逻辑关系,从而来配置资源。下面以简单的学校小型羽毛球比赛筹备为例进行分析,图 5.9 是其资源需求网络图。

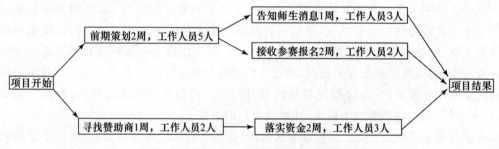

图 5.9 校羽毛球比赛筹备的资源需求网络图

(2) 资源限制分析。在资源约束的分析完成之后,可以绘制资源需求甘特图,进一步考虑资源限制的问题。图 5.10 为校羽毛球比赛筹备的资源需求甘特图。

筹备期(周)	第一周	第二周	第三周	第四周	第五周
2	前期策划5人	前期策划5人			
1			告知师生3人		
2				接受报名2人	接受报名2人
1	寻求赞助2人				
2			资金落实3人	资金落实3人	
人数	7	8	6	2	2

图 5.10 校羽毛球比赛筹备的资源需求甘特图 1

从图 5.10 可以看出在该活动的时间段内,每周需要的工作人员的数量依次是:7、8、6、2、2,累计需要 $7\times1+8\times1+6\times1+2\times1+2\times1=25$(人)。同时发现该活动的人力资源的配置很不均衡,如何优化配置这些工作人员就是资源平衡所要解决的根本问题。资源平衡分析就是指在某种特定资源的需求频繁波动时,在不延长项目工期的条件下,如何使资源配置尽可能均衡,即让资源需求的波动最小化的一项工作。如果该活动每周只有 5 个工作人员,通过资源平衡分析,该活动筹备的资源需求甘特图如图 5.11 所示。

筹备期(周)	第一周	第二周	第三周	第四周	第五周
2	前期策划5人				
1			告知师生3人		
2				接受报名2人	
1			寻求赞助2人		
2				资金落实3人	
人数	5	5	5	5	5

图5.11 校羽毛球比赛筹备的资源需求甘特图2

(3)资源约束进度安排。资源约束进度安排是在各种资源有限而且又不准超过该资源约束的情况下制定最短进度的一种方法。由于资源约束进度安排必须遵守资源约束条件,所以应用这种方法时可能导致项目的完工时间延长,这也是一种在最小时差原则下反复地将资源分配给各个活动的方法。

假设校羽毛球比赛筹备中寻找赞助需要3周,同时如果该活动每天只有5个工作人员,因此告知师生、接受报名、寻找赞助的工作就不能同步进行,这将导致筹备工作的完工时间从5周增加到6周。

在资源平衡分析时,如果项目网络图不是很复杂,并且仅有几种类型的资源时,资源平衡分析的过程可以通过手动来完成,但如果项目网络图很大而且需求种类很多时,资源平衡分析工作就变得十分复杂,此刻就需要借助项目管理软件来帮助进行资源分析的工作。如2008年北京奥运会就是很好的例子。

5.4.5 会展项目资源计划的工具

常用的项目资源计划的工具包括资源矩阵、资源数据表、资源甘特图、资源负荷图、资源需求曲线、资源累计需求曲线等。

1. 资源矩阵

资源矩阵是用以说明完成项目中的工作需要用到的各种资源的情况。表5.7列出了某会展项目的人力资源需求状况,其中:P表示主要资源,S表示次要资源。

表5.7 某会展项目人力资源矩阵

工作	人力资源需求					
	项目经理	咨询人员	营销人员	设计人员	策划人员	公关人员
制定会展目标	P	S				
制订会展计划	P	S			S	
媒体公关				S		P
会展营销			P			S
……						

2. 资源数据表

资源数据表以表格的形式说明各项资源在项目周期中各时间段上数量的需求情况。表5.8列出了某会展项目的所需人力资源数量状况,如在整个会展项目期间都需要一个项目经理,而咨询人员、策划人员主要在会展项目的前期才有需要。

表 5.8　某会展项目人力资源数据表

资源需求种类	时间安排（不同时间人力资源需求量）											
	1	2	3	4	5	6	7	8	9	10	11	12
项目经理	1	1	1	1	1	1	1	1	1	1	1	1
咨询人员	2	2										
营销人员			4	4	4	4	4	4	2	2	2	
设计人员	1	1	1	1								
策划人员	2	2										
公关人员			2	2	2	2	2	2	2	2	2	2
……												

3．资源甘特图

资源甘特图就是用以反映各种资源在项目周期各阶段用于完成哪些工作的情况。格式如图 5.10 和图 5.11 所示。

4．资源负荷图

资源负荷图一般以条形图的方式反映项目进度及其资源需求情况，格式如图 5.12 所示。

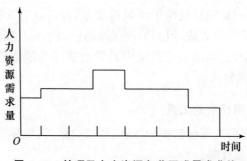

图 5.12　某项目人力资源负荷图或需求曲线

5．资源需求曲线

资源需求曲线是以线条的方式反映项目进度及其资源需求情况，反映了项目不同时间资源需求量的资源需求曲线，其格式如图 5.13 所示。

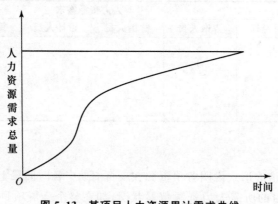

图 5.13　某项目人力资源累计需求曲线

小　结

　　会展项目计划工作是项目团队成员在预算范围内,为了完成会展项目的预定目标而进行的系统安排任务的一系列过程。项目计划工作是项目管理过程的基本组成部分。本模块探讨会展项目计划的形式、编制内容和程序等。会展项目范围计划管理是以会展项目实施动机为基础,确定项目范围并编制项目范围说明书的过程。会展项目范围计划的工具包括工作分解结构、责任分配矩阵等。

　　会展项目进度计划管理是为保证会展项目各项工作及总任务按时完成所需要的一系列的计划工作与过程。会展项目进度计划的工具包括甘特图、里程碑计划、网络计划技术、日程表等。会展项目资源计划涉及决定什么样的资源以及多少资源将用于会展项目的各项工作的执行过程之中。通过资源平衡,可以减少资源的过度分配,提高资源的使用效率。充分利用非关键线路上的浮动时间,确保进度计划的实现。会展项目资源计划的方法包括专家判断法、头脑风暴法、资源平衡法。常用的项目资源计划的工具包括:资源矩阵、资源数据表、资源甘特图、资源负荷图、资源需求曲线、资源累计需求曲线等。

　　1. 会展项目计划工作的含义是什么?包括哪些内容?
　　2. 会展项目计划编制的程序是怎样的?
　　3. 会展项目范围计划的含义是什么?
　　4. 会展项目进度计划的编制目的是什么?
　　5. 会展项目资源计划的依据包括哪些?
　　6. 会展项目资源计划的方法和工具包括哪些?
　　7. 试收集某会展项目的相关资料,运用本模块所学知识,编制某主题会展项目的范围计划、时间计划书。

××大学校园文化节资源需求的优化平衡

一、实训要求

　　运用本模块中甘特图和资源平衡法的知识点,为××大学校园文化节资源需求进行优化平衡。

二、实训目的

　　强化学生对会展项目计划管理工具的运用,加深对理论知识的理解,明确计划管理在会展操作实务中的重要性。

三、实训组织

　　学生以2人为一个小组,对××大学校园文化节资源需求优化进行实训。

四、背景资料

为丰富校园文化生活,加强师生之间的交流,并配合我院精神文明建设的深入开展,全面提高我院学生的综合素质,院学生处、团委拟举办"××大学首届校园文化节"。校园文化节以"知荣明耻,诚实守信,创建和谐校园"为主题,目的在于以诚信教育为主题,以学生活动为依托,营造内容丰富、形式多样、健康向上、不断创新的校园文化氛围。

本届校园文化节主要内容有:书画展,象棋比赛,拔河比赛,观看校园电影,欣赏残疾人艺术团表演,书法专题讲座,无偿献血等。这些丰富多彩的内容组成了校园文化节的主体,以主题突出、特色鲜明的活动来展现学生的青春活力和风采。有关的项目策划方案如图5.14所示。

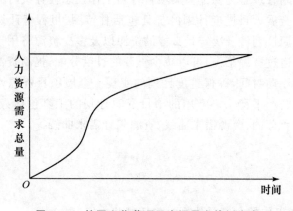

图5.14 校园文化节项目资源需求策划方案

五、实训内容

(1)项目资源计划的方法很多,有专家判断法、头脑风暴法、资源平衡法等,作为活动策划者,请你简单地描述资源平衡法的内涵及如何进行资源平衡优化。

(2)简述甘特图的定义和优点。绘制校园文化节的资源需求甘特图。

(3)当校园文化节项目核心小组只有3个工作人员时,如何进行资源的平衡优化?试绘制优化后的资源需求甘特图,并简单地描述该活动的人力资源优化过程。

模块六

会展项目的财务管理

教学目的和要求

1. 掌握会展项目财务管理的含义、对象和内容;
2. 理解会展项目财务管理的目标;
3. 掌握会展项目财务预测的含义和内容;
4. 掌握会展项目利润预测分析的方法;
5. 掌握会展项目财务预算的含义和内容;
6. 理解会展项目筹资的方式。

教学重点和难点

1. 重点是会展项目利润预测分析的方法和会展项目筹资的方式;
2. 难点是会展项目利润预测的综合应用。

开篇案例

北京奥运会的收入来源

一、直接收入

包括:① 电视转播权,② 国际奥委会的合作伙伴计划,③ 中央和北京政府补贴,④ 组委会赞助商,⑤ 特许经销商,⑥ 奥林匹克纪念币和邮票,⑦ 门票收入,⑧ 捐赠资产处置。

二、间接收入

参考1988年汉城奥运会收入比例。按照北京电视转播权13.5亿美元,占总收入的25%推算,总收入为54亿美元(约450亿元人民币)。

三、举办城市及全国的派生收入

1. 食宿:北京70家饭店承诺奥运会期间提供22,322间客房。奥运会期间将有大批运动员、体育官员、记者、观众等云集举办城市,提供充裕的住宿条件并保证优质的客户服务成为主要挑战之一。

2. 特种服务:只要是稀缺资源,都可以收取超标准的高价格,如饭店的总统包间。

3. 旅游观光:根据经验,奥运会举办城市被确定后会立即成为全世界关注的热点。世界各地不同文化、不同信仰的人会蜂拥而至,使城市生活用品和生活服务的需求急剧增加。

北京在2001年"五一"期间,接待了国内旅游者100万人,预计在奥运会准备期7年当中,每年旅游者可以增加20%,旅游收入每年增加20亿美元,7年增加140亿美元左右,接近1,300亿元人民币。如果奥运会期间再增加100万人,50亿美元,相当于400亿元人民币,预计奥运会带来的旅游需求会增加1,700亿元人民币。

4. 消费乘数:旅游对于国民经济的拉动,包括飞机和汽车运输、食宿和购物等,按7年增加1,700亿元人民币的旅游需求,预计可增加国内需求5,000亿元人民币,平均每年700亿元人民币。

四、投资需求

1. 吸引国内外投资。由于建设项目剧增、相关产业发展和奥运会商业化筹资方式多元化,吸引了众多投资者前来寻求商机,形成了巨大的投资市场。

2. 以"申奥"为新动力加快城市现代化建设。切实抓好60项重大工程,完成地方全社会固定资产投资1,080亿元人民币。

3. 政府已批准投入20亿美元进行环境污染治理。

4. 加快城市污水处理设施建设,使污水处理率达到42%。

5. 加大生态环境建设力度,构建北京三道绿色生态屏障,完成3.5万亩的绿化任务。

6. 建设水资源配置工程,年增蓄水1,200万立方米,节水1亿立方米,保水1,500万立方米。

7. 重视危旧房改造试点工程。2001年拆除130万平方米危旧房,建设几个大型居民住宅区,全年竣工住宅800万平方米以上,开工建设经济适用房150万平方米左右,更快、更好地解决中低收入群众的住房问题。

8. 提高全民健身场所的数量和面积。2000年建设各类场所94个,新增场地10万平方米,其中新建1,000平方米以上的普及工程30个。2001年在1,800个居委会的空地上修建全民健身场所。

9. 体育比赛的场馆。根据相关规划,2008年奥运会将设28个比赛项目,须使用37个比赛场馆、58个训练场馆。北京将建设奥林匹克公园,新建奥运场馆8个,改造旧有场馆13个,加上按计划本来要建设的11个,北京将拥有设施完善、完全符合奥林匹克比赛要求的大中型场馆32个(现有13个,计划修建11个,专为奥运会兴建8个)。在37个比赛场馆中,有32个设在北京,另外5个在其他城市。其中,帆船比赛在青岛举行,4个足球预赛场地分别为上海、天津、沈阳和秦皇岛。

10. 大力推进城市基础设施供应能力。

11. 增加住宅建设。如每年增加100万平方米。

12. 增加就业。1998年汉城奥运会为服务业提供了16万个岗位,为制造业提供了5万个岗位,为建筑业提供了9万个就业机会。1992年巴塞罗那奥运会为该市增加的就业人数达8万人,1996年亚特兰大奥运会使其所在的佐治亚州的就业人数增加了8.5万人。按照汉城奥运会的6倍计算,北京奥运会总体增加的就业人数可达150万人。

资料来源:杨顺勇,施谊.会展项目管理[M].上海:复旦大学出版社,2009:140-142.

案例解析

财务管理目标是指导会展项目理财活动的方向,是评价会展项目经济效益的基本标准。财务管理目标制约着资金运动的基本特征和发展方向,因此必须明确财务管理的目标,以完善财务管理,实现资金运动的良性循环。从会展项目的财务管理目标角度出发,该项目的收入来源多样性,筹资渠道广泛性,同时实现了社会效益和经济效益最大化双赢的财务管理目标。

6.1 会展项目财务管理概述

6.1.1 会展项目财务管理的概念及原则

会展项目财务管理就是遵循客观经济规律,通过对会展项目资金的筹集、运用和分配的管理,利用货币价值形式对会展项目的经营状况进行综合性的管理。会展项目财务管理的原则包括以下几点。

1. 成本效益原则

成本效益原则的核心就是要求会展企业耗用一定的成本取得尽可能大的收益,以及在收益一定的条件下最大程度地降低成本。按照成本效益原则的要求,在较长的时间内,会展企业的成本必须呈下降趋势,而效益必须呈上升趋势。这是投入产出原则的价值体现,是会展企业得以延续和发展的基本要求。

2. 风险与收益均衡原则

一方面,投资的风险与收益成正比,高盈利往往要冒较大的风险。另一方面,只有获利能力强的会展企业才能真正有实力维护资本经营的安全,而获利能力弱的企业在激烈的市场竞争中,往往无法避免风险。风险与收益均衡原则的核心就是要求会展企业不承担超过收益限度的风险,在收益既定的条件下,最大程度地降低风险。

3. 资源合理配置原则

财务管理使得各项经营要素的搭配情况直接体现在有关的财务指标和各相关财务项目上。资源合理配置原则的核心就是要求会展企业的相关财务项目必须在数额上和结构上相互配套与协调,以保证人尽其才、财尽其用和物尽其用,从而获得较为满意的效益。

4. 利益关系协调原则

利益关系的协调直接影响到会展企业财务管理目标的实现。利益关系协调原则的核心就是要求会展企业在收益分配中(包括税金的缴纳、奖金的发放、利息的支付、工薪的计算等),既要保证国家的利益,也要保证自身和员工的利益;既要保证投资人的利益,也要保证债权人的利益;既要保证所有者的利益,也要保证经营者的利益。并且以此不断改善财务状况,增强财务能力,为提高效益创造条件。

6.1.2 会展项目财务管理的对象

财务管理的对象是企业的资金运动。会展项目的资金运动主要包括资金的筹集、耗费和回收三个环节,其中资金的筹集和回收是会展项目的现金流入,而资金的耗费则是会展项目的现金流出。现金流转的平衡是财务管理中最基本的平衡。

1. 现金流转的概念

在生产经营中,现金变为非现金资产,非现金资产又变为现金,这种周而复始的流转过程称为现金流转。这种流转无始无终,不断循环,又称为现金的循环或资金循环。由于会展项目最终交付的是会展项目服务产品,而不是实物产品,所以会展项目的现金流转主要反映为资金的耗费,如用现金租借活动场地、支付人工成本、支付营销费用等。这些被耗费的资金是活动主办方制定活动各项收费价格的参照基础,通过出售门票、出租广告牌位、出租摊位、赞助等方式取得收入而得到价值补偿。

在会计记账中,有两种记账原则:权责发生制和收付实现制。一般企业的都是按权责发生制原则记账,而会展项目的记账则遵循收付实现制。收付实现制可以准确地反映会展项目的现金流动和现金支付能力。在会展项目主办企业进行财务管理时,再结合权责发生制原则分析根据收付实现制原则所记载的各项收入和支出项目。

2. 现金流转的平衡

在会展项目中,如果在同一会计期间现金流入量和现金流出量相等,财务工作将大大简化。但在会展项目实际运作过程中,现金收支平衡的情况极少,而会展项目财务管理的目的就是要使会展项目的现金流不中断。

不同会展项目的现金流转情况是不同的。对于一些不以营利为目的的会展项目,主要依靠举办单位拨款或其他企业赞助获得收入,由于在活动筹备前期已经获得大部分收入,在此类会展项目的前期准备中,现金收入应该是大于现金支出,最后活动是否盈利要看收支差额,一般其现金流转比较顺畅。而另一些会展项目主要是靠销售摊位、销售门票、提供其他服务等方式获得收入,活动参与方只是提前交纳部分的预订费,大部分收入在活动举办前期才能收到,现金流转不平衡,需要依靠其他筹资方式获得,如获取赞助收入或借款等。在日常财务管理工作中,应将按权责发生制编制的净利润还原成按收付实现制的经营活动净现金流量,并且善于将经营活动应得现金与实得加以比较分析,通过找出差异,对现金流量(入、出)项目进行深入分析,发现不平衡,加强对现金流量的管理,使之逐步地从不平衡走向平衡。

6.1.3 会展项目财务管理的内容

1. 筹资管理

为了保证会展项目的如期成功举办,必须预先筹集一定数量的资金。会展项目的主要资金来源包括主办单位拨款、预收摊位费、报名费、赞助费、代办费等,其内容多、弹性大。

筹集资金必然要付出一定的代价,不同筹资方式下的资金成本有高有低,会展项目组织者要考虑从多种渠道、采取多种方式来筹集资金,要考虑资金的期限使用长短、附加条款和使用成本的大小等,科学预测资金需要量,尽量合理确定筹资规模,选择经济可行的筹资方式;要正确处理资金成本和财务风险之间的关系,把成本和风险控制在安全范围之内;同时要考虑资金的时间价值,合理安排资金到位时间,既要避免资金闲置,又要防止资金滞后。任何决策都有一定的风险性,因此必须做可行性分析,对于新的投资项目,必须做出更加深入细致的分析和研究。如筹备一个新主题的会展项目,需要先做详细的会展项目主题策划和可行性研究,进行收益预测和成本费用预算。

2. 营运资金管理

营运资金是指流动资产减流动负债后的余额。营运资金在会展项目的全部资金中占有相当大的比重,而且周转速度快,形态易变,所以是财务管理工作中一项重要内容。由于许多参与方在会展活动举办的前期阶段才支付参加费用的余款,很多会展项目服务活动在签订外包合同时只预付一部分定金等,造成会展项目的应收款增加,而会展项目的周期一般需要数月到数年,在这期间,需要预订会展项目场馆、广告宣传、邮电费、差旅费、经营人员工资、交际应酬费、水电费、折旧费及其他费用开支。

为了保证资金的正常周转,会展项目组织者必须重视营运资金的管理,要合理预测会展项目的规模和成本费用,确定营运资金需求量;在保证会展项目顺利进行的前提下,节约使用资金;加速营运资金周转,提高资金利用效率;合理安排流动资金和流动负债的比例关系,降低偿债风险。

3. 成本费用管理

成本费用管理也就是对资金耗费的管理,降低成本费用是提高会展项目利润的根本途径。会展项目的成本费用管理,就是指项目组织者为保证项目目标的实现而制定成本预算,并对项目实施过程中发生的成本费用进行检查、监督和控制,努力将实际成本控制在预算范围内的管理过程。

会展企业的商品说到底就是服务,而服务具有无形性的特点,会展企业"商品"的特殊性,使成本控制的复杂程度提高,因此成本控制管理中要正确处理成本、服务质量和服务价格三者之间的关系,在保证服务质量的前提下,合理控制成本,努力提高经济效益。

4. 利润管理

利润是一定时期内的经营成果,是会展项目在经营期内的收入减去成本后的总额,提高经济效益是一切经济工作的出发点和归宿点。会展项目组织者通过合理制定项目的目标利润规划,采取各种有效措施,挖掘各项资源的潜力,尽可能地提高项目的盈利水平。

利润管理时要综合分析和预测会展项目的规模、各项成本和价格定位等因素对目标利润的影响,合理地制定目标利润;注意开源节流、讲求实效,采取各项措施增收节支,提高经济效益;同时认真进行税务策划,依法履行纳税义务,在兼顾各方利益、正确处理眼前利益和长期利益的前提下,制定合理利润分配政策。如某会展项目在创办之初不一定是以营利为目的,而是要通过优质的服务等创建品牌。

6.1.4 会展项目财务管理的目标

明确会展项目财务管理的目标是有效组织财务工作的前提,同时也是合理评价财务管理工作质量的客观标准,财务管理的目标具有可变性、层次性和多元性的特点。例如,世博会这样大型的会展项目,其财务管理的目标需要分为总体目标、分部目标和具体目标三个层次组成的目标体系。由于筹备时间长,一般需要3～5年,期间存在很多的不确定性因素,其财务管理目标可能发生变化,如汇率的变动会带来预期收益的变化。会展项目的核心财务管理目标应是达到利润最大化,并以此实现各方共同的利益。

6.2 会展项目财务预测

6.2.1 会展项目财务预测的内容

财务预测是根据财务活动的历史资料,考虑现实的要求和条件,对企业未来的财务活动和财务成果做出科学的预计和测算。会展项目财务预测是指会展项目组织者对会展项目未来资金需求的估计。通过财务预测可以提供日常控制所需要的财务信息,找出资金筹措安排中的规律,有利于企业财务管理人员根据变化适时调整,保证财务收支的综合平衡,保证财务目标的顺利实现。会展项目财务预测包括以下内容。

1. 投资预测

研究会展项目所处的投资环境,预测环境因素对会展项目的影响方向和程度;预测会展项目所要达到的规模水平;估计投资额发生的数量和时间;估算投资项目引起的现金流量情况和预计投资效果等。

2. 销售收入预测

预计会展项目销售摊位的数量和租赁设备、赞助收入等的变化趋势和程度,进而预测会展项目的现金流入量和流入速度的变化情况。

3. 成本预测

预测会展项目现有规模水平下需要的成本水平,合理化建议、科学的管理、原材料市场变化、劳动力市场变化等诸多因素对成本的影响方向和影响程度,预测会展项目现金流出量和流出速度的变化情况。

4. 筹资预测

考虑会展项目的性质、规模等综合因素的平衡,预测会展项目各种资金的动态需要量和期末的应有数额,做出是否筹资的决定。进行筹资预测时,要对各种筹资渠道和筹资方式、筹资时机和期限、筹资成本和风险、筹资环境等进行分析和研究,预测会展项目的最佳资金结构。

5. 利润预测

根据会展项目未来发展的需要、现有的运营能力和今后的发展潜力,分析影响利润的有关因素对利润的影响方向和程度,预测会展项目未来一定时期的利润水平。利润预测应建立在销售收入和成本费用预测的基础上,科学的利润预测有利于会展项目现金净流量的预测。

会展项目财务预测较复杂,这里重点介绍筹资预测和利润预测。

6.2.2 会展项目筹资预测需要考虑的因素

不管会展项目采取何种筹资方式,均应从筹资数量、筹资成本、筹资风险和筹资时效这4个方面综合考虑。

(1) 筹资数量。

筹资数量指会展项目筹集资金的多少,它与项目的资金需求量成正比,因此必须根据会展项目资金的需求量合理确定筹集数量。

(2) 筹资成本。

筹资成本指会展项目取得和使用资金而支付的各种费用。商业信用的成本主要是现金折扣成本;吸收直接投资、联营筹资的成本主要是谈判费和劳务费等;内部积累的成本主要是机会成本;银行借款的成本主要是借款利息;信托筹资的成本主要是借款利息和手续费;融资租赁的成本主要是租金。

(3) 筹资风险。

筹资风险指假使企业违约是否可能导致债权人或投资人采取法律措施以及是否可以引起企业破产等潜在风险。

(4) 筹资时效。

筹资时效指会展项目各种筹资方式的时间性灵活性如何。即需要资金时,能否立即筹措;不需要资金时,能否即时还款。通常期限越长,手续越复杂的筹款方式,其筹款时效越差。

6.2.3 会展项目利润预测分析

会展项目利润预测分析是指会展企业依据会展项目在筹划运营活动中有关因素变化情况,运用科学的方法进行研究和分析,对未来一定时期内的利润数额进行预计和测算,并寻求实现预计利润的各种措施方案。利润预测是确定目标利润、编制利润计划的基本依据。销售利润在利润总额中所占比重最大,销售利润的预测是利润预测的重点。

1. 量本利分析预测法

量本利分析预测法就是研究项目成本、销售量和利润之间函数关系的技术方法。销售收入大于总的成本费用时,项目就盈利;否则就亏损。当销售收入等于总的成本费用,即利润为零时的产销量即为盈亏平衡点,也称保本点(如图6.1所示)。

项目利润＝销售收入－总成本费用
　　　　＝单价×产销量－(固定成本＋单位变动成本×产销量)
　　　　＝(单价－单位变动成本)×产销量－固定成本

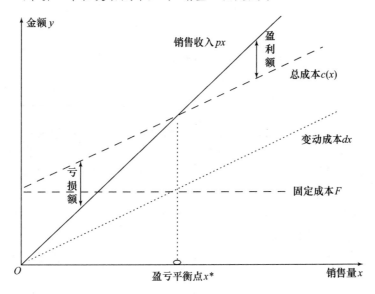

图 6.1 线性盈亏平衡图

会展项目组织者是根据会展项目广告牌位、摊位、门票等销售数量、成本和利润之间的依存关系来预测会展项目的销售利润。可用下列公式测算其利润数额：

利润数额＝销售单价×标准广告牌位(摊位、门票等)销售量－单位变动成本×标准广告牌位(摊位、门票等)销售量－固定成本

＝(销售单价－单位变动成本)×标准广告牌位(摊位、门票等)销售量－固定成本

其中：固定成本是指在一定的产销量(业务量)范围内，其发生总额不随产销量(业务量)的变动而变动，而是保持相对稳定的那些成本费用支出。固定成本总额在一定时期内保持不变，因此随着产销量(业务量)的增加，单位产销量(业务量)所分摊的固定成本将减少。

会展项目的固定成本是指在会展项目的既定规模内，不随参加者和观众人数的变化而变化的那部分成本费用支出，如项目小组成员的工资、宣传广告费、场地租金、设备租赁费、保险费和通信费等，一些大型会展项目的固定成本还包括固定资产折旧和财产税金等项目。固定成本的确定和一定时期的一定产销量(业务量)密切联系。从长期来看，所有的成本都是变化的，没有绝对不变的成本。当产销量(业务量)超过项目预定的规模时，企业就必须增加必要的设备和人员，固定成本总额也随之增加。表 6.1 为××会展公司承办的某工业展会的固定成本明细表。

表 6.1 某工业展会的固定成本明细表

单位：元

序号	项目	预算金额	实际金额
1	许可证费	6,000	
2	注册费	9,000	
3	新闻费	8,000	
4	公关费	4,200	
5	广告费	8,800	
6	日常管理费	3,300	
7	设计施工费	23,000	
8	装饰费	4,000	
9	现场办公费	3,600	
10	展品运输费	10,000	
11	展场设备租赁及相关费用	8,000	
12	工作员费	6,700	
	支出合计(1)	94,600	

变动成本是指在一定的产销量(业务量)范围内，其发生总额随产销量(业务量)的变动成正比例变动的那些成本费用支出，包括直接材料、直接人工、流转税金和佣金等项目。与固定成本不同，变动成本总额随产销量(业务量)的变动成正比例变动，而单位产销量(业务量)所支出的变动成本则保持不变。

会展项目的变动成本是指在会展项目的既定规模内，随参加者和观众人数或赛事活动次数的变化成正比例变化的那些成本费用支出，如住宿费、运动员出场费、注册工本费、资料费、招待费、礼品费、交流研讨会费用和营业税金等。表 6.2 为××会展公司承办的某工业展会的可变成本明细。

表 6.2 某工业展会的可变成本明细表

单位：元

序号	项目	预算金额	实际金额
1	餐饮费	18,000	
2	印刷费	1,200	
3	注册工本费	8,000	
4	服务费	5,600	
5	视听设备租赁费	1,000	
6	活动节目设计单费	1,500	
7	参展人员用品费	3,200	
	支出合计(2)	38,500	

（1）预测盈亏平衡点。

盈亏平衡点也称保本点，它是区别赢利和亏损的分界点，是衡量会展项目盈亏的一个标准，在这一点上销售利润为零，即销售收入总额与成本总额相等，不亏不盈。假设某会展项目以门票收入为主要销售收入来源，其计算公式为：

盈亏平衡点门票销售量＝固定成本总额÷（销售单价－单位变动成本）

（2）预测销售利润。

盈亏临界点分析是财务管理中的重要内容之一。要理解盈亏临界点分析的计算公式，首先得搞懂边际贡献的含义。所谓边际贡献是指单位收入与这个人身上发生的单位可变成本之间的差额。而计算盈亏临界点的最后一步是用全部固定成本除以单位边际贡献。例如，××会展公司全部固定成本为94,600元，经财务人员核实，从每个参展人那里获得的收入为500元，每个人可变成本是260元，所以其边际贡献为240元。盈亏平衡点参展人数为395人（94,600÷240＝395），如果参展人数少于395人时，这次会展活动就是亏本的。只有参展人数超过395人，这次会展活动才是可以盈利的。

预测销售利润可以采用边际贡献法。其计算公式为：

单位边际贡献＝单位售价－单位变动成本

边际贡献总额＝销售总额－变动成本总额

边际贡献率＝$\dfrac{单价－单位变动成本}{单价}$，边际贡献率与变动成本率（边际成本率，即单位变动成本和单价之比）之和为1

盈亏平衡点销售数量＝固定成本总额÷单位边际贡献

盈亏平衡点销售收入＝固定成本总额÷边际贡献率

会展项目利润的多少，关键是解决成本和销售量之间的数量关系，是各种有关因素变动影响的结果。正确利用相关公式具体测算各种有关因素变动对最终利润的影响，对于正确进行管理具有重要作用。

假设该会展公司从每位参会者身上可以获得100元的收入，但花在每个人身上的可变成本是80元（50元的食品和30元的酒水），因此：

单位边际贡献＝每个人收入－每个人可变成本＝100－80＝20（元）

假设全部固定成本是6,000元，其中，租金费用为4,000元，娱乐费用为2,000元，则盈亏平衡点销售数量＝6,000÷20＝300（人）

即如果出席活动的人数少于300人,这项活动的组织就是亏本的。

盈亏平衡点销售收入＝100元/人×300人＝30,000(元)

如表6.3以亏损点(290人)、盈亏平衡点(300人)、盈利点(310人)为例,列表计算利润情况。

表6.3 损益平衡点分析

项目	亏损点	盈亏平衡点	盈利点
人数(人)	290	300	310
收入(100元/人)	29,000	30,000	31,000
费用合计	14,600	15,000	15,400
其中:1. 可变费用	23,200	24,000	24,800
1.1 食品:50元/人	14,500	15,000	15,500
1.2 酒水:30元/人	8,700	9,000	9,300
2. 固定费用	6,000	6,000	6,000
2.1 租金费用	4,000	4,000	4,000
2.2 娱乐费用	2,000	2,000	2,000
利润(元)	—200	0	200

2. 目标利润预测法

目标利润预测法是指在销售收入一定的情况下,根据目标成本、销售费用和既定的税率来确定目标利润的方法。其计算公式为:

目标利润＝预计销售收入－目标成本－目标期间费用

从量本利关系分析增加利润的途径:增加标准广告牌位(摊位、门票等)的销售数量,提高售价,降低单位变动成本,降低固定成本。以上均为项目组织采取单项措施实现目标利润的例子。在实际工作中,单独采取某一方面的措施可能无法实现目标利润,这时应综合运用多种措施,以实现目标利润。

【例6-1】 某公司举办一个研讨会,场地租金等固定成本总额40,000元,与会人员的酒水和食品费用为每人200元,假定每位与会人员需交纳参会费400元,且除去以上成本外没有其他开支。

要求:① 求公司在盈亏临界点的参会人数。

② 预计250人参会,求其安全边际与目标利润。

解:① 盈亏临界点的参会人数＝$\frac{40,000}{400-200}$＝200(人)

② 安全边际＝(250－200)×400＝20,000(元)

目标利润率＝$\frac{400-200}{400}$×100％＝50％

目标利润＝20,000×50％＝10,000(元)

(注:利用目标利润的其他计算公式也可得到上述答案。)

【例6-2】 某公司2013年举办的展览会实现利润为50,000元,参会门票每张100元,单位变动成本60元,固定成本总额20,000元,2014年预计目标利润为2013年的1.2倍。

试分析该公司实现目标利润的途径。

解：(1) 如果其他条件不变，该公司可通过增加参会人数实现目标利润。

2013 年的参会人数 = (20,000 + 50,000) ÷ (100 − 60) = 1,750(人)

2014 年的目标利润 = 50,000 × 1.2 = 60,000(元)

2014 年的参会人数 = (20,000 + 60,000) ÷ (100 − 60) = 2,000(人)

2,000 − 1,750 = 250(人)

2014 年该会展项目需要增加 250 人参会才能达到目标利润。

(2) 如果其他条件不变，该公司可以通过降低单位变动成本来实现目标利润。

$$1750 = \frac{20,000 + 60,000}{100 - V}$$

$V = 54.29(元)$

$60 − 54.29 = 5.71(元)$

当单位变动成本下降 5.71 元时，可以实现目标利润。

(3) 如果其他条件不变，该公司可以通过降低固定成本的方式来实现目标利润。

$$1750 = \frac{F + 60,000}{100 - 60}$$

$F = 10,000(元)$

$20,000 − 10,000 = 10,000(元)$

当固定成本下降 10,000 元时，可以实现目标利润。

(4) 如果其他条件不变，在提高服务质量的前提下，该公司可通过提高参会费(即单价)的方式来实现目标利润。

$$1750 = \frac{20,000 + 60,000}{P - 60}$$

$P = 105.71(元/人)$

$105.71 − 100 = 5.71(元/人)$

当参会门票(单价)提高 5.71 元时，可以实现目标利润。

以上均为项目组织采取单项措施实现目标利润的例子。在实际工作中，单独采取某一方面的措施可能无法实现目标利润，这时应综合运用多种措施，以实现目标利润。

【例 6-3】 某公司举办一个综合性会展项目，项目主要由文艺汇演、展览会和专题讲座三项活动内容组成。其中文艺汇演单位变动成本为每人 40 元，门票定价每人 80 元，占项目收入总额的 10%；展览会单位变动成本每个展位 1,200 元，租金为每个标准展位 2,000 元，占项目收入总额的 50%；专题讲座单位变动成本每人 50 元，入场费每人 100 元，占项目收入总额的 40%。假定除门票费、展位租金和入场费外，项目无其他收入来源，项目的固定成本总额为 180,000 元。

要求：① 求盈亏临界点时的收入总额和每项活动应达到的运营规模。

② 求目标利润为 22,500 元时的收入总额和各项活动应达到的运营规模。

解：各项活动的成本情况如表 6.4 所示：

表 6.4 各项活动的成本

项目	文艺汇演	展览会	专题讲座
单价	80 元	2,000 元	100 元
单位变动成本	40 元	1,200 元	50 元
单位边际贡献	40 元	800 元	50 元
边际贡献率	50%	40%	50%
收入额组合	10%	50%	40%
固定成本		180,000 元	

项目的加权平均边际贡献率 $=50\% \times 10\% + 40\% \times 50\% + 50\% \times 40\% = 45\%$

① 盈亏临界点的收入总额 $=180,000 \div 45\% = 400,000$（元）

文艺汇演的参加人数 $=400,000 \times 10\% \div 80 = 500$（人）

展览会的标准展位数 $=400,000 \times 50\% \div 2000 = 100$（个）

专题讲座的参加人数 $=400,000 \times 40\% \div 100 = 1,600$（人）

② 目标利润下应达到的收入总额 $=\dfrac{180,000+22,500}{45\%}=450,000$（元）

文艺汇演的参加人数 $=450,000 \times 10\% \div 80 = 563$（人）

展览会的标准展位数 $=450,000 \times 50\% \div 2,000 = 113$（个）

专题讲座的参加人数 $=450,000 \times 40\% \div 100 = 1,800$（人）

3．比例测算法

比例测算法是根据利润与有关财务指标的比率关系来测算未来一定时期目标利润数额的方法。其计算公式为：

销售利润率法：目标利润＝预计销售收入×计划期销售利润率

资金成本率法：目标利润＝预计资产平均占用额×计划期资金利润率

6.3 会展项目预算管理

6.3.1 会展项目财务预算的内涵

财务预算是会展项目财务决策的具体化，是控制整个会展项目资金运动的重要依据。制定财务预算有利于控制项目的各项收支，有利于项目资源得到充分利用，从而获得良好的经济效益。会展项目财务预算是对会展项目在未来一定时期内的各种资源的来源和使用的详细计划，以数字形式对会展项目未来一定时期内的经营活动进行概括性表述。会展项目组织者通过对某具体会展项目举办期间所需要的经费和预算收入进行初步的预算，根据每个会展项目的签约商和供应商提供的准确报价而形成，核算预期的收支。财务预算表达的主要是资金、收入、成本、费用和利润之间的关系，其中利润目标是会展公司的主要奋斗目标。

整个会展项目预算体系的基础是对市场情况的预测与分析，因此会展项目组织者要确定"面向市场编制预算"的出发点。为了应对市场的变化,会展项目组织者制定的预算指标值应该具有一定的弹性,为预算工作的顺利开展留有余地,减少过大的预算刚性给财务预算管理工作带来的风险。总之,会展项目组织者制定的预算指标要经得起市场的检验,否则,预算计划得不周密,可能造成极大的浪费。提起举办奥运会,会让所有的举办城市都感到兴奋。但在20世纪80年代之前,举办奥运会的城市却都是赔钱,其中最引人注目的就是1976年蒙特利尔奥运会,出现了10亿美元的巨额亏空,15天的奥运会使蒙特利尔负债长达20年,给当地居民和奥林匹克运动蒙上了阴影。预算只有1.25亿美元的简朴奥运会,到后来资金失去控制,修建主体育场就达到3.5亿美元;花费2,500万加元修建的划船湖,基本上没有什么使用价值;花费7,500万加元修建的自行车场地,与奥运会要求无关,对奥运会后蒙特利尔市也没有意义;除此以外,修建大型豪华的体育设施和一些相关设施,如昂贵的喷泉和人行横道等,给这个城市带来极大的经济负担,会后大量体育设施闲置,造成了巨大的浪费。

每种活动的预算都是这个活动组织者财务理念的代表,不同的活动所实现的目的自然不同。以下三类情况代表了活动组织者的财务理念,在编制预算之前,首先要明确活动的组织理念。

(1)利润导向型活动。在这类活动中,收入大于支出,其典型代表是公司为了掀起新一轮的促销活动而创作的活动。

(2)收支平衡型活动。在这类活动中,收入与支出保持平衡,最突出的例子是协会举办的年会活动。

(3)领导人或主办方亏损型活动。这类活动自一开始就做好了亏本的准备。代表性的例子如慈善性活动、大学毕业典礼或政府组织的庆典。这类活动举办的目的一般是为了推动一项事业或发起一个有目的的运动,而不是为了保持收支平衡或盈利。

6.3.2　会展项目财务预算的实施模式

在会展项目管理中,预算是在预测的基础上进行的,会展项目组织者可能忽略一些意外事件而造成预测数据不可能完全准确,所以预算要有一定的幅度,即需要实行弹性预算。弹性预算是在固定预算模式的基础上发展起来的一种预算模式,它的主要用途是控制成本支出。在计划期开始时,弹性预算提供控制成本所需要的依据;在计划期结束时,它可以用来评价和考核实际成本。

6.3.3　编制逻辑与框架流程

一般来说,会展项目的预算编制会根据以下几个要素:以往相同或类似会展的历史资料;基于专业知识的合理判断和准确的预测;使用可提供资源期望得到的合理收支;为会展项目筹措资金而选择适用的财务类型,譬如预付款、现存资金、借贷资金等。编制预算的流程为:编制会展的固定支出、可变支出和会展的预算收入。一般大型会展公司正是按照这个合理的程序进行的,如会展公司的财务人员在编制会议项目预算时,一般是按照如图6.2所示流程进行的。

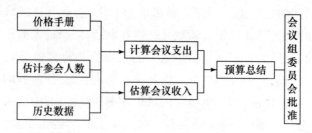

图 6.2 会展公司会议项目预算编制流程

6.3.4 会展项目财务预算内容

预算是实现会展项目目标所需要的资金计划,是针对预测结果而采用的一种预先的风险补救及防御系统。一旦确定了预算开支,就需要从内部、外部和客户三个角度来寻找支持预算的财源。为了保证会展项目在经济上的可行性,可以通过寻求赞助等方式寻找财源。在会展项目中,如何计算赞助商的投资回报,并对赞助商的赞助行为进行激励是非常重要的。会展企业的预算内容包括收入预算、支出预算和现金预算等。

1. 收入预算

销售收入是企业现金流入的主要来源,也是实现利润的基本前提,而且很多财务项目是随着销售量的变化而变化,如销售成本、销售费用等,所以销售预测的精确与否对现金预算的可靠性影响很大。一般大型会展项目的收入预算包括广告收入、优惠销售收入、捐款、投资利息收入、注册费收入、商业销售收入、大型活动票房收入、经销商佣金收入(酒店支付)等。会展项目组织者通过出租摊位、设备租赁、赞助费、代办费等方式取得销售收入,可以根据上年、上届、同类会展项目等的销售情况预测本年、本届、此类会展项目的销售收入,为编制现金预算提供更详尽的资料。会展项目组织者收入预算的主要内容是销售预算。销售预算是在销售预测的基础上编制的,即通过分析会展项目过去的销售状况、目前和未来的市场需求特点及发展趋势,比较竞争对手和本企业的经营实力,确定会展项目组织者在未来时期内为了实现目标利润必须达到的销售水平。

在销售预算编制后,就可以进行应收账款的预算。应收账款是按照规定日期应付给组织者的款项,必须及时回收到期的应收账款,以便清算欠经销商的应付款。很多活动参加者在预订摊位时只是预付部分定金,真正收到出租摊位收入的大部分余款是在会展项目开展前夕,会展项目组织者把会展项目服务承包出去时,通常也只是在签订合同时交纳小部分定金,余款在会展项目服务提供之前或之后支付,故会展项目组织者存在较多的应收账款,编制应收账款预算主要是对应收账款的回收情况做出计划,保证企业现金的正向流动,为编制现金预算提供资料。表 6.5 为××会展公司的收入预算表:

表 6.5　××会展公司的收入预算表　　　　　　　　　　单位：元

序号	项目	收入预算
1	广告收入	20,000
2	优惠销售收入	7,200
3	捐款收入	10,800
4	博览会或展览会展台租金收入	56,000
5	以货贷款的礼品（按成交价值计算）	4,000
6	赠款和合同收入	3,000
7	大型活动票房收入（1）	12,000
8	商业销售收入	5,000
9	注册费收入	6,000
10	大型活动票房收入（2）	6,800
11	赞助费收入	36,000
12	经销商佣金收入	3,200
	收入合计	170,000

2. 支出预算

为实现销售收入预算必须支付日常管理费、印刷费、邮资、交通费、保险费等相关费用，有些是固定费用，有些随会展项目的规模和数量而变化，在预算时要加以注意，尽量细化预算方案。一般大型会展活动的支出预算包括以下内容。

（1）会计费用。

（2）市场营销费用：广告费、专项广告费、宣传手册设计费、宣传手册邮寄费、宣传手册印刷费、公共关系费等。

（3）日常管理费用：装饰费用、保险费用、现场电话费、法律咨询费、执照费、许可证、复印费、摄影费、邮费、活动节目单编辑设计和印刷费、报告编制与出版费、按比例分摊的日常管理等。

（4）职员/志愿者费用：职员住宿费、志愿者住宿费、志愿者表彰和奖品费用、合同工注册费等。

（5）劳务费：视听人员劳务费、音响人员劳务费、照明人员劳务费等。

（6）租赁费：视听设备租赁费、汽车租赁费、照明设备租赁费、音响设备租赁费、现场办公家具租赁费、场地租赁费等。

（7）运输费：材料运输费、杂费、宾客交通费、职员交通费等。

（8）评估费：咨询师聘用费、评估费等。

（9）注册费：注册材料费、补充注册和入场费等。

以奥运会为例，从奥运会的历史来看，现代奥运会的开支主要包括以下两个方面。

（1）奥运会的组织支出：规模庞大的现代奥运会的组织工作是一个复杂的系统工程，需要相当数量的组织支出，包括制订各项计划、组织管理、文化活动、竞赛、交通、奥运村和新闻村、通信、医疗、保险、安全、礼仪和其他方方面面的支出，都是筹备奥运会必不可少的，必须通过制订周密的计划，提高管理水平和工作效率，大大提高其经济效益。

（2）奥运会的工程支出：奥运会工程的直接支出是用于新建、改建、扩建举办奥运会所必需的比赛场馆、奥林匹克主体育场、奥运村等方面的支出，另外，还有奥林匹克公园、新闻中心、记者村等,这也是成功举办奥运会必不可少的工程支出。奥运会工程的间接支出指为了举办奥运会用于新建、改建、扩建城市基础设施、环境保护、宾馆饭店与餐饮服务设施和其他方面的支出,城市基础设施建设中包括交通、通信、电力、供水和排水等。

3. 现金预算

现金预算是财务预算的重要内容,也是财务计划不可缺少的部分。现金预算是对会展项目组织者未来特定时期的现金流入和现金流出所做的预计,也是对现金收支差额提出平衡措施的计划。通过现金预算的编制,可以使财务人员了解企业现金需求,以便更好地筹措资金,控制现金的流转。会展项目组织者可以按会展项目的周期编制现金流量预算,也可以按月编制现金流量预算,时间越短,编制的现金预算的准确性越高。

现金预算是汇总反映预算期内由于生产经营引起的一切现金收支及其结果的计划,一般包括现金收入、现金支出、现金余缺和现金融通四个部分。现金收入和现金支出的差额就是现金余缺,会展项目组织者在会展项目处于招展阶段时很可能出现现金短缺,需要采用拉赞助、政府拨款等方式筹措资金,以保证资金的正向流动。现金融通是指对现金结余和现金短缺的弥补。一般情况下,现金发生结余时,可以进行偿债或投资等;而现金短缺时,通常通过举债、赞助等方式弥补现金不足。

4. 资金支出预算

资金支出预算是一种长期的具有投资性质的预算,主要包括:研究开发支出,如新会展项目策划研究费;更新改造生产设施,如场馆的更新改造;人事培训与发展支出;市场发展支出,如宣传促销费用等。

6.4 会展项目的资金筹集

6.4.1 合理选择会展项目筹资方式

筹集资金是项目资金运动的起点,是决定资金运动规模和生产经营发展程度的重要环节。会展项目筹资是指会展项目组织者通过一定的渠道、采取适当的方式,获取所需资金的一种行为。对于会展项目而言,所筹集的资金是会展项目的主要收入来源,筹资工作的好坏,直接影响到会展项目能否顺利和成功地举办。

筹资方式是指可供组织者在筹措资金时选用的具体筹资形式。要提高筹资效率,降低筹资风险,会展项目组织者在选择筹资方式时应注意以下几个方面。

(1) 比较项目筹资成本和项目投资回报。会展项目投资回报是指会展项目组织者用筹集的资金投资于会展项目后取得的报酬。筹资成本是会展项目取得和使用资金所付出的代价,包括资金的筹资费用和用资费用。

(2) 分析项目筹资风险的大小。筹资风险是指项目筹资中不能偿还到期债务的风险。风险总是与收益成正比,与成本成反比。由于自有资金是会展项目组织者的永久性资金,在会展企业存续期内不需要偿还,因而其筹资风险最低;而负债筹资形成的资金为会展项目组织者的债务,一般要按事先约定的期限还本付息。而偿还期限越短,筹资风险就越大,筹资期限越长,筹资风险就相对较小。

(3) 考虑资本市场状况和公司的经营现状。
(4) 优化筹资结构。筹资结构是指各种筹资方式之间的比例关系。合理的筹资结构包括两个方面的内容：
① 确立负债筹资和自有资金的合理比例；
② 确立长期筹资和短期筹资的合理比例。

会展项目组织者在进行筹资决策时，应在控制筹资风险与谋求最大投资收益之间寻求一种均衡，即：可以对不同的筹资方式进行组合，得出多种筹资方案，对不同的方案分别计算出加权平均资本成本，然后选择加权平均资本成本最低的几种方案，再根据会展企业财务现状、项目预算以及市场的未来趋势等因素，综合分析后选择最合适的方案，以构造合理的融资结构。

6.4.2 会展项目资金筹集的方式

随着会展活动的发展，越来越多的会展项目以赞助收入为其主要收入来源，能否获得更多的赞助收入是决定其最终是否获利的重要因素。此外，会展项目还可以通过其他市场开发形式筹集资金，尤其是在一些大型活动中更是如此。由于会展项目前期现金流出大于现金流入，为了保证现金流的正向循环维持活动的正常运营，在无从获得其他现金流入时也可以考虑负债筹资。负债筹资是一般企业的主要筹资方式，但目前会展项目还是较少使用负债筹资。中小型会展项目初始资金的投入以会展项目组织者的自有资金为主，辅助采用赞助、借入资金等方式筹资。根据会展项目的共性和个性特点，本节介绍以下几种主要的筹资方式。

1. 自有资金筹资

会展项目的自有资金是指活动主办机构自行拨付的款项，即拨款收入。拨款可以采用现金、实物资产等形式。

(1) 现金。

现金拨款是主办机构对会展项目进行投资的主要形式，它可以直接用于购买会展项目所需的各种材料、设备等，也可以直接用于支付场地租金、广告宣传费及人员培训费等，具有很大的灵活性和自主性。

(2) 实物资产。

除了现金外，主办机构还可以为活动组织者提供场地、设备、材料等实物资产，这些实物资产可以直接增加项目提供服务的能力。在筹资预测过程中，财务人员必须对主办机构提供的耗费性实物资产(如纸张、油墨、木材等)进行估价，并根据市场租金确定主办机构提供的非耗费性实物资产(如场馆)的成本，并将这些成本统一纳入筹资成本。

2. 借入资金筹资

借入资金又称债务资金、负债资金，按资金可使用时间的长短分为短期负债和长期负债。

(1) 短期负债筹资。

短期负债是在一年或超过一年的一个营业周期内必须清偿的债务，融资速度快、容易取得，可以解决会展项目对资金的临时性需要。但由于归还期限较短，如果会展项目资金安排不当，不能及时归还，容易陷入财务危机，融资风险高。短期负债主要包括短期借款、商业信用等形式。项目组织者向银行借入短期借款时,银行一般会附加一些信用条件,如补偿性余额条件和担保条件等,同时还要支付利息。商业信用产生于企业之间的日常交易,是在交易中由于延期付款或预收账款而形成的企业间的借贷关系。和短期借款相比,商业信用程序简单、成本低,在会展项目中得到较为广泛的应用。

(2) 长期负债筹资。

长期负债是清偿期在一年以上或超过一年的一个营业周期的债务。长期负债筹资的渠道主要有银行长期借款、发行公司债券和融资租赁等,主要用于大型会展项目的筹资,如2010年上海世界博览会这样大型的活动就采用了发行债券的筹资方式。通过长期负债筹得的资金一般用于项目基础设施的建设和购置其他固定资产,这些项目的资金占用时间长且资金需求量巨大,单靠自有资金和短期负债难以满足其长期运营的需要。

3. 商业赞助

(1) 商业赞助的含义。

商业赞助就是以某个活动为支点,以冠名、主办、协办、鸣谢、指定产品等为形式,从企业获得资金、实物支持,然后再以一定的广告、新闻媒体的宣传作为回报来进行操作的商业行为。一项活动可以有许多不同层次的和地位的赞助商,而这种状况和赞助商从会展项目中获得的权益密切相关。这些权益包括使用特定名称和头衔的权利等。下面列举了几种不同层次的权益。

① 冠名权:即企业通过对某项活动出资赞助,取得用自己的商标或品牌为活动命名的权利,它是企业出资赞助的一种形式,但一般只有出资较高的企业才能获得冠名权。如上海旅游节主要冠名企业有:中国移动通信出资50万元冠名承办"移动通信杯"花车巡游评比大奖赛;扬子江万丽大酒店出资30万元冠名举办"扬子江万丽德国啤酒节";万事达信用卡公司出资20万元冠名承办"万事达卡杯"摄影大赛。

② 展示权:这种情况允许赞助商的头衔与活动的名称并列(作为活动名称的一部分),也可以用于活动的各项标志。如2003年在保加利亚举办的国际雪地降落运动比赛就是体育服装生产商奥奈尔(O'Neill)赞助的,因此,此项赛事又被称为"奥奈尔杯"。

③ 命名权:这种权益一般在长期赞助合约中出现,如使用赞助商的名字重新命名一个建筑物或体育馆,同样,公司名称、产品和品牌名称都可以使用。如美国科罗拉多(Colorado)州的"百事(Pepsi)中心"。

④ 范畴权:此时,赞助商在他们赞助经营的某一领域中享有非竞争性垄断地位,因为他们是此方面的唯一合法代表。如赞助商日本佳能公司作为职业高尔夫协会联赛的正式合作伙伴,在经营方面被给予长期承认,并提供照相机、望远镜、传真机和复印机等产品服务。

⑤ 供应权:此权利允许赞助方向活动提供服务、设备和产品。一项活动可以拥有多个赞助商,如2003年夏季残奥会,爱尔兰航空公司(Aer Lingus)作为签约航空公司提供飞行服务,丰田公司作为官方汽车赞助商提供公共交通服务。

(2) 赞助的分类。

赞助按内容可分为现金赞助、实物赞助、现金和实物结合赞助;按主题可分为体育赛事赞助、重大节庆活动赞助和公益活动赞助等;按形式可分为独家赞助和联合赞助;按对象可分为单项赞助、多项赞助、冠名权赞助等;按赞助的类型可分为全额赞助或部分赞助。

赞助是一种商业交易/投资,而不是无偿的捐款,赞助企业通过赞助可以提高知名度、宣传企业形象、推广企业产品等,赞助类型的选择得当与否,直接影响了赞助的效果。从赞助中获得的回报最终将对企业的利润产生积极而深远的影响。

(3) 赞助商决定会展项目赞助时应考虑的因素。

赞助商在决定会展项目赞助时,需要考虑以下因素:

① 比较在会展项目前后某一特定时段的销售量与前几年同一时段的销售量;

② 比较在会展项目举办地区的销售量与全国在相同市场上的平均销售量;

③ 分析能刺激购买的促销方法(打折票或凭优惠券打折购买);

④ 在会展项目举办前后追踪分销商数量的变化;

⑤ 衡量会展项目的覆盖范围。追踪一下会展项目在电台或电视台的曝光率以及在印刷媒体上的版面大小,就可以直观地了解所获得的曝光度与付出的代价之间的比例关系。赞助商也可能会关心媒体曝光的类型,是全国新闻还是当地新闻,是在全国发行的媒体还是地方发行的周报。

(4) 赞助的程序。

赞助程序所进行的时间和操作步骤可能在不同的情况有所不同,但主要内容基本是相同的。

① 评估活动方案。

在开始寻找赞助商以前,需要花一定的时间来评估活动方案:该活动是高品位的吗?计划周详(新颖/创意/有趣)吗?有无明星参与?谁将要出席?能否吸引媒体报道?是否值得赞助?赞助商如何支持活动?活动所需要的支持是什么(资金、设施、服务、志愿者等)?是一个赞助商还是几个赞助商(避免相同类别行业中的赞助商之间的冲突)?

② 确定赞助商的机会。

在决定活动有赞助价值之后,就需要开始撰写赞助计划书,在计划书中列明所有赞助商的获利点。如果可以,应尽量写明可评估的等同价值,如媒体报道的广告等同价值。

对赞助商有价值的要点:

- 在活动期间,赞助商是否有机会促销产品或服务。
- 对潜在赞助商最有价值之处可能是展露度。
- 活动是否会得到媒体报道。
- 活动的地点和经费。
- 其他宣传/展露的可能性:T恤衫、门票、横幅、张贴、海报、气球等悬挂物及其他带有公司标志的印刷材料。
- 其他增值和扩大活动的影响。
- 是否有赞助商的员工参与活动的机会。大公司可能是志愿人员的主要来源,公司参与可以振作员工士气。

③ 定义潜在的赞助商。

寻找潜在的赞助商是一项费时而需要耐心的工作。任何有业务往来的公司都可能成为赞助商,但需要记住:不能同时要求相互之间有竞争关系的公司成为赞助商。

必须考虑活动的类型和规模:

- 目标受众是谁？是否了解他们？
- 活动在一年中的哪个时间段进行？
- 估计参与的人数是多少？
- 赞助商宣传、展露和参与的机会点有哪些？
- 促销的机会点，如参与人员的资料信息等（注意有关保护个人隐私的权利）。

必须考虑赞助的形式：是现金、实物，还是人力？不要忽视实物赞助和提供的服务（如旅行），这些能抵消成本的赞助形式与现金同等价值。结合企业的目标市场和经营目标，根据以上的考虑列出适合本次活动的公司名单。

④ 研究潜在的赞助商。

在接触一个潜在的赞助商以前，需要对赞助商的业务进行一些研究。

- 该公司的经营理念。
- 该公司有没有赞助经费。
- 该公司做预算需要的时间。
- 该公司过去所赞助的活动类型。
- 最近有关该公司的媒体报道。
- 潜在赞助商所在行业的发展趋势。
- 购买和使用其产品、服务的顾客。
- 广告的策略。
- 该公司在企业形象、宣传推广、顾客关系和经济发展方面的目标。
- 赞助的决策者。

了解潜在的赞助商的信息渠道：该公司的年报、报纸、杂志、合作伙伴等。

⑤ 赞助建议书。

赞助商的类型包括独家赞助商、联合赞助商、实物赞助商、媒体赞助商。根据每个赞助商的需要，撰写一份正式的赞助建议书。赞助建议书的内容必须简洁，不要超过5~6页。记住，赞助建议书的目的有两个：避免对方说"不"和确保下一步的会谈。

赞助建议书的基本内容如下。

- 综述：简单、扼要地介绍活动方案，赞助商的宣传点或获益点，赞助商的投资及决策期限。
- 简介：如果赞助商不了解活动的主办单位，必须对主办单位做一份简介，以及活动的背景资料，包括构思和主要参与者（明星）。
- 活动方案：详细地介绍活动方案、时间/期限、地点、参与人数和目标受众；表明活动的目标；过去类似活动的资料，如新闻剪报等。
- 赞助投资方案：这部分应包括一个详细的赞助内容，现金、产品、奖金、广告、促销、服务、专业咨询等，每项内容都必须转换成定量的价格。必须明确所有成本和利润；同时，赞助的投入应与所得到的回报相关联，不要过低估计成本，也不要高估活动的商业价值。
- 赞助商的获益点：明确列出赞助商所有的展露点、宣传机会和获益，包括无形的利益，如提高形象、增加公众认知度。如果可能，最好将所有回报进行量化。
- 决策的期限：明确表明公司最后答复的日期和联系资料。每隔10天打电话跟踪，也可以要求面对面地讨论细节。
- 附录：包括其他相关材料，如赞助计划书和大概的预算，推荐函或支持函，新闻剪报，照片，以前活动的方案，以及一切可能增强说服力的材料。

⑥ 赞助协议。

在所有条款达成一致后，双方需要就此确认。对于小型的赞助活动，双方可能简单地签署一个意向书。一般超过 5,000 美元的赞助方案，建议双方签订一个正式的书面协议以确认所有条款。

4．市场开发

市场开发行为是指以会展项目的标志、名称、形象等所有知识产权的转让为条件而获得资金、物资、技术和服务的行为。市场开发是大型活动尤其是体育赛事的重要收入来源，奥运会就是一个很好的例子。

根据申报预算，2008 年北京奥运会举办经费为 20 亿美元，除中央政府和地方政府将提供少量补贴外，其中 80% 以上的收入要通过市场开发实现。下面以奥运会为例列举筹资的方式，其他会展项目可以参照采用。其中商业赞助也包括在其中。我们在前面已对赞助收入做了详细的讲述。2008 年北京奥运会市场开发收入主要来自八个方面：

- 电视转播权收入（如表 6.5 所示）；
- 赞助收入（TOP 计划和国内赞助）（如表 6.6 所示）；
- 供应商收入；
- 捐赠收入；
- 特许经营收入（生产和零售）；
- 邮品纪念币收入；
- 主题文化活动（火炬接力等）收入；
- 票务收入。

表 6.5　夏季奥运会电视转播权出售情况

时间	举办城市	电视转播收入（亿美元）
1980	莫斯科	1.01
1984	洛杉矶	2.87
1988	汉城	4.03
1992	巴塞罗那	6.36
1996	亚特兰大	8.95
2000	悉尼	13.18
2004	雅典	14.82
2008	北京	17.37

表 6.6　历届 TOP 计划实施状况[1]

名称	TOPI 1985~1988 年	TOPII 1988~1992 年	TOPIII 1993~1996 年	TOPIV 1997~2000 年
赞助商数量(个)	9	12	10	11
计划创收(亿美元)	0.8	1.4	3.5	3.5
实际收入(亿美元)	0.94	1.75	3.5	3.65

总体而言,财务人员应根据会展项目的性质和规模并结合主办机构的实际情况来进行筹资预测,考虑筹资方式的选择对筹资额和资金成本的影响,综合利用多种筹资方式,尽可能以较低的成本和风险获取所需资金。

小　结

会展项目财务管理就是遵循客观经济规律,通过对会展项目资金的筹集、运用和分配的管理,利用货币价值形式对会展项目的经营状况进行综合性的管理。会展项目财务管理一般包括筹资管理、营运资金管理、成本费用管理和利润管理等内容。会展项目财务预测是指会展企业对项目未来资金需求的估计。具体包括投资预测、销售收入预测、成本预测、利润预测、筹资预测等内容。

会展项目财务预算是对会展项目在未来一定时期内的各种资源的来源和使用的详细计划,以数字形式对会展项目未来一定时期内的经营活动进行概括性表述。会展项目财务预算提供了展会筹备期间的收支预算,从而确保会展项目的各项财务支出充足、合理和高效。会展企业的财务预算是以收付实现制为基础,预算内容包括收入预算、支出预算和现金预算等。会展项目所筹集的资金是会展项目的主要收入来源,其筹集的方式主要包括自有资金、负债筹资、商业赞助、市场开发等。筹资工作的好坏,直接影响到会展项目能否顺利成功地举办。

　复习与思考

1. 简述会展项目财务管理的概念、特点和主要内容。
2. 谈谈你对会展项目财务管理的目标的认识。
3. 会展项目财务预测包括哪些主要内容?
4. 会展项目筹资预测需要考虑哪些因素?如何进行筹资方式的选择?
5. 会展项目的利润预测包括哪些方法?
6. 会展项目预算工作程序是怎样的?
7. 会展项目预算管理的主要内容有哪些?
8. 会展项目筹资方式包括哪些?
9. 某机构计划举办第一届星峰杯上海市高校男生足球友谊比赛。(1)作为一名项目策

---

[1] 邹保禄,张建哲.2008 年北京奥运会经济展望[J].集团经济研究 2006(12).

划者,请问如何获取商业赞助?(2)请你列出拟选择的 6 家潜在赞助企业名单(同一行业只选一家企业),并以其中 1 家为例,说明选择该企业的理由。

会展项目实现目标利润的途径分析

一、 实训要求

会展项目财务预测有利于企业财务管理人员根据变化适时调整,保证财务收支的综合平衡,保证财务目标的顺利实现。会展企业依据会展项目在筹划运营活动中有关因素变化情况,运用科学的方法进行研究和分析,对未来一定时期内的利润数额进行预计和测算,并寻求实现预计目标利润的各种措施方案。运用目标利润法对会展项目的目标利润实现途径进行分析。

二、 实训目的

强化学生对会展项目财务管理工具的运用,加深对理论知识的理解,明确目标利润管理在会展操作实务中的重要性。

三、 实训组织

学生每 2 人为一个小组,对会展项目的目标利润实现途径进行分析。

四、 背景资料

某会展公司 2013 年举办的某小型展览会实现利润 100,000 元,参会门票每张 100 元,单位变动成本 50 元,固定成本总额 40,000 元,2014 年预计目标利润为 2013 年的 1.2 倍。

五、 实训内容

(1) 会展项目财务预测的内容包括哪些?
(2) 从量本利关系分析增加利润的途径包括哪些?
(3) 结合本例数据,试采用目标利润预测法具体分析该会展项目实现目标利润的途径。

运用量本利分析预测法分析展销会项目盈利情况

一、 实训要求

量本利分析法就是会展项目组织者根据会展项目广告牌位、摊位、门票等销售数量、成本和利润之间的依存关系来预测会展项目销售利润的方法。项目的盈亏主要取决于项目产品的销售收入和成本费用。销售收入大于总的成本费用时,项目就盈利;否则就亏损。当销售收入等于总的成本费用,即利润为零时的产销量即为盈亏平衡点,也称保本点,它是区别赢利和亏损的分界点,是衡量会展项目盈亏的一个标准。运用量本利分析预测法分析展销会项目盈利情况。

二、 实训目的

强化学生对会展项目财务管理工具的运用,加深对理论知识的理解,理解固定成本和可变成本的含义,明确量本利分析预测法在会展操作实务中的重要性。

三、实训组织

学生每 2 人为一个小组,对展销会项目盈利情况进行实训。

四、背景资料

某展览公司拟举办一个小型展销会,场地租金等固定成本总额 100,000 元,参会单位的标准展位费为 1,000 元/个,假定举办该展销会的人工、材料等单位变动成本为 600 元,且除去以上成本外没有其他开支。

五、实训要求

(1) 阐述会展项目中固定成本和可变成本的含义,并结合案例分别列举出至少四项相关的固定成本和可变成本。

(2) 求公司在盈亏临界点的参展单位数量,并结合案例解释该盈亏平衡点的经济含义。

(3) 预计该会展项目有 400 个单位参展,求其边际贡献率与目标利润,并解释该边际贡献率的经济含义。

模块七 会展项目的现场管理

教学目的和要求

1. 掌握会展场地布置与管理方法;
2. 掌握会展开幕式程序和礼仪;
3. 熟悉会展现场后勤管理;
4. 掌握会展现场人员管理;
5. 掌握会展现场突发事件应急预案。

教学重点和难点

1. 重点是会展开幕式程序、现场人员管理和突发事件应急预案;
2. 难点是展览现场布置与管理、后勤管理。

开篇案例

××市××局关于××××年××书展现场工作人员守则的通知

各参展单位:

由国家××总局、××市人民政府主办,中共××市委宣传部和××市××局承办,××市××区人民政府协办的××××年××书展将于××××年××月12—18日在××市展览中心举办。展会期间,所有现场工作人员应坚守岗位,坚持以人为本的服务理念,使读者充分体验××书展的文化底蕴,感受浓厚的书香氛围,在炎炎夏日中尽情享受文化大餐。

一、总则

1. 遵守国家有关出版、会展的法律、法规和知识产权保护条例。
2. 遵守书展组委会办公室、参展单位、××展览中心各项规章制度,维护企业声誉,努力提高满足率、可信度。
3. 树立良好的职业道德观,热爱本职工作,服从分配,团结协作,文明服务,爱护展具及展品。
4. 熟悉展品、展馆布局,提高服务质量和工作效率。

二、工作守则

1. 注重维护书展整体形象,统一着装,佩戴证件,面带微笑,使用礼貌用语,站立服务、热情导购。

2. 保持良好的工作状态，顾全大局，下级服从上级，相联部门遇事及时沟通，保持联系。

3. 维护环境整洁，重视安全保卫。

4. 爱护展馆财物，发现遗留物品或其他可疑物品及时上报或告知安保人员。

5. 树立彼此合作、互相帮助的思想，对于违规的人和事应据实反映，不得隐瞒。

6. 为了确保书展的顺利进行，工作人员进出场馆时需凭证主动接受安检。证件不得转借他人使用，一经发现将予以没收。携带物品进出展馆必须办理相关手续，服从安保人员检查。

7. 严格遵守工作时间，不迟到、早退和无故缺勤，不擅离工作岗位，不在岗位上接待亲友和聊天。

三、仪表仪容

1. 上岗时间必须保持良好的精神状态，注意力集中，仪表大方。

2. 接待读者必须耐心、热情，使用普通话，注意礼貌用语与态度、动作的协调。

3. 保持衣着的干净整洁。

四、其他守则

1. 考勤时间按照书展组委会办公室及参展单位规定执行，各类请假依据参展单位规定办理。

2. 严格遵守消防条例，增强人身安全意识。

3. 贯彻以预防为主的原则，做好防火、防盗、防爆、防拥堵等工作。

五、具体守则

1. 销售人员。

(1) 牢记知识产权保护原则、出版物管理条例、规范服务达标考评细则。

(2) 掌握销售服务的规程、熟悉各项规章制度，有良好的心理素质，具有一定的应变能力。

(3) 热情导购，接受预约、咨询，满足读者的合理要求。

(4) 熟悉书展布局、所在展馆的陈列及所在展区的特点。

(5) 遵守收款及POS机、银联卡的处理规定和财务制度。

(6) 熟悉便民服务措施，知晓图书寄存、快递及医疗服务点布设位置。

2. 活动场所服务人员。

(1) 提前到岗，做好活动之前的准备工作，熟知活动区分布及相关活动安排。

(2) 做好安全保卫，设备维护的相关责任工作和突发事件的处置。

(3) 落实会标布置、迎接、签到、会务、留言、送别、收尾、交接、结账等事项。

3. 休闲区服务人员。

(1) 严格遵守国家食品安全、卫生等相关法律法规，严格遵守消费者保护条例。

(2) 不得抬高价格，出售不洁食品、过期食品、饮料等，保持现场整洁卫生。销售商品的种类与价格需报书展组委会办公室备案。

4. 其他服务人员。

(1) 根据工作定位,完成相关工作任务。

(2) 做好预案和善后总结工作,以提高工作效率、增加工作效益为目标。

(3) 关注突发事件和防火、防爆、防盗、防拥堵等工作。

5. 志愿人员。

(1) 熟悉书展布局、各馆特色、活动项目和时间节点,熟知便民服务举措及图书寄存快递,医疗服务点位置。

(2) 了解书展的背景,礼貌待人、热情服务、助人为乐。

(3) 遵守相关规定,遇到问题或事故及时汇报和参与处置。

6. 安保人员。

(1) 书展安全保卫工作分为三个层面,形成三级安保框架,建立立体化、网格化的安保网络,实行"谁主管,谁负责"。

(2) 安保管理以维护书展正常运行,保障参展单位、读者和展品、展馆的安全为己任。做好安保工作,增加读者的安全感、信任感,维持书展正常运行。

(3) 遵守纪律、服从命令、听从指挥,完成临时指派的相关任务。

(4) 负责消防器材等设备的安全及使用。

(5) 协助做好各项营销活动和保证领导视察时的安全,引导疏通工作。

(6) 发现不安定因素或群体聚集时,及时劝阻或报告现场主管人员。

(7) 发现事故隐患或漏洞、纠纷时,应及时报告现场主管人员。

(8) 发现现场有异常物品时,及时报告现场主管人员。

(9) 发现未经许可散发广告宣传品的情况时,应予以制止。发现其他工作人员与读者争执时,应及时劝阻或引导至内部处理。

(10) 如发生意外中暑及生病、火警、盗窃、治安等突发事件时应及时报告现场主管人员并尽快解决。

(11) 如遇突发事件,应将读者利益、参展单位利益放在首位。牢记平息事态重于查找原因,安抚人群重于惩办责任人等原则。

(12) 职责分工。

专职保安:

① 售票处保安:维持秩序。

② 入口处保安:安全检查、查验各类票证(工作证、代表证、布展证;零售票、团体票、赠票、夜场票;开幕式请柬),零售票、团体票、夜场票当天有效。

③ 展厅门卫保安:查验各类票证并撕去副券(其他会议通知不得作为入场凭证),阻止读者带包入场,查验货物出门凭证,读者持当场票票根可在各展馆内出入。

④ 活动中心保安:维持活动场所秩序,处理突发事件。

⑤ 车辆管理保安:维护馆内交通安全,维持停车秩序。

⑥ 巡逻保安:防火,劝阻吸烟,查找安全隐患,处理突发事件。

兼职内保:

① 中心活动场所和参展馆的活动由主办单位负责做好治安保卫工作;

② 将已付款的图书、电子音像制品用统一使用的马夹袋包装、封口；
③ 阻止各参展单位发放各种包袋类赠品；
④ 晚上闭馆前,督促各参展单位妥善保管贵重物品；
⑤ 发现偷窃者送交书展保安部门处理。

××市××局
××××年××月××日

资料来源：http://www.shbookfair.cn/shBookfair/a/canzhanzhinan/canzhangonggao/，有改动。

案例解析

这是一个比较完善的大型展会工作人员现场管理方案,可以为管理类似展会现场工作的服务人员提供借鉴。

7.1 会展场地布置与管理

7.1.1 会展场地布置

会展场地布置是指在会展活动中,利用空间环境,采用建造、工程、视觉传达等手段,借助展具设施将所要传播的信息呈现在公众面前,包括展台、空间布局设计、平面设计、照明道具设计以及相应的展馆设计,展位、展台布置,各种声、光、电综合效果包装等。

1. 参展商展台设计规定

（1）展台设计规定概述。

展览场馆对展览设计、搭建有各种各样的管理规定和限制。因此,必须在进行展台设计前,将有关要求和规定知会参展商,让参展商设计出符合安全、环保要求的展台。

展台分为标准展台和特装展台。标准展台是用统一的、简便的标准展架搭建而成,展架展板材料一般为铝合金,重量轻,结构简单,结构的安全性较高。

国际通行的标准展位构成如图7.1所示。

① 每个标准展位的面积一般为 3m×3m,高度为 2.5m。
② 在标准展位正向上部提供写有中英文参展商名称和展位号的楣板,楣板高度20cm；
③ 展位框架为铝合金,装三面墙板,蓝色地毯,顶部安装有两支照明灯。
④ 为每个标准展位提供一张咨询桌、两把椅子及一个 220V/50Hz/500W 交流电源插座。
⑤ 位于拐角处的标准展位,默认去掉通道一侧的墙板,增加一面楣板。
⑥ 同一参展商的两个或多个相邻标准展位,默认去掉中间的墙隔板。
⑦ 使用标准展位的参展商如还需其他展具,可向展馆租赁,费用自理。
⑧ 建议参展商在每面墙板上挂三块宣传图文板,每块的尺寸制作成宽 900mm,高 1,200mm。宣传图文板用挂绳和挂钩挂在展架上部,下面用双面胶带固定。

特装展台是展会上需要进行特别装修的展台,可在展馆室内或室外按任意面积划出的展出空间进行搭建。展会对特装展台有更多限制规定,尤其对双层展台、楼梯、展台顶部向

图 7.1　国际通行的标准展位构成

外延伸的结构等限制更严。

展馆往往对双层展台有高度限制,不过限高不是禁止超高,如果办理有关手续并达到技术标准,可允许搭建超高展位。通常室内展台、展架的高度要求在六米以下,登录大厅展台不得超过三米,室外展场展台不得超过七米,横梁跨度也不得超过六米。展台顶部不允许封顶,以免对展馆消防喷淋系统形成遮挡。展台内部不许建立全封闭的空间。如果规定展台可以有顶板的,顶板面积不许超出展台面积的三分之一。

(2) 展台结构设计的现场改进。

展台设计审批完成了,并不等于展台照图施工完成即可,而是在施工开始直至竣工都要跟踪检查,发现不合理的和展台不稳定的施工和安装,要立即要求整改。超过六米的横梁必须在中间增加立柱支撑来加固,并使跨度减小到六米以内。

展架、展台结构不牢固或不稳定的,必须采取加固措施,确保安全。有的特殊展架还要通过安装吊线的方式,用吊线将展架与展厅顶部承重梁相连接,以此来加固展架。

展台加固的方式还有几种,例如将稳定性较低的展板与展台或货柜相连接,以增强展板的稳定性,将展台顶部增加横梁或横拉、斜拉钢丝进行加固。

由于国家目前尚未对展览搭建行业制订通用技术标准,一些施工单位认为三五天就要拆除的展台,没有必要用价格高昂、结实坚固的材料,因而在搭建施工中往往存在侥幸心理,以次充好和偷工减料,因此现场施工监督检查必不可少。

2. 展台搭建施工管理

(1) 展台搭建所用材料。

通常展览会规定,所有的搭建材料,包括展架、展板、面板、特殊装修展台、供表演用的舞台等,必须采用不燃烧材料或阻燃材料。对因布展需要,确需使用少量可燃材料,应事先对可燃材料作符合要求的防火阻燃处理。木材、胶合板材必须在表面涂刷防火涂料。

布展时的包装盒等可燃材料应及时清出馆外或者放在馆外指定的安全场所。

限制和禁止使用塑料制品及危险化学品。一些规模较大的展览会,通常会在展台四周悬挂大型喷绘做宣传,为了保证展览的安全性,这些宣传喷绘往往要经过防火处理。

展架展台的玻璃必须使用钢化玻璃。要在进场施工前对所有建材进行检查,合格材料才允许进入展馆。

展板展架构建要有金属立柱和金属横梁等，不得全部采用细木条加薄板的结构。

进馆的电缆均须包上蛇皮管和使用护套线缆，不得使用未加套管的电线。电源线接头必须使用专用接线盒，不得将电线直接连接和用胶布缠上。

（2）施工手续和材料检查。

各类装修、搭建施工必须提前申报，办理施工证后，方可进行施工布展。

对展台搭建所用的各种材料，都要严格审查，搭建施工前、施工过程中，要不断巡视检查，发现不合格材料要及时要求施工单位更换。

（3）展览门头的管理。

展览门头，是指设置在展览馆主入口处的、带有展览主题或展会名称标志的大门框。门头的安装一定要稳固，要将前后左右拉线固定于地面混凝土墩等重物上，防止大风刮倒门头，发生意外事故。室外的顶部未封闭的门头，要注意门头顶部盛水的排水问题，否则，遇到下雨天气门头盛水过多将会压垮门头。

（4）展馆环境和主体结构安全。

展台构件应在展馆外部制作，不得在馆内进行粉刷涂料（如喷漆、油漆等）、电锯、电刨、电焊等施工作业。严禁在展馆墙面、地面打孔、钉钉子，未经批准禁止在高空、屋顶、柱子等悬挂物品。不得破坏展馆内的一切设施或改变其使用性质和位置。经过批准而做的处置，闭馆后应恢复原状或赔偿损失。展场禁止擅自粘贴，如确需在展板及展架上粘贴KT板、万通板或即时贴类宣传品，应自带或到指定地点购买专用贴进行粘贴。

（5）施工时间和施工人员。

展场内布展、撤展施工应在规定时间内完成，如确有特殊原因需加班的施工单位，须于指定时间（通常在当日15：00前）到展馆服务中心申请，并交纳相关费用。施工人员进入展馆必须着装整齐、佩戴施工出入证，并戴安全帽，文明施工。各施工单位必须要有专业电工进行电气施工，且执行持证上岗制度。不得向非电工人员提供电源。布展的电气施工人员必须熟悉摊位的电气线路，开展后须有该类电工值班，确保摊位的用电安全。

（6）消防设施及疏散通道。

所有的展台、展品、广告招牌的布置不得影响展厅内的消防通道以及消火栓、水泵接合器等消防灭火设备的使用，包装物品、集装箱等必须存放在指定地点。展位、摊位的布置应留有足够的疏散通道，主通道宽5～6米，次通道宽3米。

不得在消火栓、安全出口附近、防火卷帘下方及附近布置展台、不得占用安全疏散通道。保障疏散通道、安全出口的畅通，并设置符合国家规定的消防安全疏散标志和警示标志。

（7）电气线路敷设及安全用电。

所有的电器线路容量配备应均衡，其线路敷设均应架空或采取有效保护措施，其负载设备上均应有良好的接地装置。电源控制盒及插座、易发热电器设备、高温灯具应事先申请，同意后方可使用，高温灯具周围（一米范围内）不得有可燃、易燃物品。

参展单位应如实向展馆提出所需的用电负荷数据，电气线路应采用护套线和线管穿线并按照安全要求敷设，镇流器不得直接安装在可燃物上，大功率灯具应与可燃物保持安全距离，严禁使用电热水壶、电熨斗、电炉、热得快等大功率设备。

不得擅自使用超过场馆规定的用电限量，不得任意开启、拆撬馆内配电设备，如有需要，必须事先向主办方申请。

展馆内严禁使用花线、胶质线、铝芯线,应使用阻燃的有双层绝缘的护套线。各参展单位使用的电气材料,必须是经消防部门检验认可的合格产品。展台、摊位内装修必须符合防火要求,灯箱须设通风孔,射灯、太阳灯必须有石棉垫等防火隔热措施。木结构内必须刷防火涂料,走线穿线管。

布展期间各种电源线路应固定,通道地点应使用绝缘双层护套线并加盖保护。

严禁圈占、遮挡展览中心提供的分电箱及地插,以便进行安全检查及维护。

(8)禁止危险品及危险作业。

展厅内严禁使用汽油、煤油、酒精、香蕉水、强异味品以及展馆管理部门认为可能威胁展馆安全的化工产品。受压容器、各类受压气体钢瓶应设置在展厅外。各种易燃易爆的展品均以模型代替。

展厅内严禁吸烟。展厅里严禁使用明火(电焊、气焊)作业。禁止超标准噪音施工。

机械展品如内燃机车、汽车、拖拉机及各类汽油、柴油发动机等均应在室外展出,若在室内展出,不应操作、维修,油箱内的燃油不应超过一天展出发动时的用量。

充装氢气球应事先向市公安消防机构申报,经批准后在指定的地点、时间内充装完毕。严禁充装小氢气球。

(9)展品及材料等物品存放。

参展单位不得在大厅大量堆放所展物品,如确需临时存放,应向展览中心申请批准后存放在指定的仓库。

(10)消防安全检查。

展览期间,主办单位应组织管理人员与展览保安人员共同进行防火巡查,督促参展单位落实消防安全措施,及时发现并消除火灾隐患。每日闭馆前,应进行安全检查,确认无遗留火种并切断电源后方可闭馆。

(11)重物的分散承重。

展品展具不得超重进场,过重展品应放置于分散承重的装置上,展台不得在无保护的状态下强拖硬拉,以免造成展厅地面损坏。

严禁参展商、施工商破坏展馆内任何建筑物(如地面、墙体、柱子等)。

(12)展位电源使用。

展位电源插头只限于接驳小型电器之用。如:电视机、VCD、充电器,原则上不得使用展位电源插头接照明和动力用。严禁私拉乱接灯具及其他用电器具。

(13)标准展台禁止改建。

参展商不得对搭建的标准展位擅自进行改建。

(14)包装材料处理。

展览样品撤箱后,包装箱、碎纸、泡沫和木板等物品必须及时清出展馆,不得在展位外存放包装箱和展品。如需存放物品须与展馆管理部门联系办理手续并存放到指定地点。

3. 展览高空作业安全管理

(1)必须严格按照国家相关法律法规进行施工,高空作业人员必须持有劳动部门颁发的高空作业操作证。

(2)高空作业人员在高空作业时,应使用安全合格的提升工具及操作平台,施工人员应系好安全带。为保护人身安全,周围要设置安全区,并有专人看护。安全区须设明显的警告标志。

（3）施工作业过程中,所发生的一切安全事故和责任,由施工单位负责,并承担由此给组委会及场馆造成的所有经济损失。

4．开展期间现场管理

开展期间除了继续做好布展施工期间所要求的安全管理工作之外,还有以下需要特别强调和提出的管理细节。

（1）爱护展馆各项设施,展位装饰需使用布质双面胶或黑色电工胶带；禁止使用纸质、泡沫双面胶及黄色透明胶带等,避免损坏展具。

（2）凡与展馆提供的展具和物品相同的展具及物品禁止进馆,以免造成混淆。

（3）禁止在展馆进行一切非授权的经营活动。这是现场管理中常常遇到的一大问题。往往有不法商贩趁机销售,甚至打着展会名义浑水摸鱼,兜售假冒伪劣产品、侵害消费者利益。

（4）开展期间,各展位要控制视听设备的音量,严禁噪声污染,保持良好环境。

（5）对布展不协调部分,展馆有权要求做修改或拆除。

（6）展厅内禁止吸烟,禁止动火,禁止超负荷用电。这是展览现场要反复强调和巡视督察的主要内容。

（7）参展商应妥善保管自己的物品和展品、办公用品和贵重物品,谨防丢失。为加强防盗,要适当通过广播系统进行安全提示。

（8）保持展厅卫生,垃圾放进垃圾桶里。

（9）各参展商应当拒绝接受未经展馆批准的餐饮、租赁等服务。

（10）各参展商须自觉维护展会秩序,所有商业、宣传活动(如派发产品资料、目录、纪念品等)仅限于在承租展位范围内进行,不得在展位外进行,不得进入未经许可的区域。

（11）闭馆期间应整理好自己的展品、关闭电源,小件贵重物品应带走。

5．撤展管理

（1）参展单位应自行将特装展台撤出展馆。展会结束前,参展单位不得收拾展品,以免影响展会的正常工作。

（2）撤展期间,各展台自行保管好自己的物品,谨防丢失。这期间现场人员和物品进出极其频繁,很容易发生物品丢失,电脑、手机、照相机等贵重物品丢失事件常有发生,一定要保管好。

（3）撤展期间注意安全施工,禁止野蛮施工,禁止堵塞通道。

（4）除非参展单位有特别要求并经相关部门同意,撤展后遗留在现场的一切物品或展品将被视为废弃物。

（5）展会期间租赁的物品应于闭馆前到原办理租赁的现场服务台办理物品退还和押金退还手续。

（6）在撤展结束前,参展商应将展台的垃圾清运到指定地点或带走,禁止丢弃在展馆周边。未清理垃圾的展台将不予退还清洁押金。

总之,做好展览现场布置与管理,需要从环保、安全、经济、服务特色等方面综合考虑,在此基础上实施具体的管理措施。

7.1.2 展会现场布展、撤展事务的协调与管理

展会期间,参展客户在布展或撤展的过程中,往往需要展会组织机构予以帮助。客户需要帮助的事项,主要发生在客户与展会组织机构、展览场馆、展品物流机构之间。

展会组织机构应从自身的角色定位出发,积极发挥协调者的作用。在协调客户与展览场馆或展品物流机构的矛盾时,应努力维护客户利益,尽量满足客户要求。

展会组织机构协调与管理布展或撤展事务,一方面是根据参展客户在布展或撤展中提出的要求,另一方面是根据展览场馆或展品物流机构提出的要求。

对于参展客户提出的要求,一般按以下几种情况分别处理。

(1) 凡展会组织机构在展会前制发的《参展服务指南》有明确规定的,应耐心向客户说明或解释,说服其按照《参展服务指南》的规定办理。

(2) 凡《参展服务指南》有规定但相关服务未履行规定的,或服务质量未让客户满意的,应及时向参展客户致歉,并予以改进。其中,涉及展览场馆或展品物流机构的,应帮助客户与之沟通,争取达到客户满意。

(3) 凡《参展服务指南》未作明确规定的,应及时了解参展客户提出的问题酌情处理:如客户要求合理,且不难办到的,应按其要求及时办理。其中,涉及展览场馆或展品物流机构的,应帮助参展客户与之沟通,争取得到办理。

(4) 凡参展客户要求不尽合理,且难以办到的,则应耐心说明,望其理解。

(5) 对于参展客户与客户之间发生的矛盾,应及时了解情况,并以矛盾双方基本可以接受的方式予以调解。

对于展览场馆或展品物流机构提出的要求,一般按以下两种情况分别处理。

(1) 凡涉及双方关系或责任的事项,如双方合同有约定的,或《参展服务指南》有明确规定的,应要求其按照约定或规定办理;如双方合同未约定的,或《参展服务指南》未有明确规定的,如要求合理,且不难办到的,应酌情按其要求办理;如要求不合理,应表明态度不予同意;如事关重大,双方应另行协商处理。

(2) 凡涉及参展客户的事项,应及时了解情况,其处理方式可以比照参展客户涉及展览场馆或展品物流机构的事项。

7.1.3 会场布置

1. 物品准备

(1) 清洁卫生,摆放好会议桌和足够数量的座椅,调整好座椅位置(同一水平线、面对面)。定做欢迎条幅,可挂在会场门口,也可挂在室内适当位置。

(2) 摆放花卉,如椭圆长桌中间空地、会议室角落,另外,会议桌上也可摆放鲜花花束,但要把握好尺寸,不可过大过高,花卉颜色可视会议主题而定。

(3) 确定参会人数、人员,打印座次牌,准备签字笔、笔记本等物品(每人一套)。

(4) 准备多媒体设备,完成调试工作。

(5) 桌面物品:正前方摆放座次牌,右手正前方摆放杯垫及水杯(杯把向右侧转45度),靠近水杯位置摆放消毒湿巾(可不备),左手前方可放置水果或瓶装纯净水(以防与会者不喝

茶水),正中摆放置笔记本,笔记本右侧摆放签字笔。其他物品,如激光笔、抽取式纸巾等可随机摆放,注意桌面整齐划一,不可过于拥挤、杂乱。

2. 会场布置

(1) 会场布置方式。

① 相对式:主席台与代表席采取面对面的形式,突出主席台的位置。分为礼堂形、教室形、弦月形。

② 全围式:不设专门的主席台,所有与会者均围坐于一起。分为圆形、椭圆形、长方形、多边形。

③ 半围式:介于相对式与全围式之间,设有主席台,但在其正面和两侧安排代表席,这样既突出了主席台的地位,又有融洽的氛围,比较适合中小型工作会议。分为马蹄形、T字形、拱桥形。

④ 分散式:将会场分为若干个中心,每一个中心都有一个主桌,在一定程度上,既能突出主桌的地位和作用,又给与会者提供多个交流的机会,气氛较为轻松和谐。分为圆桌形、方桌形、V字形。其中,布置主席台,前排必须是通栏,后排可根据需要安排通栏或分栏式;主席台上可设讲台、话筒,以突出发言的重要性;重要大会的主席台边还应有休息室。

(2) 会议座位安排。

首先,请领导确定在主席台就座人员的准确名单;其次,确定身份最高的人员就座于主席台前排中央,其他人员按先左后右、一左一右的顺序排列,这是遵行中国的政务礼仪的排法。在其他的商业场合,尤其是外事场合,则反之,应是右为上。

会场人员座次安排:

① 横排法:即按照会议人员名单,以姓氏笔画或单位名称笔画为序,从左至右横向依次排列;

② 竖排法:即将横排法中从左至右改为从前至后纵向排列;

③ 左右排列法,即将横排法中从左至右改为以主席台为中心,向左右两边交错排列。

(3) 会场气氛的营造。

会场气氛直接影响到与会者的情绪,这关系到会议的效果。能够营造良好的会场气氛是会展布置人员创造力和想象力的重要表现。

① 会标。将会议的全称以醒目的标语形式悬挂于主席台前上方,即为会标。会标能体现会议的庄严性,激发与会者的积极参与感。

② 会徽。即能体现或象征会议精神的图案标志,一般悬挂于会场前上方中央位置。会徽可以是组织已定徽标,也可以向社会公开征集,如北京2008奥运会会徽"中国印"。

③ 其他。灯光,要注意灯光的亮度,一般主席台上的灯光要比台下代表席的灯光亮;色调,要注意不同色调会给与会者不同的感官刺激,如红、粉、黄、橙亮丽明快,使人感觉热烈辉煌,适合庆典类会议,蓝、绿、紫庄重典雅,使人感觉严肃端正,适合一般工作会议;旗帜,重要的会议宜在会场内外插一些旗帜以烘托气氛;标语,简洁明快的标语口号能振奋与会者精神,强化会议主题;花卉,适当的花卉能给人以清新活泼之感,既能点缀会议氛围,又能减轻与会者参会的疲劳。

7.2 会展开幕式

7.2.1 会展开幕式的积极作用

会展开幕式的积极作用主要体现在以下几个方面。

（1）提振士气。多数情况下，展会开幕当天的参展、参会企业代表较多，人员较为集中，参会的各方面领导多、规格较高、气氛热烈，有利于提振参展商和观众的士气。

（2）宣传推广。展会开幕式既是大型活动中的一个程序，又是展会正式开幕的标志。隆重的展会开幕式现场要布置拱门、气球、礼花、地毯、鲜花、音响设备等烘托气氛，这样的环境布置不仅是为了吸引周边人群的关注，更是一个重要的展会营销渠道。

（3）拓展人脉。展会开幕当天，一些相关政府部门领导、企业高层及行业专家会来会参加，这就为企业拓展人脉、发掘潜在客户、寻找合作伙伴提供了一个难得的机会。

7.2.2 会展开幕式程序策划要点

要办好会展的开幕式需要考虑好以下内容。

1. 主题

会展的开幕式应该围绕一个鲜明的主题来开展。一般来说，这个主题与本届展会的定位是一脉相承的。明确了开幕式的主题后，活动程序、领导发言稿和新闻通讯稿的撰写、表演活动等便有了基调和依据。

2. 时间和地点

确定会展开幕式的时间应遵循"三不宜"原则，即不宜过早、不宜过晚、持续时间不宜过长。因此，大部分会展都将开幕式的时间定在早上9点左右。至于地点，则一般选择在场馆前的广场上举行，舞台往往需要临时搭建。

另外，策划开幕式的时间和地点时，主办单位还应该充分考虑当天的天气状况。

3. 程序

开幕式程序应制定得紧凑、简短，避免拖沓。会展开幕式的基本程序一般为：开幕前气氛渲染—礼仪小姐引领海内外嘉宾走向开幕式主席台就位—主持人宣布仪式开始并介绍到会的各位嘉宾—举行升旗仪式—嘉宾致词—剪彩或开幕式表演活动—主持人宣布展会开幕式结束—由工作人员带领、主办单位负责人陪同嘉宾进会展现场参观。

有时候，会展主办单位还会在开幕式当天举行晚宴或酒会，以答谢主要参展商和相关人士。

4. 出席嘉宾

一般情况下，会展主办方会邀请行业主管部门的领导、行业协会的主管人员、外国驻华机构代表和专家及其他相关人士作为嘉宾出席开幕式。对于所有应邀嘉宾，会展主办方应该提前沟通并确认，落实好接待人员、翻译人员、礼仪人员以及嘉宾在开幕式主席台上的位置等事宜。

5. 讲话稿和新闻通稿

会展开幕式上，主要领导的讲话稿和主办单位的新闻通稿是媒体及广大公众全面了解会展基本情况的重要材料，且往往是新闻媒体报道的基调，因而必须认真准备。领导的讲话稿和新闻通稿在核心内容上大同小异,两者都会说明会展的亮点、创新之处以及对整个行业发展的重要意义,但相比较而言,前者更加口语化,而且可以带有个人的感情色彩;后者则会对展会进行全面的介绍,可为新闻记者提供一些背景资料。

6. 应急预案

会展主办方在策划开幕式时要充分考虑天气状况,可求助当地气象部门预测当天的天气状况。如果恰逢炎热天气或雨天,应提前通知嘉宾、媒体记者等做好相应准备,对出现意料之外的情况,要预先策划好,以保证开幕式的圆满成功。

7.2.3 会展开幕式礼仪

给会展开一个好头,等于为成功办展打下了良好的基础,所以注重开幕式礼仪也就显得格外重要。下面是不可忽视的开幕式礼仪方面的注意事项。

(1) 举办活动应尽早筹划与确定。如果邀请境外人士前来参加活动,应至少提前半年发出邀请,并寄送相关说明资料。

(2) 由多个机构共同举办的活动,要事先明确各自职责分工,避免多头指挥、多头对外,让嘉宾无所适从。

(3) 确定开幕时间时应充分考虑当地交通、气候及工作习惯等因素,开幕式尽量按原定时间举行,避免时间过长。

(4) 开幕式主持人应以适当方式说明自己的身份(请礼仪小姐担任主持人除外)。

(5) 开幕式宣布的出席活动的领导人名不宜过多。在介绍"出席××活动的领导、贵宾"中,不应包括主办单位的领导人,应是外宾、外单位领导人。一般情况下各主办单位领导应排在宾客后面(主办单位领导是国家领导人的则应先报);如有外国驻华大使参加的,其位置则应提前(因其是外国元首的代表)。

(6) 开幕式剪彩活动能免则免,确需安排剪彩活动的,剪彩人数不宜过多。为节约起见,应以彩带代替绸带。

(7) 在开场称呼中,可按国际惯例称"女士们、先生们",或"贵宾们、女士们、先生们",后面不必再加"朋友们、同志们"。

(8) 讲话中"欢迎""感谢"之类的句子要尽量归纳,以节省鼓掌时间。使用现场翻译时,应尽量控制场面,使讲话人与翻译员相配合,不要在中文讲完时中方人士立即鼓掌,应在翻译完后中外双方共同鼓掌,以示对外宾的尊重。

(9) 考虑到翻译上的困难,讲话中避免使用国内工作中常用的缩略语或惯用语或引用古诗、谚语。

(10) 对外讲话中(含文件、资料),宜用"我国""中国政府"等。

(11) 介绍地方或企业情况时,要突出重点,语言简练。一忌长篇大论,面面俱到;二忌数字堆砌(如有必要,可提供文字资料)。

(12) 会展开幕式不同于报告会,主办者或领导人不宜长篇发言。要尽量简明具体,不必多说客套话。

案例7-1　　　　　　　　会展开幕式现场的布置

（一）布置要求

布置会展开幕式总的要求是庄严隆重，气氛营造要符合会展定位需要。具体注意以下几点。

1. 确保安全

开幕式往往会有政府要员、商业巨头、业界精英或娱乐明星等出席，谨防恐怖袭击或突发事件是必须要放在第一位的。

2. 舞台搭建稳固美观

布置舞台时要以稳固美观为宗旨，特别是安排文艺表演时对舞台的稳固性要求则更高。

3. 音响视频配置到位

专业服务人员要对现场的音响视频配置进行合理安置、调试，以保证开幕式的视听效果。

4. 人流的控制适当

安排好人流进出的通道，舞台与观看人群之间要留有足够的空间，有时还必须安排警力站于观礼人员前面。

（二）布置内容

在场馆之外举行的开幕式，现场布置需要有展会背板或展会横幅，背板上的主要内容有会展名称，时间，会展的主办、承办、支持、合作单位等名称。

在场馆内举行的开幕式一般要布置好以下内容：展会背板或展会横幅、发言台布置及鲜花、绿色植物等效果布置等，配合展会宣传的布置还有展会简介牌、展区和展位分布平面图、各参展企业及其展位号一览表、展区参观路线指示牌、展会宣传推广报道牌、展会相关活动告示牌等。

（三）布置形式

不同开幕式的现场布置形式也有所不同。如，隆重的开幕场合还会安排鸣放礼炮、嘉宾剪彩、重要领导讲话等环节。

7.3　会展现场后勤管理

7.3.1　会展现场后勤管理的含义

会展现场后勤管理是一系列后勤活动管理的统称，主要是对现场主要物资与供应中心的管理，包括会展现场物流和交通管理、会展现场设备管理、餐饮以及酒店住宿、旅游服务管理等。

7.3.2 会展现场后勤管理目的

(1) 有利于展会安全、顺利的举行,提高展会的质量和品质。
(2) 有利于增强现场管理人员对大型活动的驾驭能力、控制能力、操作能力,降低意外事件发生率。
(3) 有利于稳定展会环境,营造舒适的展会交易气氛,促成贸易成交。
(4) 有利于提升展会的知名度和美誉度,促成品牌展会的形成。
(5) 有利于及时维护参展商合法权益,吸引本届参展商和观众下届继续参展。

7.3.3 会展现场后勤管理服务的具体内容

1. 物流、交通管理

对会展现场物流和交通的控制是展览活动全面控制的至关重要的部分。

在整个会展流程中,展品、宣传资料以及展具、道具等相关设备的运输是一项重要而且专业性很强的工作。在实际工作中,会展主办单位往往会委托一家专业运输公司来负责展品运输。会展主办单位申请会展批文并在海关备案时,会同时将运输代理在海关备案。主办单位委托哪家运输公司,海关就受理哪家公司的报关业务。

事实上,交通也属于物流的范畴,只不过这里的"交通"主要指现场的交通工具、停车场及线路的规划,如展品运输车辆、巴士(往返于地铁或机场与场馆之间)、出租车、停车场等。

对于大型会展活动而言,现场交通与物流管理的负责人至少应该掌握一份需要联系的人员名单、场馆地图、展品抵达场馆的时间、现场交通规划草图、车辆调用与配发计划、紧急情况应对计划、现场联络点,包括安全和志愿者名单。

2. 会展设备管理

各种类型的会议都需要使用视听设备,尤其是国际会议,在视听设备方面的要求更是严格,对音响、麦克风、放映机、银幕等都要有一定的质量要求,往往需要由专业人员协助规划。

(1) 放映设备。放映设备是指在会议室内演讲时所用到的辅助器材,如幻灯机、投影机等。
(2) 音响设备。音响设备对会议的质量具有相当大的影响,会议经理人如果能将麦克风、录音和特殊视听系统等音响方面的基本因素考虑进去的话,将对会议质量的提高有相当大的帮助。

同时,视听设备与会场布置有密切关系。会议厅的容量、座位与舞台的安排与视听设备有直接关系:

(1) 视听设备的安排影响会议室座位的容量。
(2) 座位安排对视听有影响。

各种类型的会展活动现场也需要相关的专业设备,如投影仪、幕布、招贴支架、音响及AV、话筒、激光笔、照明设备、多媒体设备、户外展览器具、办公自动化设备、对讲机和手提电脑等,也需要配备会专业操作的服务人员,在现场对各种设备进行调查和测试,以便在参展商事前未准备而临时又需要某些设备时,及时高效地为他们提供优质服务。

3. 餐饮管理

会展现场的餐饮服务管理根据会展主办单位和场馆之间所签订的协议内容而定。

会展主办单位在为参展商、观众以及所有工作人员提供现场餐饮服务时,一般采取以下两种方式。

（1）指定餐饮服务商。提供现场餐饮服务，绝大多数会展主办单位都倾向于指定一家餐饮代理商，负责供应展会期间的各项餐饮（包括各种快餐、自助餐、工作餐、冷热饮料等）。当然，场馆常设的餐饮服务设施也能提供一定的服务。

（2）推荐场馆及周边餐饮设施。一些小型展会的主办单位可能不负责现场餐饮（主要是午餐），但事先都应向参展商和观众声明，并详细介绍和推荐场馆及周边的餐饮设施。

另外，会展现场如发现客人食物中毒，应立即报告本部门经理并通知医生前往诊断，同时通知安全部主任、值班经理和总经理，立即对中毒客人进行紧急救护。通知中毒客人的有关单位和家属，并向他们说明情况，做好善后工作。如是由于会展场馆提供的食品造成客人食物中毒，会展场馆应负相应的赔偿责任。

4. 酒店住宿、旅游服务管理

酒店住宿服务是会展主办单位为参展商提供的基本配套后勤服务项目。概括而言，常见的酒店服务主要有：

（1）主办单位自行安排；

（2）专业代理机构或旅游代理商代为办理。

在旅游服务上，会展主办单位一般都会现场指定一家旅游公司为旅游代理商。旅游公司可以利用自己的独特优势，与目的地旅行社或管理公司（DMC）合作，承揽相关旅游考察业务，协助预订酒店，协调活动中涉及的各级目的地、各部门的接待工作，保证参展商或专业观众旅行活动的顺利进行。

此外，由于会展项目的规模、性质不一样，会展后勤管理的具体内容会有差异。有些会展现场后勤管理的内容还包括相关移动展具、模型的临时管理与调度；现场可移动广告载体管理与回收；现场展示租赁设备管理与回收；现场绿植管理与回收；现场非展区装饰材料管理与回收；现场成型宣传材料管理；现场各种开幕、闭幕物品的管理与回收；现场各种工作证件与服装等相关物品的领用；现场各类信息的处理、反馈与收集等。

7.4 会展现场人员管理

7.4.1 会展现场人员的分类

会展现场人员分现场服务人员和参展商及观众两大类。

会展现场服务人员主要包括场馆现场管理、运营、维护、后期撤馆工作、展会现场维护、管理和协调等工作人员。其中场馆现场服务人员主要是为参展商及观众提供现场服务的人员。针对参展商的服务人员由展台搭建及维护、公关礼仪、展馆清洁和现场保卫等人员构成；针对观众的服务人员主要包括现场登记、参观引导及突发事故的处理人员。

会展现场人员的管理分对现场服务人员的管理和对参展商及观众的管理。

7.4.2 会展现场服务人员的管理

对会展现场服务人员的管理，包括提前对现场服务人员进行分工和专业培训及在会展现场有效管理。

由于会展现场有不同的工作岗位，因此有必要先对现场服务人员进行工作岗位分工，然后进行严格的业务培训,要求所有现场工作人员都要按分工提前进入工作岗位,进行本岗位业务训练,熟悉岗位环境,了解工作职责和岗位服务规范。另外,还要结合岗位情况对现场工作人员进行着装仪表、言谈举止、服务操作等方面的专门训练。

会展现场人员的管理需要明确管理人与被管理人的联系方式,明确各自的职责。

对会展现场服务人员的管理,最好制定出完善的会展现场服务人员工作守则。

7.4.3 会展现场参展商和观众管理

一般来说,参展商和观众的数量占会展现场人员的大多数,因此,对现场参展商和观众的人流管理与控制水平是衡量会展质量的重要指标。

1. 参展商管理

展前,主办单位在推广会展项目的同时对参展企业进行宣传,广泛派发邀请函以及在签约网站上添加部分参展企业名册;编制含有参展企业名册的会展快讯,现场派发给专业观众;在展会的介绍网站上开辟供求平台,企业在展前、展中、展后都可以在网上注册,发布产品供应信息和采购信息,为买卖双方搭建平台。

展中,安排专门人员协助展商进行报到、进馆等各项服务,同时提供增值服务。例如,现场答疑会和各类研讨会,可以帮助企业解决生产管理中的难题;产销对接洽谈会,可以为买卖双方牵线搭桥,提升买卖双方的贸易成功率;新技术推介会,推介新技术供参展商学习引进。除此之外,还可举行参展知识培训会,对参展商进行"如何让展位更吸引人""如何更方便撤展""参展手续"等方面的知识培训。

2. 观众登记管理

观众登记处的主要任务之一就是维护会展现场入口的秩序,确保每一位专业观众都能畅通、便捷地进入会展现场。

为了提高工作效率,绝大多数会展组织者都偏向于把预先登记的观众和现场注册的观众分开,有些展览会还进一步将现场注册的观众分为两类,即有名片和无名片的,前者只需凭名片在观众登记处办好相关手续就可以换取胸卡,后者则要在主办方人员的指导下填写登记表,然后再登记处办理手续。

科学的观众登记手续不仅能保证观众迅速入场,还有利于会展主办单位日后建立营销数据库,由此可见观众登记和入场管理的重要性。另外,一些展会的主办单位还在入口处设置了展览活动及论坛议程牌,这便于人们,尤其是现场注册的观众预先了解展会的总体结构和主要活动安排。

3. 现场人流管理

对于大型会展活动,最重要的一点就是控制场馆的总人数。当人流规模超过场馆容量时,可以采取控制入场观众人数、固定进场票据等方法,同时要做好主要入口处和出口处人流的疏通工作,确保人流的畅通,维护好场馆安全。从逻辑上讲,在服务区分很细的情况下,人流不会出现拥挤现象并可以快速移动。一些大型展会为了避免出现人流拥堵现象,往往安排多个出入口,少则3~4个,多则超过10个。

在入场票务管理上,在大型展会的售票窗口,经常会见到长长的队列,为引导队伍到各个窗口买票,通常采用护栏和人员指引的方式。

如果会展现场有区间车,而且有很多的入口和登记服务区,就可以指挥区间车将观展者运送到不是很拥挤的入口和登记区,加快现场登记的速度。

在大型会展活动期间,可通过开设出入口、设置公交车站、景点或安排活动等来吸引人流按照预期线路观展。

常用的引导信息包括海报、活动广告、门票、手册、广播、警示标志等。引导信息是与观众沟通的途径,给出参与活动的相关建议,借以影响参与者的出行时间、出行路线、停车场、参观入口、参观路线、参观内容等的选择,缓解参展人员在时间、路线、出入口、场馆等方面的集中。

在大型会展活动中,标志系统具有不可忽视的重要作用。标志系统包括方位标志、时间标志、交通标志以及各种设备的使用标志。这些标志将被分设于出入口上方、展馆内柱子及周围墙面。由于会展期间展具的遮挡会影响观众的视觉穿透性,因此,标志系统要选择适于辨读的字形、大小、颜色、间距、色差等。

7.5 会展现场突发事件管理

7.5.1 会展现场突发事件管理的意义

由于会展活动是一个人流、物流和资金流密集的群体活动,会展举办过程中随时都有可能遇到一些突发事件,如客人报失、紧急伤病、食物中毒、设备故障、停电、火灾、偷盗等,会展组织者在这些突发事件中扮演领导角色,要表现得足够冷静,有的需要制订应急预案,以使损失降到最低。

7.5.2 会展现场突发事件的分类及应对办法

会展现场突发事件可简单分为可预见突发事件和不可预见突发事件两类。可预见突发事件是指火灾、人员伤害等事前可以预料到有可能发生的突发事件。不可预见的突发事件是指事前不可测的地震、火山爆发、灾害性天气以及恐怖袭击事件等。

根据对突发事件的分类,不同类型的突发事件其应对办法有所不同。

1. 可预见突发事件的应对办法

(1) 可预见突发事件的防范措施。

处理可预见的突发事件的原则应当是防患于未然,即在事故发生之前就做好防范措施,尽量避免事故的发生。

第一,在展览会未召开之前,大会组委会就应成立应急小组,根据所使用展馆的特点,制订应对紧急突发事件预案,其中包括遇到突发事件时的人员疏散、撤离方案,如有必要应在所使用展馆进行人员疏散测试及演习。在展览会期间应急小组应当随时保持应付突发事件的准备状态。

第二,设专职的安全员(视展览会的规模确定安全员的数量),安全员的主要工作是协助展馆做好对参展商以及参观者的安全监督工作,在展览会的全过程中(包括布展、展览和撤展)发现有不安全行为及隐患时应当及时制止和排除。

第三,根据展览会规模办理保险,将突发事件发生后的损失降到最低。

第四,展览会召开前,应与当地公安、消防及医疗部门联系,告知展览会召开时间及其他相关情况,以便发生突发事件后能及时得到相关部门的协助。应在当地聘请有经验的专业医生在展览会现场建立医务室,并备足常见及抢救药品和医疗器械。同时也应聘请公安和消防部门人员在现场协助组委会做好安全及消防等相关工作。

第五,在展馆展位搭建结束后,组委会人员应亲自检查展位搭建情况,其中包括:检查消防通道及安全出口畅通,保证展位间所有通道达到必要宽度,保证所有消防器械周围无异物阻挡,并检查所有消防器械,保证都能够正常使用。组委会所有人员都要熟悉展馆所有消防通道和安全出口位置以及所有消防器械位置,在平时就应进行防火知识的学习,保证都能熟练使用各种消防器械。在参展商布展结束后,还应该全面细致地清理展馆地面,尤其注意清理地面由于布展、特装等遗留的水渍、油渍以及其他可能给参观者带来伤害的物品。

第六,根据展览会的规模聘请安保人员,并预测参观人员数量,对于大型或热门的展览会,应将参观人员数量控制在展馆最大安全人员数量承受范围内,以避免由于人员的过度密集而发生人员伤害等突发事件。参观人员数量可以通过控制门票发售等手段来控制。

(2) 可预见突发事件发生后的处理办法。

虽然采取了各种各样的防范措施,但突发事件还是可能会发生,面对突发事件时首先应保持冷静,根据不同的突发事件,采取不同的处理办法。

① 人员意外伤害事件。

人员意外伤害事件是会展中最常见的突发事件,也是会展中最不容易防范的突发事件。当出现有意外伤害事故的时候,应立即将伤者送到会展现场的医务室进行紧急救治,并视其伤势的轻重由医生判断是否拨打120送当地医疗机构。

② 火灾。

发生火灾时,应在第一时间拨打119,并拨打120联系当地医疗机构救治伤者。应立即启动应急小组和突发事件预案。组委会成员应分为两组,一组到事发现场,用展馆内的消防设施救火以及协助医务室抢救伤者,另一组按事前制订的疏散、撤离方案组织协调现场人员安全撤离出危险区域。事后要做好安抚伤者、向保险公司索取赔偿等善后工作。

2. 不可预见突发事件发生后的处理办法

(1) 地震、火山爆发等灾害性天气。

应在第一时间拨打120并立即启动应急小组和突发事件预案。按事前制订的疏散、撤离方案组织协调现场人员安全撤离出危险区域,并协助医务室抢救伤者。

(2) 恐怖袭击事件。

应在第一时间拨打110,并立即启动应急小组和突发事件预案。按事前制订的疏散、撤离方案组织协调现场人员安全撤离出危险区域,并协助医务室抢救伤者。

(3) 突发性传染病爆发。

一方面,应当联系当地的医疗机构进行救治,另一方面,应当视其严重程度,减少展馆内人员流量,必要时,应当立即关闭展会。

总之,还是要在事前充分考虑好遇到各种突发事件的应对办法,只有这样才能做到遇到突发事件时不惊慌并能够冷静妥善地处理。

7.5.3 会展现场突发事件应急预案

为了在会展期间顺利应对突发事件,妥善处理紧急情况,做到遇事不惊、临危不乱,最大限度地减少突发事件和意外事故带来的损失,保障会展顺利、有效举行。通常,应急预案应包括如下内容。

1. 成立突发事件应急小组

2. 处置突发事件

(1) 火灾事故应急预案。

① 报警程序
- 根据火势灵活处理,如火势大,需要报警则立即就近用电话拨打119,如火势较小则可根据现场情况利用现有的消防器材及时进行扑救。
- 迅速向突发事件应急小组成员或组长报告。

② 组织实施
- 事故发生后应立即疏散人群并向上级报告。
- 迅速组织人员有序逃生,防止发生踩踏等事故。原则是"先救人,后救物"。
- 开通备用安全通道(展会期间将各楼层的卷帘门设定为备用应急疏散通道,由应急小组组长控制),组织人员撤至安全地带,调查是否有人困在火场。
- 消防车到来之前,所有工作人员均有义务参加扑救,消防车到之后要听从消防人员的指挥,做好配合工作。

③ 注意事项
- 火灾事故首要的是保护人员安全,扑救要在确保人员不受伤害的前提下进行。
- 火灾第一发现人应将火灾发生的准确位置和火灾情况告知监控值班室,如是电源引起,应立即切断电源。
- 发现火灾后应掌握的原则是边救火,边向相关部门报告。
- 人员在逃生时应组织有秩序的撤离。
- 应急小组人员应维持现场秩序,防止有人乘机捣乱和展品受到损失。
- 各部门的所有人员都必须支持、配合事故救援,并提供一切便利条件。

(2) 疾病事故应急预案。

应视现场情况灵活处理,及时与现场医务小组取得联系并听从医务人员的安排,如病情严重需立即送往医院。
- 以最快的速度将人员送往医院,情况紧急时应拨打急救中心电话"120"请求救助。
- 立即组织工作人员组成陪护人员队伍进行陪护,稳定患者的情绪。
- 应急小组组长就事态发展情况迅速向当事者家属取得联系。
- 要采取迅速果断的措施,把影响降至最小。
- 组织安保、展览部等各方面的工作人员在最短的时间内恢复会展现场的正常秩序。

(3) 暴力事件应急预案。

① 执勤人员、工作人员在劝解无效时可采取强制手段,将当事人带离现场移交展会现场公安执勤点处理。

② 迅速报告应急小组,保护在场的人员及展品安全。

③ 在事情得到解决之前要将当事人稳住在现场,防止其事后逃跑并保护好现场。

④ 有人员受伤时应及时送往医务室或医院。

⑤ 组织安保、公安等各方面的工作人员在最短的时间内恢复会展现场的正常秩序。

(4) 发生偷盗、被盗等事件时。

① 第一个接到报警的工作人员及时与安保人员取得联系,由安保人员带领受害者到会展现场公安执勤点报警备案。

② 调出闭路电视的图像资料,积极配合警方做好案件侦破工作。

③ 财产损失严重时,应配合警方对出馆人员进行一一核查。争取在最短时间内弥补损失。

小　　结

会展现场管理是会展项目是否成功的直观体现。即使会展项目前期准备工作做得非常充分,但如果没有好的现场管理,会展项目也不可能办得成功。

会展现场布置之前,要了解展会类型、企业品牌、产品特点、展台风格、展位的周边环境及竞争对手的情况。

会展开幕式的程序和礼仪。

由于展会的规模、性质不一样,展会现场后勤管理的具体内容会有差异。会展现场后勤管理需要保证各项物资和设施安全无损。

会展现场人员管理的关键是能把最适合的人才分配到最合适的岗位上,充分发挥人的主观能动性。作为组展商来说,其最终目的是在为参展商提供良好服务的同时使自己的利润最大化。而要为参展商提供良好服务,就要处处为参展商着想,了解他们的需要,比如为参展商提供合适的展位,举行盛大的开幕式以扩大展览会的影响,选择合适的承包商,提供各种运输、装卸、设计、施工、餐饮等服务,提供必要的配套设备和良好的参展环境,对突发事件的及时处理等。作为参展商,则是尽最大努力在会展项目现场进行推介、宣传,从而能够与更多的客户建立业务联系,进行贸易洽谈,实现参展的最终目的。

会展项目举办过程中随时都有可能遇到一些突发事件,如客人报失、紧急伤病、设备故障、停电、火灾、偷盗等,应事先制订应急预案,以便发生紧急事件时能最快捷地采取最有效的措施。

 复习与思考

1. 会展现场管理从不同角度来看都有很多内容,如何从环保、经济、安全、服务特色等方面综合考虑,做好展台设计与搭建工作?

2. 会展开幕式的基本程序是怎样的?

3. 会展现场后勤管理有哪些内容?

4. 会展可预见突发事件的处理办法有哪些?

 技能实训

解决大型书展人流的拥挤问题。

一、实训要求

运用本章所学会展现场管理知识,解决会展实践中存在的问题。

二、 实训目的

强化学生对会展现场人员管理技能的掌握。

三、 实训组织

学生以4人为一个小组,讨论解决大型书展人流拥挤问题的办法。

四、 背景资料

2009年8月15日,上海书展创下6年来单日进场人次之最,当日超过4.52万人次前来参加书展。参加书展者几乎要以挤公交车的力气才能在如织的人群中缓慢前行。下午,主宾省江苏馆的人流达到最高峰,陈丹燕和梅子涵原定14:50举行的讲座"阅读的光——《布鲁克林有棵树》解读会",因为两位嘉宾被人群冲散,迟迟未能开始。而《货币战争》的作者宋鸿兵的读者见面会,则淹没在喧哗之中,以致嘉宾讲话变成了嘉宾喊话。

五、 实训内容

(1) 会展现场人员管理的具体内容有哪些?
(2) 会展现场人流管理的技能有哪些?
(3) 如何解决背景资料中存在的因书展现场人流拥挤导致的种种问题?

模块八

会展项目的法律与风险管理

教学目的和要求

1. 掌握会展项目中涉及的知识产权问题;
2. 掌握会展项目经济纠纷的解决方式;
3. 掌握会展合同的类型和主要条款;
4. 理解会展项目风险管理的内容。

教学重点和难点

1. 重点是常用的会展合同的主要条款;
2. 难点是动态的会展项目风险管理过程。

如何应对会展行业乱象?

近年来,随着会展行业的膨胀式发展,市场风险也在慢慢累积。不少展会存在虚假设展、伪劣横行、变相摊派等诸多乱象,严重损害了行业信誉,成为会展经济长期良性健康发展的巨大障碍。

在某些展会上,不少参展商发现展会的实际规模、层次与宣传内容严重不符,主办方提及的行业知名企业多数并未参会,当表示抗议时,已经联系不上主办方。后来经过多方协调,部分参展商被退还了部分参展费,但这远远无法弥补参展商的实际损失。

部分展会(甚至包括品牌展会)经常出现假冒伪劣产品。在南方某省会城市举办的香港时尚产品博览会上,现场展品中竟然包括马来西亚的咖啡、越南的米粉、佛山的床垫、山东的鹿肉,诸多观众纷纷对此提出质疑。在西部某省会城市举办的第××届中国××贸易洽谈会上,一些展馆内号称的"国际知名品牌产品"却卖出了"白菜价":一大瓶"香奈儿"香水仅售100元人民币。

展会上伪劣商品横行的原因除了主办方为了撑场面、上规模而放宽把关外,与困扰会展行业多年的"展虫"问题也密切相关。按照规定,申请参加正规的展会时,策展公司会要求参展商提供营业执照和其他相关许可证,但主办方对参展商卖什么东西并未刻意限制,造成"展虫"哪里有展会就往哪里挤,这次可能是卖食品,下次就卖起了服装。

案例解析

我国尚未建立相对规范的会展行业管理体制以及整体协调和统筹管理机制,会展经济发展存在管理机制体制不畅、法律法规建设滞后等问题,成为伪劣品横行、泛滥的主要原因。在这样的背景之下,会展项目管理者应当熟悉产业相关法律法规,依法办展,诚信经营,同时,也需要提高风险意识,用科学的方法进行风险控制。

8.1 会展项目涉及的法律问题

8.1.1 会展项目的知识产权保护问题

知识产权是自然人、法人或其他组织对其在科学、技术、文学艺术领域创造的智力成果依法所享有的专有权利。会展是集中展示新产品、新技术的平台,展出的产品和服务很多都享有知识产权的保护。知名的会展项目本身也是重要的智力成果,主办方应当享有对于其名称、会标等知识资源的专有使用权。近年来,我国现代化会展场馆逐年增多,专业的会展公司实力渐强,也逐步形成了一批水平高、影响力大的名牌展会,会展业的商业价值被广泛看好。但在会展经济蓬勃发展的同时,在巨大商业利益引诱下,会展活动中也频繁出现了各种知识产权侵权行为,会展项目的知识产权保护问题日益受到业界的重视。

1. 会展项目本身的知识产权保护

会展项目的成功举办,需要组展者在市场调查与分析的基础上,进行精心地策划与组织。因此,已经成型甚至形成品牌的会展项目应当拥有"展会创意"的知识产权而受到保护,但是当前会展业中克隆已有的其他项目的情况屡见不鲜。一些小的会展公司通常会设计和知名展会相似的展览会标,使用相同的展会名称,有的公司甚至完全拷贝其他展会的招展格式,照搬展览内容,唯一不同的是"主办单位"。上述行为,侵犯了组展者的知识产权,比如名称权、商标专用权等。

(1) 展会会标的保护。

展会的会标是组展者为展会设计的区别于其他展会的标志,对于会标的保护,主要适用《中华人民共和国商标法》(以下简称《商标法》)的有关规定。组展者对其拥有并已经进行注册的会标享有排他使用权、收益权、处分权和禁止他人侵害的权利。在未经会标权利人同意的情况下,其他任何展会不得使用他人已经注册的会标。此外,根据《商标法》的有关规定,若展会会标具备了一定的公众知晓度和持续使用时间等条件,则可以作为驰名商标加以保护。作为驰名商标的会标,可以禁止他人将相同或近似的会标在非类似的商品或服务上申请注册,防止他人将相同或类似的会标使用在非类似的商品或服务上,这些均是对一般会标知识产权保护的扩展。

(2) 展会名称的保护。

在实际中,直接使用或仿冒其他展会会标的情况还比较少见,主办者使用现成的展会名称进行招展的事情却时有发生。不法行为人利用人们对知名展会的信任,将已经成名的展会名称拿来直接使用,造成参展商和目标观众的分流,严重损害了这些知名展会的利益。由于展会名称的文字部分(包括英文缩写)无法进行注册登记以排他使用,很多组展者对于展会名称被克隆的现象无可奈何。

虽然展会名称不能通过商标注册予以确认保护,但是我们可以在其他法规中找到展会名称受保护的依据。《中华人民共和国反不正当竞争法》第五条规定了经营者不得采用不正当手段从事市场交易,损害竞争对手,这些受到法律禁止的不正当手段就包括擅自使用知名商品特有的名称、包装、装潢,或者使用与知名商品近似的名称、包装、装潢,造成和他人的知名商品相混淆,使购买者误认为是该知名商品。第二十条规定了经营者违反该法规定,给被侵害经营者造成损害的,应当承担损害赔偿责任,被侵害经营者的损失难以计算的,赔偿额为侵权期间因侵权所获得的利润;并应当承担被侵害经营者因调查该经营者侵害其合法权益的不正当竞争行为所支付的合理费用。被侵害经营者的合法权益受到不正当竞争行为损害的,可以向人民法院提起诉讼。第二十四条规定了经营者擅自使用知名商品特有的名称、包装、装潢,或者使用与知名商品近似的名称、包装、装潢,造成和他人的知名商品相混淆,使购买者误认为是该知名商品的,监督检查部门应当责令停止违法行为,没收违法所得,可以根据情节处以违法所得一倍以上三倍以下罚款;情节严重的,可以吊销营业执照;销售伪劣商品,构成犯罪的,依法追究刑事责任。

由上述规定可知,知名展会的名称是受保护的,若他人冒用知名展会的名称进行招商招展,使参展商和观众误认为是该知名展会,对该知名展会的名称的拥有者造成损害的,应当承担损害赔偿责任,受损害的一方可以以不正当竞争为由提起诉讼。冒用者还可能受到监督检查部门责令停止违法行为、没收违法所得、罚款甚至吊销营业执照的行政处罚。

2. 展品的知识产权保护

展会期间,展品的商标、设计、外观、技术等方面很容易被仿冒,同行业、同类型的企业立于同一参展的平台,剽窃抄袭他人技术成果,在己方产品上直接使用他人注册商标或驰名商标,或是直接模仿参照他人产品的外观设计等现象时有发生,由此也引起了人们对于展品的商标权、专利权等知识产权保护问题的关注。

(1) 展品的商标权保护。

参展展品的商标侵权常常表现为以下几种。

① 使用侵权。使用侵权主要是指参展商在展品上使用其他相同或类似展品已经注册的商标。

② 销售侵权。销售侵权是指在会展上经销载有侵权标志或设计的展品而引发的侵权行为。若参展商明知展品侵犯了他人的注册商标专有权仍然在展会上经销展品即是销售侵权。

③ 辅助侵权。根据《中华人民共和国商标法实施条例》的有关规定,故意为侵犯他人注册商标专用权行为提供仓储、运输、邮寄、隐匿等便利条件的,均属于商标侵权行为。可见,在明知展品侵权的情况下仍为其提供物流服务也构成商标侵权。

对于商标侵权行为,商标权人可以向县级以上工商行政管理部门要求处理,也可以直接向人民法院起诉,侵害商标权的当事人可能承担停止侵害、消除影响和赔偿损失的民事责任。若侵权行为情节严重,甚至还有可能面临行政处罚,构成犯罪的,还应承担刑事责任。

(2) 展品的专利权保护。

我国《专利法》规定了三种专利：发明、实用新型和外观设计。专利权是发明创造人或其权利受让人对特定的发明创造在一定期限内依法享有的独占实施权。专利权人享有独自占有和实施其专利技术，禁止他人未经许可实施其专利，许可他人使用专利，将自己所有或持有的专利转让给他人以及在专利产品或包装上标明专利标记的权利。

会展期间的专利侵权行为表现形式有很多：抄袭或窃取他人展品的专利技术，制造、销售或进口他人的专利产品，假冒他人专利用于展品等。根据《专利法》的规定，侵犯他人专利权的行为人应当承担停止侵权、赔偿损失的民事责任；假冒他人专利，以非专利产品冒充专利产品，除依法承担民事责任外，管理专利工作的部门还应给予行政处罚；假冒他人专利情节严重构成犯罪的，还将承担刑事责任。

3. 会展项目中的著作权保护

前面介绍的两类会展项目的知识产权保护问题主要涉及商标权和专利权，而知识产权还有一个重要的内容就是著作权，在会展项目中也有很多著作权保护的问题需要注意。

(1) 展台设计的著作权。

展台设计是展览工作的重要组成部分，展台设计反映了展会和参展企业的形象，表达了参展企业的意图，为展会贸易创造了良好的环境，往往也是侵权者的目标。北京朝阳区法院就曾受理了一起展台设计侵权案：某参展商向展览展示公司咨询展台设计事宜，展览展示公司按照参展商的要求设计展台并制作完成展台设计方案，但参展商在收到设计方案后却以设计方案报价过高等原因回绝了该设计方案。后来展览展示公司发现在北京某展会上，参展商的展台与其之前的设计方案完全相同。借咨询磋商之名请他人设计方案，收到方案后找理由回绝，不支付任何费用并按照他人设计的方案进行展台搭建。还有一些参展商为节省成本，直接抄袭他人的展台设计方案。这些都是侵犯展台设计者权益的行为。

展台设计是一个创造性思维活动，设计者必须对市场形势、消费者态度、社会环境、竞争对手的情况进行周密的调查研究，运用展览、心理、传播、营销等多学科知识进行设计。一般认为，展台设计方案或设计效果图是一种作品，其具有独创性的部分，应当受《中华人民共和国著作权法》(以下简称《著作权法》)的保护。著作权的法定权利，包括发表权、署名权、复制权、发行权、展览权等。根据当前的司法实践，无论是单纯地复制他人展台设计效果图还是按照设计图进行展台搭建都是侵害复制权行为，使用他人尚未公开的设计搭展台参展还侵犯了权利人的发表权。根据《著作权法》的有关规定，"使用他人作品，不按规定支付报酬""未经著作权人许可，发表其作品""剽窃、抄袭他人作品"的行为，需要承担停止侵害、消除影响、赔礼道歉、赔偿损失的民事责任。

(2) 计算机软件的著作权。

在展会上还存在着使用盗版软件的现象。有些参展商用于演示展品的电脑中使用盗版软件，还有展品本身使用盗版软件，甚至有些参展商直接在展会上展出并销售盗版光盘。根据《著作权法》和《计算机软件保护条例》，这些行为都侵犯了计算机软件权利人的著作权，应当承担相应的法律责任。

8.1.2 会展合同

合同是指设立、变更、终止民事权利义务关系的协议。在会展项目的组织实施过程中，合同可谓无处不在,如主办单位与承办单位的委托代理合同、参展商与会展组织者的参展合同、会展组织者与场馆提供方的场馆租赁合同等。我们将在8.2节中详细介绍这几类合同管理的内容。

8.1.3 会展项目的经济纠纷及其解决

由于组展方、参展商、观众等各方主体的利益不同,在这些复杂主体的相互作用的会展活动中,难免会出现经济纠纷。会展项目中发生经济纠纷时,可以由当事人自行解决,也可以借助第三方的力量解决。

1. 会展项目经济纠纷的类型

在会展项目进行过程中可能出现的经济纠纷主要包括两类:合同纠纷和侵权纠纷。

(1) 合同纠纷。

合同纠纷是当事人违反合同约定而产生的争议。会展项目涉及的合同数量很多,类型各异,组展商组展、参展商参展的目的就是为了更多地签约和销售产品,合同纠纷也成为会展项目的主要纠纷。根据《中华人民共和国合同法》的规定,当事人一方不履行合同义务或履行合同义务不符合约定,应当承担继续履行、采取补救措施和赔偿损失等违约责任。也就是说,一方当事人不履行或者不适当履行合同义务,给另一方造成损害的,就应当承担违约责任。

(2) 侵权纠纷。

侵权纠纷是行为人由于过错侵害他人的财产或者人身,违反法定义务,依法应当承担民事责任的行为。由于利益驱使以及法律意识欠缺,一些组展商、参展商甚至观众都有可能实施侵权行为,如冒用其他展会名称进行招商招展、展出侵犯他人知识产权的展品、诋毁其他企业商誉、窃取商业秘密、假冒伪劣展品损害消费者利益等。这些侵权行为的实施方将承担停止侵害、消除危险、排除妨害、消除影响、恢复名誉、赔礼道歉、赔偿损失等民事责任。

2. 会展项目经济纠纷的解决方式

经济纠纷的解决有赖于当事人就责任人、责任大小及责任承担方式达成一致,而实际上,发生纠纷的双方很难在第一时间就达成共识,需要进一步商议甚至第三方介入。具体而言,解决会展项目中经济纠纷的方式有以下几种。

(1) 协商。

协商是争议发生后,纠纷的双方当事人在一起本着互惠互利、互谅互让的原则,就所争议事项进行商谈。这种方式的优点在于简便快捷,成本低且效率高,但实践中在纠纷发生后难以协商一致的情况时有发生。

(2) 调解。

调解是指第三方依据一定的社会规范在纠纷主体之间沟通信息,促成纠纷主体相互谅解和妥协,达成解决纠纷的合意。这一机制在实践中应用很广,也具有简便快捷的优点,但调解协议不具备法律效力,当事人对调解协议反悔后,必须重新解决纠纷。

(3) 仲裁。

根据事先达成的仲裁协议,双方当事人将案件提交有关仲裁机构进行裁决的活动就是仲裁。是否提交仲裁取决于当事人的意思,当事人可以在仲裁协议里自主选择仲裁机构,在仲裁机构主持下达成的调解协议及仲裁机构做出的裁决均具有效力;当事人不履行的,另一方当事人可向人民法院提出申请强制执行。由此可见,仲裁具有自愿性、自主性和终局性的特点。

(4) 诉讼。

当权利人的权利受到侵害和有被侵害的危险时,权利人诉请人民法院依法保护自己的权利的措施即为诉讼。通过民事诉讼解决会展项目中的经济纠纷,能最大程度地维护平等、保护当事人的权利。但是民事诉讼的程序复杂烦琐、花费时间长、成本高。

8.2 会展项目合同管理

8.2.1 会展合同的定义与种类

会展项目涉及组展者、参展商、场地提供者和观众等众多主体,他们之间的关系是非常复杂的。为了调整会展各方的利益关系,明确权利义务,有效防止纠纷的产生和解决一些会展活动中的争端,不同主体之间往往会订立合同。会展合同指会展项目中各参与主体之间订立的设立、变更、终止其民事权利义务关系的协议。依法订立的合同对当事人的行为具有约束力,当事人应当严格按照合同的约定履行自己的义务。与会展活动相关的经济合同种类包括以下几种。

(1) 承办代理合同——由为会展提供相关服务的经营者与会展拥有方签订,规定承办代理单位所服务的具体项目的合同。承办代理事项的范围包括:展位销售、推广资料印刷、广告新闻推广、物流、展位搭建、餐饮、开幕礼仪、观众接待服务等。

(2) 参展合同——参展商与会展组织者订立的就参展问题达成的协议。

(3) 展会场地租赁合同——会展公司与展馆、会场业者签订,规定双方在场馆租赁和展览活动中的权利义务事项的合同。

(4) 会展入场合同——规定观众和会展组织方相关权利义务的协议,这种合同的体现形式往往是入场券或门票。

(5) 其他——包括会展现场买卖合同(参展商与观众达成的有关展品买卖的协议)、会展项目赞助合同(赞助商与主办方达成的关于主办方给予赞助商宣传,赞助商支付主办方赞助费用的协议)、会展项目合作合同(规定各类合作单位与主办方权利义务的协议)等。

下面我们将详细介绍几类重要的会展合同的主要条款。

8.2.2 会展承办代理合同

会展项目涉及的服务类型很多,既包括现场的租赁、广告、礼仪、保安、展品运输、展位搭建等专业服务,也包括餐饮、旅游、住宿、交通等配套服务。主办方往往会找一家专业会展公司代理这些事项,并通过签订承办代理合同的形式约定承办方的代理事项以及服务标准,案例 8-1 是展览承办代理合同的样本。

案例8-1 展览承办代理合同

甲方：　　　　　　　　　　　乙方：
地址：　　　　　　　　　　　地址：
电话：　　　　　　　　　　　电话：
账号：　　　　　　　　　　　账号：
开户行：　　　　　　　　　　开户行：

甲方委托乙方代理甲方主办/参加×××展览/博览会。为此，甲乙双方签订如下协议，共同遵守履行：

一、乙方代理

1. 展品运输/仓储
2. 展品安排
3. 展位安排/装修
4. 礼仪及展位人员培训
5. 展品保险代理
6. 参展人员住宿预定
7. 期间/后的商务考察安排代理
8. 返程票务预定
9. 展期交通安排
10. 展览秘书服务代理
11. 餐饮及商务酒会预定

二、代理标准

1. 展品运输/仓储

甲方之展品外包装尺寸为＿＿＿＿×＿＿＿＿cm，重量不超过＿＿＿kg，使用□人工 □小型装卸机械装卸。甲方自行通过 □航班 □铁路 □公路运抵＿＿＿＿，具体抵达＿＿＿＿的时间为＿＿＿＿月＿＿＿＿日(以传真通知为准)。乙方接货地点为＿＿＿＿，运输至＿＿＿＿。仓储地点由双方商定。

此项服务费用为＿＿＿＿元。

2. 展品安排

包含将展品从仓储地点运抵＿＿＿＿，卸展品，按 □甲方供给 □乙方设计甲方认可之展览效果摆放展品。甲方工作人员固定并调试展品。

3. 展位安排/装修

展位的安排/装修按甲方效果图及施工图进行。材料由 □甲方供给 □乙方代购。具体材料请求及质量请求，甲方另附文件。

4. 礼仪及展位人员培训

乙方为甲方供给礼仪人员 □男_____名 □女_____名。礼仪人员服务事项为：
- 展位迎接及服务
- 酒会服务
- 参展嘉宾迎送服务
- 领导服务

以上具体的服务程序、服务标准、服务时间见附件。

服务费用为_____元。

- 展位人员培训

乙方为甲方参展人员提供培训，_____学时，地点为_____，时间为_____月_____日至_____月_____日。培训器材及培训师由乙方提供，培训内容见附件。

培训费用为_____元。

5. 展品保险代理

乙方代理甲方购置展品保险，包含展品安全保险、火灾保险、参展人员伤害保险、展品失窃保险等。购置保值为_____万元。保期为_____月_____日_____时至_____月_____日_____时。保费共计为_____元。附保险公司格式合同。

6. 参展人员住宿预定

甲方参展人员共计_____人，其中男性_____人，女性_____人，乙方代理预定_____酒店标准间_____间、行政套间_____间，入住时间为_____月_____日至_____月_____日。费用总计_____元。乙方承诺：甲方实际消费的酒店房间总数可以在预定总数的基础上增长或者减少_____间，乙方在此领域内不请求甲方承担约定更改责任。

7. 期间/后的商务考察安排代理

乙方将代理甲方参展人员商务考察。

商务考察服务内容见附件。

费用总计：_____元。

8. 返程票务预定

为甲方参展人员提供返程票务代理，此项服务免费，但如果预定铁路车票，甲方须支付手续费——卧铺40元/张。航空机票为明折明扣。

9. 展期交通安排

展览期间，乙方为甲方代理安排通勤交通车辆代理。车型是_____，应用_____辆，费用标准_____元/天/辆，费用总计_____元。

10. 展览秘书服务代理

展览期间,乙方为甲方供给如下秘书服务:
- 翻译
- 餐饮安排/送达
- 材料发放
- 广告代理
- 快速印刷/平面设计
- 其他临时性事务

本条款涉及的服务除翻译须明示外,其余均可在展期临时口头或书面协商,按市场价格约定费用,其费用不包含在本协议书内。翻译的应用期限为_____月_____日至_____月_____日,语种及人数为_____语_____名、_____语_____名、_____语_____名、_____语_____名,性别请求为_____,请求胜任_____领域之 □书面 □口语翻译工作。

11. 餐饮安排代理

乙方代理甲方参展人员餐饮,共计_____人,其中正餐_____餐,早餐_____餐。就餐方法为早餐为 □中式自助餐 □西式自助餐 □围桌中餐 □围桌西餐。正餐为 □围桌 □外卖直送 □宴会。
费用分列、就餐地点、时间、交通服务及各式餐标食谱见附件。

12. 消息发布会及商务酒会代理

甲方委托乙方于_____月_____日_____时在_____举办_____消息发布会。乙方代理的事项有:
- 场地安排
- 器材及线路安装
- 嘉宾的商务用车
- 嘉宾的住宿及餐饮安排
- 会后酒会安排

各项代理的细则详见附件。

三、 费用及支付方法

1. 总费用

以上各项服务费用总计为_____元(人民币)

2. 实际费用核定

乙方供给服务明细凭单(一式两份),甲方指定人员(该人员应对临时服务有认可权,双方认可之签收人笔迹)签收,乙方凭签收凭单与甲方人员核定实际费用。

3. 支付措施

本协议签订生效后,甲方承诺在签订之日起_____个工作日内支付总费用的_____%(即人民币_____元),展览安排完成后立即支付乙方总费用的_____%(即人民币_____元)。其余部分在展览结束后双方审核并认可实际产生费用后甲方立即或者在_____个工作日内一次性支付给乙方。

四、不断定事项约定

基于临时服务的不断定性,双方约定:

1. 甲方指派_____为甲方全权代表,负责联络乙方并对下达的临时服务请求负责。

2. 甲方提出临时服务请求且乙方已经完成后,应当书面签收服务凭单。凭单格式见附件。服务凭单将作为最后核算的依据之一。

3. 乙方指派_____为乙方全权代表,负责安排甲方下达的临时性服务请求。

五、生效、免责、变更及取消

本合同签订且甲方第一次付款到达后立即生效。合同生效后,如果甲方由于非免责原因(本合同第六款之规定事项)请求变更服务的,按下列条款处理:

1. 甲方确认:(除非产生以下几种情况,否则甲方不存在撤销或变更本协议理由。如果撤销或变更,乙方将有权请求甲方支付撤销或变更给乙方造成的预期损失):

● 战斗或政治事件;
● 甲方进入破产程序;
● 甲方实体进入重组变更程序;
● 由于政策或法律变更导致会议不可能举办。

2. 甲方可以在预定的期间内变更会议时间,但变更通知必须于预订期限前_____天抵达乙方;乙方接到甲方通知后应在_____个工作日内以(□传真 □电邮 □公函)方法回执确认;甲方在接到乙方确认文件后即表示甲乙双方就会议时间的变更达成一致,双方间的协议除会议日期外,其余不作变更。

3. 乙方服务的变更(除非产生如下情况,否则乙方无权变更服务):

● 乙方签约的下游服务商出现法律规定的破产、停业或者其他人力不可抗拒的服务中断事件,同时乙方调换的下游服务商不能满足甲方请求;
● 会议地点出现重大自然灾害(包含急性传染病);
● 会议地点出现重大政治事件(包含政府征用会议场合)。

如果不是由于上述原因,乙方请求变更服务,将赔偿甲方由于服务变更而导致的预期损失。出现本条款所列事项时,乙方应当在第一时间内以书面方式通报甲方,并在甲方收到通知后作出变更预案供甲方选择——乙方保证变更的服务应当不低于协议水准。

基于友好合作的精神，所有变更事宜双方协商解决。同时，双方约定：
- 甲方变更或取消会议应当在协议生效后会议正式举办前＿＿＿＿＿＿＿＿个工作日前通知乙方，除乙方已经支付的成本外（在甲方的预付款项中抵扣，不足部分乙方有权请求甲方补足，超出部分乙方返还甲方），乙方放弃预定收益的索赔；
- 甲方变更或取消会议的决定如果在会议前＿＿＿＿＿＿＿＿日通知乙方，甲方应赔付乙方预期利益的＿＿＿＿＿＿＿＿％，并不退回预付金；
- 甲方变更或取消会议的决定如果在会议前＿＿＿＿＿＿＿＿日通知乙方，甲方应赔付乙方预期利益的100％，并不退回预付金；
- 乙方由于非本条款原因请求变更或取消服务，于会议举办前＿＿＿＿＿＿＿＿日通知甲方的，必须全额退还甲方预付款；
- 乙方由于非本条款原因请求变更或取消服务，于会议举办前＿＿＿＿＿＿＿＿日通知甲方的，除退还甲方预付款外，还必须赔付甲方本协议总金额的＿＿＿＿＿＿＿＿％，如在＿＿＿＿＿＿＿＿日前通知甲方，乙方必须全额赔付。

4. 双方约定，本协议规定的服务及费用核算原则如下：
- 住宿、餐饮及车辆——按协议标准结算，容许实际费用总量下浮5％。
- 除协议规定的服务总量以外，乙方批准按协议标准供给服务预留空间，但不超过总量的5％（指各单项服务）。
- 双方确认，所有服务费用在＿＿＿＿＿＿月＿＿＿＿＿＿日前由甲乙双方核算认可，甲方保证一次性将款项支付给乙方——如果超过约定期限，乙方有权请求甲方支付滞纳金——标准为总量的0.5％，按日计算。

六、生效

本协议自双方共同签章且甲方提供规定的预付金后生效。协议所提附件作为其不可分割部分，与协议主体有同等法律效力。协议一式四份，双方各执两份。

七、未尽事宜、仲裁

双方约定，如果对本协议的履行出现争议，首先协商解决；如果协商不能解决，双方将申请仲裁解决，仲裁地点为＿＿＿＿＿＿＿＿＿＿＿＿＿＿＿＿。

甲方：（盖章）　　　　　　　　　　　　　　乙方：（盖章）

签约日期：　　　　年　　　月　　　日

8.2.3　参展合同

参展合同是指会展组织者与参展商之间，在平等自愿的基础上，就参展问题相互为意思表示，并达成协议的法律行为。一般而言，一份完整的参展合同主要包括以下条款（如案例8-2所示）。

1. 当事人

参展合同的当事人应当一方为主办方,另一方为参展商。实践中往往由承办方代替主办方与参展商订立参展合同,此时参展商需要了解主办方与承办方约定彼此权利义务的协议。因为,超出此协议约定范围,承办方不承担责任,如果承办方在参展合同中承诺义务超出其与主办方协议的范围,这种承诺是很难得到法律保护的。

2. 定义条款

在参展合同的最前面对该合同出现的关键词语给予明确的解释,以防止出现不必要的误解,尽可能避免争端的发生。

3. 展位面积和展位价格

展位面积和展位价格必须在参展合同中写明。

4. 展品

参展合同中应详细写明展品范围,一般要求展品属于展会的展示范围。如果是超出所列范围的展品、危险品或其他可能导致不安全因素的展品进入展会,主办方应予以没收,清除出会展场地。

5. 参展规则

参展规则指会展主办方为使展会活动顺利进行而制定的相关管理办法,实践中多以参展合同附件出现,也有的因为参展合同比较简单而直接在合同背面印制。

6. 展台搭建手册

展台搭建手册主要规定了展台设计、搭建过程中的各种细节问题,以确保会展安全及有序进行,一般单独于参展合同,但作为参展合同的组成部分,同样具备法律效力。

7. 参展商手册

参展商手册是主办方对参展商在会展期间行为要求所作的基本规定,与展台搭建手册一起,共同作为参展合同的组成部分,具有法律效力。参展商手册包括进馆、离馆时间,各参展商的宣传及销售活动范围。展会期间,参展商自行保管展品,主办方现场予以协助,对主办方组织的采访、摄影、录像等活动,参展商应予以配合。

8. 后勤保障

除了提供场地之外,负责展馆范围内照明用电、通信设施的正常运转,保持展馆通风和良好的卫生环境,维护会场秩序与展会安全,为各参展商提供必要的简单设施等,都属于主办方的后勤保障范围。

9. 其他服务

如为了方便参展商,有的主办方会提供预订酒店及票务服务,有的主办方下设有物流货运组,为参展商提供展品、展具运输收费服务。参展商可根据自身需要在此类条款中进行选择并明确相关费用。

10. 变更条款

变更条款是指原定的参展或展出发生变化而在双方当事人之间产生的权利义务关系,如转租、撤展以及因此而导致的费用结算。

11. 违约责任

违约责任是指合同一方或双方没有履行或不适当履行合同约定的义务后,依照法律的规定或者按照当事人的约定应当承担的法律责任。双方在合同中确立的权利义务关系受法律保护,应当认真履行。但是,在实践中当事人一方或双方违反合同约定的情况经常发生。所以在双方签订合同时,应当在合同中明确约定发生违约后应承担的违约责任。违约责任的内容包括违约金、赔偿损失以及赔偿金额的计算方法等。

12. 争议解决机制

实践中处理争议一般有协商、调解、仲裁和诉讼四种方式,其中前两种不具有法律约束力,后两者属于司法裁决,具有法律效力。

13. 附加条款

实践中主办方大多以函件形式告知参展商应遵守的规定与措施等,如不遵守这些函件中的规定,一切后果由参展商自负。

在目前的展会组织中,有些主办方和参展商都不很重视参展合同,即使订立参展合同,合同往往也比较简单,大多只约定了展位面积、价格及付款方式,有时也会以展位预订表格的形式代替正式的合同书。这样做虽然在操作时比较简便,但由于权利义务规定不清,极容易产生纠纷,不利于会展项目的顺利推进。

案例8-2　　　　　　　　展览会参展协议

甲　　方:
联系地址:
联系电话:

乙　　方:
联系地址:
联系电话:

为进一步促进我国汽车行业的发展,甲方将于2014年11月22日至24日期间举办"＿＿＿＿＿＿＿＿展览会"(以下简称"博览会")。经协商一致,甲乙双方在平等自愿的基础上,就乙方参加博览会事宜,达成如下协议:

一、博览会概况

本次博览会举办地点为＿＿＿＿＿＿＿＿,为期3天,其中,布展时间为＿＿＿＿年＿＿＿＿月＿＿＿＿日—＿＿＿＿月＿＿＿＿日,展出时间为＿＿＿＿年＿＿＿＿月＿＿＿＿日—＿＿＿＿月＿＿＿＿日,＿＿＿＿年＿＿＿＿月＿＿＿＿日晚—＿＿＿＿日早8点为撤展日。

二、参展位置、用途及金额

1. 展位及用途

乙方所定展位为展馆室内_____号展位,展位面积为_____ m^2(详见《展位示意图》),作为乙方参展商品或产品展示。

2. 金额

乙方所选位置单价人民币_____元/m^2,总金额为人民币_____元整(大写:人民币_____元整)。

三、付款

1. 乙方应于本协议签署后7个工作日内交纳全部展位费用。
2. 收款单位:_____
   开户行:_____
   账号:_____
3. 甲方在收到款项后,向乙方开具正式发票。

四、甲方权利及义务

1. 甲方作为本次博览会主办单位,保证博览会如期举行,如因不可抗力以外原因造成博览会延期、取消或发生其他变更致使不能如期按本协议规定举行的,甲方应及时书面通知乙方,并退还乙方已经向甲方支付的全部展位费。
2. 甲方应积极主动与_____展馆协商,负责乙方参加博览会期间的全程服务,包括但不限于展位安排、证件办理、会务协调、安全保卫等事宜。
3. 甲方保证为乙方提供的展位面积和现场广告及其发布形式与本协议所载内容一致。如有特殊原因需变更,甲方应事先以书面形式通知乙方,经乙方书面同意,并按照乙方要求给予调整后方可变更。如因上述不一致而导致乙方发生损失或给乙方造成不便,甲方应承担相应责任。
4. 甲方向乙方赠送博览会门票_____张。
5. 甲方为乙方提供参展证_____个。

五、乙方的权利和义务

1. 本协议生效后,乙方应保证正常参展,如因乙方的原因,发生变更取消参展,乙方应及时通知甲方,并以全部参展费用作为违约金。
2. 乙方应当按照本协议的约定向甲方按时支付参展费用,如乙方未按本协议约定支付参展费用,乙方应当向甲方支付全部参展费用的10%作为滞纳金。
3. 乙方应在_____年_____月_____日前将场地搭建设计图交甲方备案;若乙方设计图违背本协议约定,甲方有权要求乙方进行修改;乙方保证博览会期间,展台背景板的位置按照甲方的要求搭建,背板的后面不可做镂空设计,必须用展布或喷绘封闭,展台高度不应超过_____米。

4. 乙方自行承担场馆搭建所需材料及相关费用,包括但不限于施工搭建押金、施工管理费等,应积极主动与甲方配合,根据_____展馆相关规定,完成场地搭建。若因乙方原因导致其未能及时召开展览,所受损失由其自行承担;若因此对甲方造成损失,乙方应承担相应赔偿。

5. 展期内布展施工单位须服从场馆工作人员的管理,不得有损坏场馆设备设施的行为。馆内不得使用或行驶履带式机械;若对场馆建筑、设备有损坏,由乙方负责修复或赔偿。

6. 乙方布展时,展品重量不得超过地面荷载(地面承重:3.5吨/平方米),乙方不按规定布置展品,造成地面下沉等事故时由乙方负责维修并赔偿经济损失。

7. 乙方在场馆搭建过程中应当避开展馆内消防地沟,不得对其造成毁损,如有损坏乙方负责维修并赔偿经济损失。

8. 乙方场地的搭建及使用应符合安全标准;在_____年_____月_____日展会结束后,乙方应负责自行拆除搭建物,恢复场地原状。

9. 展览期间,乙方工作人员应爱护场馆固定设备,不得损坏或拆改;门、窗、柱、墙和地面等不得钉钉、凿洞或张贴涂写。如有违反,照价赔偿。严禁在展厅内吸烟。

10. 展览期间,乙方应保证博览会现场使用音频及视频设备的音量不超过70分贝;否则,甲方有权给予罚款及撤展等相应的处罚。

11. 乙方应按甲方要求保持展厅、展场卫生,不得随意丢弃废弃物或包装物。展厅内严禁带盒饭进入。

12. 乙方在布展及展出期间应遵守参展商手册约定,配合甲方做好安全保护等相关工作。

13. 乙方参展期间应加强内部管理,避免出现与其他参展商之间或观众之间的纠纷,由此而产生的相关问题,甲方负责协调解决,协调不成则由纠纷当事人自行解决,由此产生的责任甲方不予承担。

14. 展会期间如涉及销售,需向_____所在地工商、税务部门办理申报手续;未办理手续的,不能在展出期间出售任何形式的商品(包括会刊、杂志及各类展品等)。乙方应按照规定自行向有关部门申报相关手续,并书面通知甲方;若因上述问题受到工商税务部门经济处罚,由乙方自行承担。

六、保密及知识产权

1. 本协议所涉及内容为甲乙双方之商业秘密(包括但不局限于甲方的客户信息、价格及报价政策、展会整体策划、经甲方加工处理的公共信息等),任何一方不得向第三方泄露。如有违反本条款之约定,违约方应承担相应责任并赔偿相应经济损失。

2. "_____展览会"运营所产生的一切知识产权(包括但不局限于展会名称权、会标权、设计或方案等有关软硬件和文档资料)归甲方所有。

3. 乙方不得展出侵犯他人知识产权之产品。一经发现,甲方有权解除合同,并且甲方不承担任何责任。

七、违约责任

本协议生效后,双方必须严格遵守;如违反本协议,违约方应当按照本协议的约定承担违约责任,并赔偿因其违约行为给守约方造成的一切损失。

八、不可抗力

发生不可抗力(所谓"不可抗力"指不可预见、不可避免的突发客观事件如自然灾害、重大疫情、政治事变、战乱等)致使甲乙任何一方不能履行、延迟履行或不能完全履行本协议项下规定的义务时,遭遇不可抗力的一方可不承担相应的违约责任,但应立即以书面形式通知对方并及时提供有效证明文件。不可抗力发生后,甲乙双方应通过友好协商尽快决定是否继续履行本协议。

九、争议解决方式

甲乙双方应本着友好合作的态度,诚信履行本协议,若在本协议履行期间产生争议,双方应友好协商解决。若无法协商解决,任何一方均有权向_____人民法院提起诉讼。

十、附则

1. 本协议未尽事宜,经甲乙双方协商后,另行签订书面补充协议,补充协议与本协议具有同等法律效力。

2. 具体参展事宜详见《参展商手册》,如本协议规定与《参展商手册》内容有冲突,则以《参展商手册》的规定为准。

3. 本协议一式两份,甲乙双方各执一份,经甲乙双方签字盖章之日起生效。

甲方: 乙方:
(盖章) (盖章)
授权代表: 授权代表:
签订日期:____年____月____日 签订日期:____年____月____日

8.2.4 会展场馆租赁合同

会展场馆租赁合同是指会展场馆出租方和会展组织者之间订立的,约定双方在场馆租赁和会展活动中的权利义务等事项的协议。它与常见的租赁合同相似,实践中也较为完善,其主要条款包括以下几个方面(如案例8-3所示)。

(1) 合同当事人。

(2) 标的名称、地址、面积。

会展场地租赁合同的主要标的是指会展中心名称、场馆所在位置及拟租用面积。

(3) 租金及租赁期限。

(4) 服务费用。

场馆租赁合同中,会展场馆主体方作为出租方除了提供场地外,还为承租方提供照明、清洁、安保、监控、咨询等有偿服务,供会展主办方选择。

(5) 双方权利义务。

会展主办方应在租赁前一定期限内取得办会展所需要的新闻出版、工商、消防、公安等政府部门的批准文件并交场馆出租方备案;场馆出租方应保证会展主办方在租赁期限内场地的正常使用,并按约定内容和标准提供服务。

(6) 违约责任。

(7) 合同的变更、解除及争议解决方法。

(8) 生效、文本及地点、日期。

案例8-3　　　　　　会展场地租赁合同

出租方(甲方):　　　　　　　　　　承租方(乙方):

根据《中华人民共和国合同法》及其他法律法规的规定,甲乙双方在自愿、平等、公平、诚实信用的基础上,就会展场地租赁的有关事宜达成如下协议。

第一条　租赁场地及用途

1. 具体位置:＿＿＿＿＿＿＿＿＿＿＿＿＿＿＿＿＿＿＿＿＿＿＿＿＿＿
2. 用途:用于乙方举办＿＿＿＿＿＿＿＿＿活动。

第二条　租赁期限

租赁期限为:＿＿＿＿年＿＿＿＿月＿＿＿＿日至＿＿＿＿年＿＿＿＿月＿＿＿＿日。

第三条　使用时限

乙方使用租赁区域的时限为＿＿＿＿时至＿＿＿＿时。在租赁期限内,乙方应在约定的时限内使用租赁区域;如乙方需在约定时限之外使用租赁区域的,应提前征得甲方同意并向甲方支付超时使用费,超时费用按照＿＿＿＿＿＿＿＿＿方式计算。

第四条　租金支付

1. 租金的计算按照以下标准计算:＿＿＿＿＿＿＿＿＿＿＿＿＿＿＿＿＿
2. 租金预付定金:甲方在＿＿＿＿年＿＿＿＿月＿＿＿＿日前向乙方支付定金＿＿＿＿元,最高不得超过总价款的20%。
3. 预付款:甲方在＿＿＿＿年＿＿＿＿月＿＿＿＿日前向乙方支付预付款＿＿＿＿元。
4. 余款支付:＿＿＿＿＿＿＿＿＿＿＿＿＿＿＿＿＿＿＿＿＿＿＿＿＿＿
5. 支付方式:＿＿＿＿＿＿＿＿＿＿＿＿＿＿＿＿＿＿＿＿＿＿＿＿＿＿

第五条 甲方提供的基本服务

1. 在租赁期限内甲方向乙方提供以下基本服务：

（1）租赁区域和公共区域的原建筑照明。

（2）15～20名服务人员。

（3）音响系统及灯光系统。

（4）其他：_____。

2. 如乙方需甲方提供基本服务之外的其他服务，双方应另行订立补充协议。补充：如甲乙双方未达成补充协议的，在本协议其他条款约定的服务条款最终不得超出本协议第五条之范围，否则视为无效约定。

第六条 设施的使用

1. 甲方应在签约前向乙方如实说明与租赁区域有关的场地情况，并向乙方提供场地设施技术数据等书面资料。乙方应向甲方如实说明会展情况，并根据甲方提供的数据资料判断场地是否满足会展需求。

签约前，乙方应充分了解甲方出租场地的有关情况，知悉甲方提供场地的相关数据资料，并确认甲方的场地能够满足乙方会展需求。

甲方未如实提供场地、设施的有关情况而造成乙方办展活动无法顺利进行的，应赔偿由此给乙方造成的损失；乙方未如实说明展品情况，造成场地设施无法满足展品需要的，乙方自行承担损失，造成甲方场地设施损坏的，应承担赔偿责任。

2. 甲方协助乙方进行展台搭建、安装、拆卸、搬迁及善后等工作。乙方进行上述活动时不应妨碍甲方场地内的其他展览和活动。（补充：乙方进行展台搭建、安装、拆卸、搬迁及善后等工作的相关费用不包含在乙方支付给甲方的租金内，乙方进行展台搭建、安装、拆卸、搬迁及善后等工作产生的费用由乙方自行承担）。

3. 在租赁期限内，双方应共同保持租赁区域和公共区域的清洁和畅通。

4. 如无甲方书面特别许可，下列物品禁止进入甲方场馆：

（1）危险物品，包括但不限于武器、枪支、刀、剑、弹药、炸药、易燃物、放射物或其他危险物品。

（2）未经海关同意的进口物品。

（3）任何影响甲方正常运作或被有关部门禁止的物品。

第七条 甲方权利义务

1. 甲方有权监督乙方在租赁期限内遵守本合同约定及甲方的有关规章制度，并对乙方违反有关约定的行为予以制止。（补充：由于乙方违反甲方管理制度导致会展活动无法进行的，相关责任由乙方自行承担，给甲方造成损失的，甲方保留追究乙方责任的权利。）

2. 甲方应按约定为乙方提供场地及相关配套设施和经营条件，保障乙方正常的会展活动。

3. 除有明确约定外，甲方不得干涉乙方正常的会展活动。

4. 甲方应对市场进行物业管理,并负责场内的安全防范和经营设施的建设及维护,包括:建筑物(包括公共区域及租赁场地)的管理及维修保养;对乙方装修的审查和监督;水、电、气、空调、电梯、扶梯等设备、管道、线路、设施及系统的管理、维修及保养;清洁管理;保安管理及市场的公共安全;消防管理;内外各种通道、道路、停车场的管理。

第八条 乙方权利义务

1. 乙方应按照约定用途使用甲方场地,自觉遵守甲方依法制定的各项规章制度,服从甲方的监督。

2. 乙方应按合同约定及时支付给甲方租金。

3. 乙方有责任维护租赁区域和公共区域的整洁。租赁期限届满,乙方应在_____小时内把自己及参展商的所有物品(展台、展架、遗弃物以及垃圾)移出租赁区域。有关物品未能按时移出的,甲方将视为遗弃物进行处理。乙方也可以委托甲方对上述物品进行清理,所需费用由乙方承担。

4. 乙方应合理使用场内的各项设施,如需安装设备、摆放展品、设置宣传广告等,应先征得甲方同意,造成损坏的应承担修复或赔偿责任。

5. 乙方保证自己及自己的客户不会对甲方或甲方场所进行的其他展览会有任何攻击、损害或干扰的不正当竞争行为。

6. 乙方负责对自己财产进行妥善保管,并保证其展品或其他物品不占用或堆放在非租赁区域(包括室外场地);否则甲方有权予以处理,所需费用由乙方承担。

7. 乙方如为宣传会展活动而需使用甲方名称、商标和标志时,应事先取得甲方书面同意,否则乙方应承担由此产生的法律责任。

8. 乙方会展活动及展示物品应在国家法律法规规定范围内进行,如会展中有违法活动或者乙方展览之物品可能侵犯第三人的权益(包括但不限于人身权、财产权等),甲方有权立即终止本协议,造成甲方损失的,甲方有权追究乙方的责任。

9. 会展期间,如因乙方或乙方原因导致第三人造成甲方的损失,乙方对甲方应承担全部赔偿责任。

第九条 违约责任

1. 甲方未按约定提供场馆或用水、用电等经营设施或条件致使乙方不能正常经营的,应减收相应租金,乙方有权要求甲方继续履行合同或解除合同,并要求甲方赔偿相应的损失。

2. 乙方未按照约定支付租金及其他费用的,应每日向甲方支付迟延金额的_____%的违约金。

3. 如乙方擅自中止或解除合同,甲方已经收取的费用不需退还给乙方,甲方有权追收乙方尚未支付的费用。

第十条 争议解决

若在本合同履行期间产生争议,由双方当事人协商解决,或向有关部门申请调解解决;协商或调解解决不成的,按下列第_____种方式解决。

> 1. 依法向人民法院起诉；
> 2. 提交仲裁委员会仲裁。
>
> **第十一条　不可抗力**
> 因发生自然灾害、重大疫情等不可抗力或突发事件的，经核实可全部或部分免除责任，但应及时通知对方，并在合理期限内提供有效证明。
>
> **第十二条　其他约定**
> 1. 本合同经双方签字盖章后生效。
> 2. 本合同正本一式二份，甲、乙方各执一份。
> 3. 本合同任何修改须以书面形式并由双方签字同意。
> 4. 未尽事宜，双方可另行以附件形式补充。附件由双方签字确认，与本合同具有同等法律效力。
> 5. 其他：＿＿＿＿＿＿＿＿＿＿＿＿＿＿＿＿＿＿＿＿＿＿＿＿＿
>
> 甲方(签章)：　　　　　　　　　　乙方(签章)：
> 签订日期：　　　　　　　　　　　签订日期：

8.3　会展项目的风险管理

8.3.1　会展项目风险管理规划

所谓风险是指某一行动的结果所具有的不确定性。在会议、展览、大型节事活动的举办过程中充满着各种不确定性，会展项目的组织者需要事先预测并妥善应对这些不确定因素，这就涉及会展项目的风险管理。会展项目的风险管理就是会展项目组织者通过前期识别办展过程中的不确定性，制定策略，主动消除或减弱风险发生的可能性，从而提高会展活动目标实现的可能性的多项管理活动。

规划是管理的基本职能之一，会展项目风险管理规划是指在会展项目正式启动前或启动初期制定系统完整的风险管理策略和方法的过程。完整的会展项目风险管理规划的主要内容应该包括以下内容。

1. 风险管理参与者及其责任

会展项目启动时应当成立专门的风险管理小组，其生命周期与会展项目的生命周期相同，会展项目结束时，项目风险管理小组的使命完成，方可解散。项目风险管理小组应当定期召开例会进行会展项目风险的识别、评估、应对以及监控，动态、持续跟踪会展项目的进展情况。

2. 风险管理方法

在不同的风险管理活动中，管理方法不尽相同，如风险识别可采用德尔菲法、核对表法、头脑风暴法等，而风险估计可以选择概率估计、后果估计等。会展项目的风险管理小组团队成员应当根据团队成员应对项目风险的能力、资源等实际情况，选择适合的方法。

3. 风险管理的时间周期

即规划在会展项目进行过程中多长时间进行一次项目风险的识别和控制,以及何时采取项目风险的应对措施。

4. 风险管理的类型级别及说明

它有助于选择与风险程度对应的应对策略,防止决策滞后,保证过程连续,从而保证收到良好的会展项目风险管理效果。

5. 风险应对方法

会展项目风险管理规划中应当明确由谁以何种方式采取风险应对的行动。

6. 风险管理汇报

会展项目风险管理情况不仅需要跟项目团队内部成员沟通,还需要和主办方、合作单位、赞助方等利益相关者沟通。为了实现高效的信息交流,预先规划好风险管理过程中的汇报内容、格式、范围、方式等是非常有必要的。

7. 风险管理的跟踪评估

即以文档的方式记录会展项目实施过程中风险管理的过程,用于对当前项目的监控以及对以后新项目的指导。

8.3.2 会展项目风险识别

会展项目风险识别就是确定何种风险事件可能影响会展项目,并将这些风险的特性整理归类。

1. 会展项目风险识别的内容

在进行会展项目的风险识别时,风险管理小组应当在明确目标的基础上,充分分析会展项目的相关材料、办展外部信息、历史上类似项目的风险资料等,估计项目的风险形势,从而得出项目风险源。

(1) 会展项目分析。

会展项目分析主要需要分析四个方面:会展项目的来源是否存在不确定性;会展项目的目标(经济性和非经济性)是否合理;会展项目的主要机会是否客观存在;项目计划中有关条件是否真的具备。

(2) 会展项目执行方案的外部环境分析。

会展项目执行方案的外部环境分析包括对项目执行方案的政治环境、经济环境、组织环境不确定因素的分析,以及项目执行所需要的各种资源不确定性的分析。

(3) 会展项目执行过程中可能风险源分析。

会展项目执行过程中可能风险源分析包括分析妨碍会展项目成功以及使项目计划执行发生偏差的各种主要风险源和风险事件,类比历史上同类项目的风险发生情况,分析历史上曾发生的风险源和风险事件是否会在此项目中发生。

2. 会展项目风险源

会展项目主要的风险来源包括以下四个方面。

(1) 系统风险。

系统风险又称为"不可分散风险",这类风险涉及所有企业,是指那些对所有企业都产生影响的风险,如战争、自然灾害、瘟疫、经济衰退、通货膨胀、恐怖袭击等。对于这类风险,办展机构仅靠自身的力量很难克服,也很难抵挡它们给会展项目带来的不利影响。办展机构只能采取一些措施对它们进行预防和规避,或者将它们对会展项目的不利影响降到最低限度。

(2) 经营风险。

经营风险是指因会展项目定位不当、招展不力、招商不顺等办展机构经营方面的原因给举办会展项目带来的不确定性。经营风险一旦出现,很容易给相关展会和办展机构的市场声誉造成伤害,并严重影响展会形象。

(3) 财务风险。

财务风险包括贷款筹措资金给办展机构在财务上带来的不确定性和办展机构资金投入后收益的不确定性。

(4) 合作风险。

合作风险是指办展机构各单位之间、办展机构与展馆之间、办展机构与会展项目各代理服务商之间,在合作过程中可能出现各种纠纷的不确定性。

3. 风险识别的方法

在分析资料、识别风险时,我们可以利用一些技术工具和方法,这里简要介绍以下几种。

(1) 头脑风暴法。项目成员、外聘专家、客户等各方人员组成小组,根据经验列出所有可能的风险。应用头脑风暴法进行风险识别时,应当不进行讨论,也没有判断性评论。一名成员说出某一可能风险源时,紧接着下一名成员说,不讨论、不评判,这样才能更有效地获得最佳解决方案。

(2) 检查表法。将会展项目可能发生的潜在风险列于一个表上,供识别人员检查核对,用来判断项目是否存在表中所列或类似风险。使用检查表法可以识别项目的风险。通过增加新遇到的项目风险进入表单,也可以有助于风险管理者和会展决策者积累经验。

(3) 情景分析法。情景分析法即通过有关数字、图表和曲线等,对会展项目未来的某个情境进行详细地描绘,提醒会展项目决策者注意某种措施或政策可能引起的风险或危机性的后果,建议需要进行监视的风险范围。

(4) 因果分析法(故障树法)。因果分析法是从活动过程中可能会出现的风险后果出发,反推出在场馆的哪些地方和方面会出现安全隐患,它采用的是倒推的方法。例如,假设在某酒店要举办一个高档珠宝展销会,在对其展览场馆风险进行评估时,就可从人员风险、珠宝风险、酒店设施风险等方面来考虑。具体来说,可以采用画鱼骨图或树状图的方式。

在会展项目识别过程中还可以应用工作结构分解法,可以参考模块五的有关介绍。

8.3.3 会展项目风险分析

风险分析是确定风险事件发生的可能性以及风险影响的可能性,然后按照计算每一个风险的期望损失值,对被识别风险进行排序,确定重要的风险,为进一步制定风险策略奠定基础。

确定风险事件发生的可能性及风险的影响是进行会展项目风险分析的难点。会展项目风险分析的方法有定性分析法与定量分析法两类。

1. 定性分析法

对于简单、规模不大的会展项目，有经验的风险管理者可以根据会展项目的相关资料和其他类似会展项目的情况，对风险事件的影响进行主观估计，通过制作风险估计表格的形式来进行预测（如表8-1所示）。

表8-1 主观风险估计表

可能发生的风险因素	权重(W)	风险因素发生的可能性(C)					W×C	分析结果
		很大(1.0)	较大(0.8)	中等(0.6)	较小(0.4)	很小(0.2)		
现场显示设备故障	0.05				0.4		0.02	5
参展商违约	0.3			0.6			0.18	2
出席领导行程改变	0.15		0.8				0.12	3
宣传效果不好	0.2					0.2	0.04	4
雾霾等天气因素，观众入场率低	0.3	1.0					0.3	1

运用表格进行主观风险分析的操作步骤如下：（1）列出可能的风险事件；（2）根据风险事件的重要性为每个风险事件规定一个权重（W），所有的权重值相加之和应为1；（3）根据经验估计风险发生的可能性（C），将发生的可能性分为几种并确定系数；（4）将每一项风险事件对应的权重值和可能性系数相乘（W×C）；（5）比较每一项乘积，值越大代表该项风险的影响越大，需要重点防范与应对。

2. 定量分析法

对于复杂的、规模较大的会展活动，风险管理者应在定性分析的基础上，采用定量分析方法来确定会展项目风险事件和风险影响的可能性，并尽量用数字的形式来体现风险对会展项目的影响，计算每一个风险的期望损失值，找出比较重要的风险。

8.3.4 会展项目风险应对

会展项目风险应对是对项目风险提出处理意见和办法。在对项目进行风险识别和定性、定量评估及评价之后，得到项目风险发生的概率和影响程度，再根据会展目标的要求，决定采取何种措施，以达到降低风险发生概率和损失的目的。

为了制定会展项目的风险应对策略，我们需要首先列出：（1）风险识别清单——包括对风险的性质和特色的描述，原因分析和后果判断，以便有针对性地选择应对方案；（2）备选应对方案——方便进行比对识别，选择最佳应对方案；（3）相关干系人承受风险的心理底线——相关干系人包括会展项目的主办方、赞助方、承办方等，他们需要承受风险的后果与损失，心理准备不同，他们眼中的风险程度也不同。

1. 会展项目风险应对策略

常用的项目风险应对策略有很多，针对会展项目的不同风险，有以下应对策略可供会展项目风险管理者及决策者选择。

(1) 容忍策略。

当决策者觉得自己可以承担损失时,就可以采用会展项目风险容忍策略。当会展项目风险损失发生时,将之摊入成本或费用,或冲减利润,这是会展项目风险自担的方式。会展企业也可以预留一笔风险金来弥补风险损失。

(2) 减轻策略。

减轻会展项目风险需要控制会展项目风险因素,减少风险的发生或是降低风险的损害程度。采取这一策略需要项目决策者和风险管理者能够准确地预测风险,制订多种方案以供选择,同时及时进行有关信息的更新与交流。

(3) 转移策略。

转移策略不是减少风险的发生,而是借用合同等手段,在风险发生时将损失的一部分转移到第三方身上。在实施会展项目时,向保险公司投保,将展台施工、旅游、开幕式策划等具体业务外包都是进行风险转移的方式。

(4) 回避策略。

当会展项目的可能收益难以抵消会展风险所造成的损失时,决策者往往就会放弃项目,以规避风险的发生。

2. 会展项目突发事件的应对

所谓突发事件是现实的或者是肯定要发生的、威胁到人民生命财产的安全、阻碍了国家政权机关正常行使权力、影响了人们的依法活动、必须采取特殊的对抗措施才能恢复秩序的重大事件。在会展项目的布展、施工、展览展示现场发生突发事件的情形并不少见,这类事件的发生轻则造成参展商、公众的虚惊,影响展会的品牌和主办方信誉,重则发生人员伤亡,酿成惨剧。在会展项目风险应对中要尤其重视对于突发事件的应对。

(1) 会展项目突发事件的应对原则。

① 预防为主的原则。

会展项目主办方应建立应急预案体系,做到有备无患,防患于未然。预防为主的重点应放在展会的安全保卫工作上,做到会前有安全保卫工作策划,制订完善的安全保卫工作实施方案,并举行消防工作演练;会中(布展、开幕、参展、撤展)具体实施安全保卫工作方案;会后及时总结经验。

② 快速反应的原则。

会展项目遇到突发事件时,要及时准确地了解、把握事件的情况信息,分析发展动向,迅速启动应急措施方案,快速反应,及时有效地控制事态发展。

③ 统一指挥,协调联动的原则。

会展项目应急管理应建立由展会展览组、安全保卫组、会务组、接待组、项目组、新闻组等有关领导、专家组成的会展项目应急管理指挥、协调联动小组。一旦事件发生后,各小组要充分发挥各自的专业性,加强沟通协调,理顺关系,明确职责,搞好部门之间、条块之间的衔接和配合。服从统一指挥,协同作战,相互支持,积极应对,保证应急工作有序、高效地运行。

④ 政府主导,社会参与的原则。

政府的权威性不可动摇,社会的力量不可忽视。会展项目突发事件的处理,必须发挥政府部门的主导作用,综合运用各种手段,调动社会各方面的资源投入,形成政府主导、部门协调、军地结合、社会参与的应急管理工作格局。

(2) 会展项目应急预案。

要做到防患于未然,遇到突发事件时能够有效处置,编制科学的会展项目应急预案非常重要。会展项目应急预案主要包括以下内容。

① 总则。

重点要说明编制目的、编制依据、概念与分级、适用范围、工作原则。

② 指挥体系。

处理会展项目应急事件应成立应急管理领导小组,应急管理领导小组应按照有关规定,统一领导、指挥和协调发生的应急事件。

会展项目应急事件领导小组下单设办公室或秘书处,主要职责包括承担会展项目的应急管理工作、组织协调会展项目突发事件的应急救援工作、组织编制会展项目应急预案、组织会展项目安全应急救援演习、与会展项目属地政府及政府有关部门和应急管理机构的联系、会展项目应急事故处理的新闻宣传报道与新闻发布工作、承担会展项目应急管理小组交办的其他工作。

③ 预防机制。

会展项目各工作组应当及时将特大安全事故的灾难风险信息及时报告会展项目应急管理小组办公室,会展项目应急管理办公室在接到可能导致安全事故的信息后,要按照应急预案及时确定应对方案,并通知展览组、会务组、秘书处、保卫组、后勤组、展览馆等采取积极行动,预防事故的发生。办公室根据危险源监控信息,对可能引发的重大紧急情况险情,及时向会展项目属地应急管理部门和政府报告。在十分紧急的情况下,要简化程序,立即用电话直接向更高一级政府报告简要情况。

④ 应急响应。

展会应急事件发生后,应根据灾难可能造成后果的不同程度,实行不同级别的应急响应制度。展会事故的分级,应参照国家事故灾难的分级标准,分为以下 4 类。

Ⅰ级事故:造成 30 人以上死亡(含失踪),或者危及 30 人以上生命安全的事故;直接经济损失 1 亿元以上的事故;100 人以上中毒(重伤)的事故;需要紧急安置 10 万人以上的事故。

Ⅱ级事故:造成 10~30 人死亡(含失踪),或者危及 10~30 人生命安全的事故;直接经济损失 5,000 万~1 亿元的事故;50~100 人中毒(重伤)的事故;需要紧急安置 5 万~10 万人的事故。

Ⅲ级事故:造成 3~10 人死亡(含失踪),或者危及 3~10 人生命安全的事故;直接经济损失较大的事故;30~50 人中毒(重伤)的事故;需要紧急安置 1 万~5 万人的事故。

Ⅳ级事故:造成不足 3 人死亡(含失踪),或者危及不足 3 人生命安全的事故;直接经济损失较大的事故;不足 30 人中毒(重伤)的事故;需要紧急安置不足 1 万人的事故等。

对以上不同级别事故的响应,应按照《国家安全生产事故灾难应急预案》、有关部门预案和省级及以下政府应急预案进行分级响应。

⑤ 后期处置。

会展项目应急预案终止实施后,会展项目主办方应积极采取措施,在尽可能短的时间内,努力消除事故带来的不良影响,妥善安置和慰问受害及受影响的人员和单位。要积极和保险部门沟通,联系受灾人员和单位的保险受理、赔付工作。还要认真总结经验教训,写出事故应急总结报告,举一反三,完善会展项目应急救援工作方案。

⑥ 保障措施。

会展项目应急管理办公室应建立完善的信息通信网络,小组组成人员的手机保持24小时畅通,做到重大紧急事件在第一时间内由会展项目应急办公室向会展项目举办地政府有关部门报告。还要建立有关数据信息库,包括本系统以及道路交通、公安、工商、保险、铁路、航空、供水供电供气、消防、医院、急救、防疫、媒体、各专业应急机构等的值班电话网络信息库,以防止事故发生后,不能在最短的时间内请求援助。会展项目各工作组要及时收集本责任区域内的安全信息、变更信息,及时报送会展项目应急管理办公室,各小组之间要确保信息共享,避免条块分割,以便为应急管理工作提供较为完整的文字和音像等基础资料。

会展项目应急管理办公室还要配备必要的应急救援设备,比如灭火器、消防栓、防毒罩、安全帽、医药用品等基本设备。

⑦ 宣传培训。

会展项目开始前,会展项目应急管理办公室应通过发放宣传资料、办培训班、进行模拟演习等途径,组织各有关人员和单位开展应急法律法规和事故灾难的预防、避险、避灾、自救、互救的宣传、教育工作,提高参展参会人员的危机意识和防范意识。

案例8-4　　　　　　第×届××活动应急预案

一、总则

(一)编制目的

建立健全第×届××活动(下称"活动")突发公共安全事件应急机制,有效预防、及时控制和消除活动突发公共安全事件的危害,指导和规范展会突发公共安全事件应急处理工作,最大限度地减少突发公共安全事件对参加活动的人员、设备、场所的危害,保障活动人员的生命财产安全和合法权益,保持良好的活动环境。

(二)编制依据

依据《中华人民共和国突发事件应对法》《中华人民共和国安全生产法》《国务院关于进一步加强安全生产工作的决定》《国家安全生产事故灾难应急预案》《××省突发公共事件总体应急预案》《××市突发公共事件总体应急预案》等法律法规及有关规定,制定本预案。

(三)工作原则

以人为本,预防为主,快速反应,统一指挥,各部门协调联动,依法办事。

(四)适用范围

本预案适用于活动内的突发公共事件的应急处置工作。涉及有关法律法规、上级政策及规定的,按照上级有关规定办理。

二、指挥体系

（一）活动应急协调中心及办公室

成立××活动应急协调中心（以下简称活动应急协调中心），统一组织、指挥、协调展会突发公共事件应急处置工作。

参与部门：党政办、社会事务办、经贸办、公安分局、交警大队、消防大队、供电公司、××市人民医院。

活动应急协调中心下设办公室，履行值守应急、信息汇总和综合协调等职责。活动期间，从有关部门各抽调1名同志负责展会应急管理工作。

（二）活动应急协调中心各成员单位职责

由活动应急协调中心统一领导，结合有关规定开展处置工作。

1. 保卫安全方面

包括领导护卫工作和活动场馆保卫工作，以及保障发生突发公共事件时的人员疏散安全，由公安分局负责组织实施，其他部门协助开展工作。

2. 消防安全方面

包括消防监测、排除消防隐患和消防应急准备工作，由消防大队负责组织实施，其他部门协助开展工作。

3. 食品安全及医护保障方面

包括活动中提供的各类餐饮的食品安全监测以及医疗应急保障，由市医院负责组织实施，其他部门协助开展工作。

4. 交通安全方面

包括保障领导出行路线和其他参加活动人员的交通畅顺、交通安全，由交警大队负责组织实施，其他部门协助开展工作。

5. 供电保障方面

包括活动期间的日常供电保障和临时供电保障，由供电公司负责组织实施，其他部门协助开展工作。

6. 其他未列明情况

其他未列明情况由活动应急协调中心研究部署、统一指挥、协调有关部门组织实施。

三、应急响应

活动应急协调中心办公室接到活动突发公共事件信息后，立即向有关部门通报事故情况，组织有关单位对事故进行调查确认以及评估，根据评估确认的结果，活动应急协调中心根据情况做出启动应急预案决定后，指挥和组织协调应急处理工作。

活动应急协调中心办公室在领导小组的统一指挥下，协调有关部门做好下列工作：

1. 立即通知相关部门人员以及专家赶赴现场调查处理。

2. 配合相关部门开展应急管理工作,应及时向活动应急协调中心报告应急工作进展情况。

3. 组织专家对活动突发公共事件发生的原因、性质、危害程度、波及范围等情况进行调查分析,提出下一步防范措施。

4. 会同组委会制订信息发布方案,及时采取适当方式组织发布活动突发公共事件有关信息。向媒体发布的信息,应当严格按照"信息归口、统一发布"的原则和规定程序,信息内容应经发布单位领导或活动应急协调中心审查同意后,以单位名义发布。

四、后期处置

(一)报送调查报告

应急处理工作结束后,活动应急协调中心办公室要组织相关成员单位及时写出调查报告,报市政府,并抄送市应急办和上级有关部门。

调查报告主要内容包括:1. 事故发生的时间、地点、原因、人员伤亡和直接、间接经济损失情况;2. 应急救援参加单位、投入人员和设备情况;3. 应急救援过程、经费决算、实际效果;4. 诱发事故的主要责任单位和个人。

(二)有关部门职责

1. 社会事务办要做好事故伤亡人员及其家属的安抚和善后处理工作。

2. 对重大和特大公共安全事故,由活动应急协调中心组织有关部门组成联合调查组或专家组,对事故原因进行调查。

五、应急处置保障

由活动应急协调中心协调有关单位,做好活动突发公共事件应急处置保障工作。

1. 交通运输保障(略)

2. 医疗卫生保障(略)

3. 治安保障(略)

4. 物资保障(略)

5. 经费保障(略)

6. 人员保障(略)

7. 培训与演练(略)

六、责任追究

重大和特大公共安全事故发生后,有下列情形将追究有关人员的责任:

1. 对重大公共安全事故隐瞒、缓报、谎报,或者授意他人隐瞒、缓报、谎报,或者阻碍他人报告;

2. 未采取积极有效的救援措施或应急救援不力;

> 3. 对事故调查工作不负责任,致使事故调查情况出现重大疏漏;
> 4. 索贿受贿、包庇事故责任者。
>
> 七、附则
> 本应急预案由活动应急协调中心办公室负责解释。

8.3.5 会展项目风险监控

会展项目从策划、实施到完成,需要一个较长的过程,在这个过程中存在着很大的不确定性,可能会给会展项目带到各种各样的风险。风险一般都有一个发生和发展的过程,对这个过程实施监控可以动态地掌握会展项目的风险及其变化,保证风险管理活动的效率。

1. 会展项目风险监控的内涵

会展项目风险监控是通过对项目风险规划、识别、评估、应对全过程的监视和控制,从而保证项目风险管理达到预期目标的过程。会展项目风险监控的主要内容包括对会展项目风险的跟踪和控制。风险管理者通过各种方法对不同类型的风险进行跟踪、控制,当风险事件发生后,启动事先规划好的应急预案,将会展项目的风险控制在可接受的范围内,确保会展项目成功。

2. 会展项目风险监视

会展项目风险监视是要跟踪观察风险的进程、发展变化和征兆,以便在发现有用信息的时候去指导人们开展必要的项目风险应对措施。

人们进行会展项目的风险监视有两种方式,一种是间断性的,另一种是连续性的。

① 间断性的风险监视,又称周期性监视,这种会展项目监视方法要求人们每隔一定的时间就对会展项目、项目风险、项目环境的变化进行一次必要的核查,从而发现其发展变化信息,然后使用信息开展项目风险的控制。在会展项目的策划以及准备阶段,间断性风险监视的周期相对较短,因为在会展项目的策划筹备阶段风险发展变化相对比较快且比较大。随着时间的推移,会展项目计划设计的完成、招商活动的顺利进行、合作单位确立等事项的推进,项目完成的部分增加而风险在逐渐减少,此时风险监视工作的周期就可以变长一些。而在会展项目正式举行的期间,由于现场管理与社会公共安全等方面的不确定因素增加,此时风险监视工作的间隔期就需要缩短,还需要与不间断(实时)监视同时采用和相互检验。

② 连续性的风险监控,又称实时风险监视。通常,进行实时风险监视方法必须使用电子或机械装置设备方能实现。在会展项目正式举行期间,需要安装闭路电视监控系统,这就是一种开展项目风险"实时"监视系统。能最有效预防和提示火警的烟雾报警设备,也是会展现场管理必需的实时风险监视设备。

3. 会展项目风险控制

在会展项目的监视过程中发现了项目风险的发展变化或风险出现征兆时,风险管理者就需要采取风险应对措施,但项目风险本身的不确定性使得事先制定的任何应对措施都很难完全符合项目风险应对的要求。因此,会展项目风险管理者需要继续监视应对工作的开展及其效果,注意发现项目风险应对中的偏差并进行进一步的项目风险控制。

会展项目风险应对偏差的产生可能基于两方面的原因:一是人们在进行风险应对时努力不够,即人为原因造成会展项目风险应对不力;二是由于风险应对计划本身未能全面估计客观情况而导致风险应对结果偏离计划。针对这两类不同的风险应对问题,需采取不同的风险控制措施。面对第一种情况,应该找到相关责任人,通过沟通改善他们的工作态度或改进工作方法,提高会展项目风险应对绩效,从而纠正出现的偏差。在发生第二种情况时,则需要及时修改风险应对计划,使之更适应项目风险监控的需要。

小　　结

会展经济蓬勃发展的同时,在巨大商业引诱下,会展活动中也频繁出现着各种知识产权侵权行为,会展项目的知识产权保护问题日益得到业界的重视。

合同是指设立、变更、终止民事权利义务关系的协议。在会展项目的组织实施过程中,合同可谓无处不在,如主办单位与承办单位的委托代理合同、参展商与会展组织者的参展合同、会展组织者与场馆提供方的场馆租赁合同等。

在会展项目进行过程中可能出现的经济纠纷主要包括两类:违约纠纷和侵权纠纷。

规划是管理的基本职能之一,会展项目风险管理规划是指在会展项目正式启动前或启动初期制定系统完整的风险管理策略和方法的过程。

会展项目风险识别就是确定何种风险事件可能影响会展项目,并将这些风险的特性整理归类的过程。

会展项目风险监控是通过对项目风险规划、识别、评估、应对全过程的监视和控制,从而保证项目风险管理达到预期目标的过程。会展项目风险监控的主要内容包括对会展项目风险的跟踪和控制。

 复习与思考

1. 当前我国的会展项目有哪些知识产权保护问题需要注意?
2. 会展项目经济纠纷主要有哪两类,其解决方式有哪些?
3. 参展合同应当包括哪些主要条款?
4. 会展风险的来源有哪些?
5. 会展项目突发事件的应对原则是什么?

 技能实训

××大学校园招聘会参展合同制定

一、实训要求

运用本模块中关于参展合同内容的介绍,并参考有关范例,制定一份校园招聘会参展合同。

二、 实训目的

强化学生对参展合同的认识,熟悉参展合同的内容。

三、 实训组织

学生每2人为一组,拟定××大学校园招聘会参展合同。

四、 背景资料

为做好2014年××大学应届毕业生就业服务工作,同时满足用人单位对本校毕业生的需求,帮助本校毕业生寻找到适合的就业发展机会,校学生就业指导中心将于2014年5月30日举办"××大学2014年校园招聘会"。招聘会计划征集200家企事业单位参会,并在现场设立服务窗口,为本校应届毕业生提供更好的就业服务。

招聘会相关事宜如下:

1. 主办方为每家用人单位提供1.5米宽展台和0.8米×1米空白展板,用人单位需自带宣传资料或宣传展板、展架。(不提供电源)

2. 招聘会当天,主办方发放学校相关资料,并提供午餐。

3. 本次招聘会不收摊位费。招聘会期间,外地参会单位住宿费自理。

时　　间:2014年5月30日(周五)9:00～14:00

地　　点:校体育馆

五、 实训内容

参展合同是会展活动中最重要的合同之一,请说明参展合同的主要内容,并根据以上已知信息拟定一份校园招聘会的参展合同。

模块九

会展项目评估与影响研究

 教学目的和要求

1. 掌握会展项目评估的概念与内容；
2. 理解会展项目评估的过程；
3. 掌握会展项目评估的报告撰写要求及应用。

 教学重点和难点

1. 重点是会展项目评估的概念、目的与意义；会展项目评估的方法、内容；
2. 难点是结合会展项目评估的方法和内容，剖析具体会展项目的综合效益，并撰写评估报告。

 **开篇案例**

由会展蓝皮书《中外会展业动态评估年度报告》引发的思考

2013年7月，上海大学会展研究院（SMI）发布了会展蓝皮书《中外会展业动态评估年度报告》(2012)（以下简称《报告》）。《报告》立足于第三方立场，通过大量资料的搜集整理和深入研究，强调以客观的态度，通过科学的方法，立足全局视野，结合中国需求，提供了中外会展国力、世界会展城市实力、全球会展基础设施、世界商贸类展会、国际组展商排名等产业动态评估成果，从而在中外会展业现状、特点与趋势研究的基础上，实现了专业视角、学术逻辑、实证根基和量化把握的研究价值，为会展业界、学术界和公共机构提供了系统完整的信息参考和决策依据。

难得的是，《报告》首次提出了全球会展国力四梯度分布、国际会展城市实力三层级团组等创新理念，并针对全球会展市场趋势、国际贸易中心与大型场馆依存互动关系等问题进行了全新的探讨。同时，根据场馆展能、品牌展会和组展商实力，尝试做出了中国三大会展城市群、三条会展城市带、两个会展城市特区，以及国际会展一线、二线、三线城市等测度判断。

《报告》指出，中国会展业在改革开放历史背景和社会主义市场经济不断走向成熟的环境下快速发展，已成长为世界会展大格局中的重要组成部分。然而，中国会展业要真正实现国际一流，成为世界会展强国还有待时日，比如在最具竞争力的场馆展能、最具品牌力的商展业绩和最具感召力的组展商实力等方面都还有待提升。

2012会展蓝皮书新闻发布暨学术研讨会当日，《报告》发布的核心数据和观点即引起了各类媒体的关注。统计显示,截至7月11日,20天时间内,已经有99家媒体发表了相关报道137篇。其中,有关全球会展国力和国际会展城市实力内容的媒体报道最多,分别达到52篇和38篇,体现了中国会展的世界眼光和会展竞争跨国界展开的特点,以及全社会对会展业繁荣直接影响城市发展的高度关注。选择从国内外场馆和组展企业角度分析的报道分别为20篇和13篇,体现了公众目光逐渐集中于制约中国会展业发展的两大瓶颈:基础设施硬件的建设和会展组织市场主体的培育。

资料来源:http://www.tnc.com.cn/info/c-003-d-3346421-p1.html,有改动。

案例解析

上海大学会展研究院发布的《会展蓝皮书:中外会展业动态评估年度报告》(2012)引发了众多媒体关注,也引发如下思考:态度严谨、调研细致、视角独特,学术价值不仅获得会展业界和研究层面认可,并且成为相关主管机构对进行会展产业布局、学科定位、政策完善的重要依据。客观地说,会展业界亟须系统完整、数据翔实、科学可靠的评估报告,这对制定中国会展业的发展规划,对会展业的健康、快速、可持续发展都将非常重要。

9.1 会展项目评估

9.1.1 评估的概念

评估是指依据某种目标、标准、技术或手段,对收到的信息,按照一定的程序进行分析、研究,判断其效果和价值的一种活动,或者是对某一事物的价值或状态进行定性、定量的分析说明和评价的过程。

9.1.2 会展项目评估的概念

会展项目评估就是指对一个会展项目的运营状态、实际效果和各方反应等情况进行调查、取证、分析和评价,从而使会展项目之间或者同一题目的各届会展活动之间能够进行客观的比较,以做出科学的评论。会展项目评估可由主办方自己进行,目的是主动了解情况;也可以由上级主管部门进行,目的是进行考核。

9.1.3 会展项目评估的特点

1. 现实性

会展项目评估是以所开展的会展实际活动为评估主体,以所发生的基本情况和产生的实际数据为基础进行的科学评价,具有现实性。

2. 客观性

实施会展项目评估,所有数据均采集自项目一线,在样本符合统计方法的要求的基础上,采用数量分析统计方法得出的结果是客观的。

3. 公正性

会展项目评估的过程和结果必须客观公正,评估的实施者是由第三方本着实事求是、认真负责、遵循职业道德规范的原则,客观公正地对项目进行分析、评价。

4. 全面性

会展项目评估是对项目活动的全方位评价与考察,包括会展项目主题的设立,各项活动的策划,参展商的邀请和组织,项目现场管理水平,专业观众的组织,项目服务质量,对项目的忠诚度、满意度,项目的社会效益和经济效益,项目可持续发展的条件等,是一个系统全面、科学的过程。

5. 针对性

除了常规性的评估,有时还要针对需求方做出针对性评估。如展会中某项目活动的效果评估。

9.1.4 会展项目评估的内容

1. 会展项目整体评估的内容

(1) 会展项目的目标评估。

会展项目的目标评估是评估项目实施后是否与原定目标相吻合,评判完成指标的实际情况和差距,并分析和寻找原因,同时对原定目标的正确性、合理性和科学性进行分析。

(2) 会展项目实施中组织与管理评估。

会展项目实施中组织与管理评估是对项目执行中各方落实的组织与管理工作的质量和水平进行评估。

(3) 会展项目的实施效益评估。

会展项目的实施效益评估是以会展项目实施后实际取得的经济效益、社会效益等为基础,测算会展项目的各项经济数据,并与前期预测指标相对比,分析并评估存在的偏差及产生偏差的原因。

(4) 会展项目的影响评估。

会展项目的影响评估主要包括经济影响、社会影响和环境影响三个方面。

经济影响评估主要分析评估会展项目对所在国家、区域、相关行业以及本行业所产生的经济影响。社会影响评估主要对会展项目在经济、社会和环境方面产生的有形、无形的效益和结果做出的评估,通过评估项目的影响力、可持续性等要素,分析会展项目对地方经济发展和行业发展的贡献度。环境影响评估主要是对项目的环境保护、生态平衡以及能源再生的影响和促进的评估分析。

(5) 会展商誉的评估。

会展商誉是指某个会展由于各种有利条件,或历史悠久积累了良好的市场声誉和公众声誉,或组织得当、服务周到等原因而形成的无形价值。

会展商誉具有非实体性、效益性、排他性、动态性等特点。

会展商誉的评估是商誉价值内涵的评估。

(6) 会展项目可持续发展评估。

优质的会展项目必须要有可持续发展的能力。一方面是资金投入所带来的持续效益,另一方面是会展项目的社会、参展商和公众的认可度,评估项目的客户忠诚度。

2. 会展项目分类评估的内容

(1) 展览会项目评估。
- 展览主题(主题是否明确、是否服务展示地方经济)。
- 展台设计与装饰(突出展示、宣传、介绍产品、宣传品牌)。
- 招商组展(展览会规模、展品质量、品牌、科技含量)。
- 广告宣传力度(在展览会前、会中、会后均应有强大的宣传阵容,达到接触、交流、洽谈、签约、交易)。
- 展览会后勤服务(在硬件设施上,有清洁优美的环境、展场指南、食宿安排、交通服务、展览会会刊等)。
- 经济与社会效益(交易额与协议,贸易商反映)。
- 后续工作:展览会总结与统计。

(2) 会议项目的评估。
- 承办者。
- 策划委员会。
- 指导委员会。
- 秘书处。
- 主题相关性。
- 目标明确性。
- 整体策划。
- 相关活动。
- 会议地点。
- 市场宣传。
- 公共关系。
- 预算。
- 发言人。
- 交通。
- 展览。
- 注册。
- 与会者手册。
- 娱乐活动。
- 休息。
- 招待会。
- 陪同人员。

(3) 大型活动项目的评估。
- 项目评估前期工作阶段。
- 项目评估实施阶段。
- 项目评估后期工作阶段。
- 评估报告。

9.1.5 会展项目评估的意义与目的

1. 会展项目评估的意义

会展项目主办方可通过每次评估的结论和建议，改善会展项目的市场开发和运营管理，及时调整会展项目方向和运作方式，扬长避短，不断完善自己的会展品牌。

参展商通过参展成本、会展效果、成交金额、观众和买家反映等多个层面进行综合、详细的评估，不仅可以比较评价不同会展项目的性价比，从中选择成本低而效果好的优质会展项目，而且还能把参展商与其他营销方式如广告、人员推广等在成本效益上做出比较，为以后选择何种方式进行市场拓展提供依据。同样，对会展项目评估工作加强监督，扶优汰劣，也是会展行业管理机构的一项重要任务。

所以，会展项目评估是会展整体运作管理中的一个重要环节。会展项目评估对会展行业的管理机构也有着重要的意义。

2. 会展项目评估的目的

（1）对会展项目的整体运作及其相关成果做出客观真实的评价，展示会展项目的优势，为项目招商提供基础数据的支撑。

（2）对会展项目历年的相关会展数据进行纵向比较，分析其存在的问题、市场发展趋势及其未来的发展对策。

（3）结合国内大型类似的相关会展活动进行横向比较，分析并借鉴其优势项目。

（4）为将来会展项目的品牌建设提供支持。

（5）为参展商提供数据依据。

（6）为贸易促进会和展览馆协会提供协会管理的基础数据。

（7）为会展场馆的出租方提供背景资料。

9.2 会展项目评估的方法、内容与过程

9.2.1 评估的方法

会展项目评估应采取宏观分析和微观分析相结合、定量评价和定性评估相结合的方法，通过综合分析，总结经验教训，提出问题和建议。定性评估主要包括展台设计、展期宣传、展品、行政管理、工作态度、工作效率、服务意识以及对展示与其他营销方式的评估以及对市场潜力、趋势的评估等。定量评估包括：接待客户评估、观众评估、展台效率、成本效益评估、成交评估、其他评估等。

目前，通常采用的会展项目评估方法有以下3种。

1. 调查法

调查法是会展项目评估最常用的有效方法，它既可以用来获得定量的数据，也可以用来获得定性的描述。由于展会期间参展商、专业观众、一般观众的流动性大，逗留时间短，一般情况下很难深入了解他们。调查法就是对那些不可能深入了解的问题通过调查、访问、谈话、问卷等方法搜集相关资料，了解利益相关者的心理和行为的一种方法。调查法主要有是非选择、单项选择、多项选择、顺序排列、尺度选择（"很好""好""一般""不满意""差"等不同

程度的量度等级作为选项）。

 案例9-1　展览会质量评估指标体系研究调查问卷

尊敬的朋友：

您好！

受有关部门委托，我们想对部分展览会的参展商和参观者进行随机调查，以测度目前××市展览会的现状，建立评估展览会质量的指标体系，为展览会质量评估工作的开展提供参考意见。

按照随机抽样原则，您被选为受访者。我们衷心希望您能给予协助，回答问卷内的问题。我们承诺本问卷调查信息保密，仅用于科学研究的统计分析。

谢谢您的支持与合作！

《××》课题组

2014年5月

说明：请您以印象最深刻的一次展会参观为依据，回答以下问题。注意：以下16题的回答都只针对这一展览会。请在意向选项上打"√"（以下所有问题中，题号前打"＊"的可多选）

1. 您第几次参加该展会：

   a. 首次　b. 第2次　c. 第3次　d. 记不清　e. 其他（请注明）＿＿＿＿

2. 您是否在一年内参加过与该展会内容或主题相近的展会：

   a. 是　b. 否　c. 不清楚

＊3. 您选择参观该展会的参考依据是：

   a. 主办方　b. 费用　　c. 档次和规模　d. 品牌

   e. 服务　　f. 专业观众　g. 其他（请注明）＿＿＿＿

＊4. 您参加本次展览会的目的是：

   a. 收集信息　b. 寻找新货源　c. 订货　d. 开拓市场

   e. 休闲娱乐　f. 学习　g. 其他（请注明）＿＿＿＿

＊5. 您主要通过什么途径了解该展会信息：

   a. 展会主办方邀请函　　　b. 参展商邀请函　　　c. 听传达或读内部文件

   d. 电视/广播　　　　　　e. 报纸/杂志　　　　　f. 网页/电子邮件

   g. 参加社团活动　　　　　h. 他人介绍　　　　　i. 其他（请注明）＿＿＿＿

6. 您认为该展会上参展商表现如何：a. 很好　b. 较好　c. 一般　d. 不好

7. 您认为该展会上的展品是否有吸引力：a. 有　b. 没有　c. 一般

8. 您是否了解该展会进行的宣传活动：
   a. 很了解   b. 一般了解   c. 不太了解   d. 完全不了解
9. 您认为该展会的实际情况与所宣传的是否有出入：
   a. 出入很大   b. 出入不大   c. 没有出入   d. 不清楚
10. 如果展会实际情况与宣传极其不符，您会怎么办：
    a. 不过多计较   b. 找主办方或承办方协调   c. 不再参展并要求赔偿
    d. 诉诸法律   g. 其他（请注明）_____
*11. 您对该展会哪些方面比较满意：
    a. 档次   b. 规模   c. 服务   d. 费用   e. 宣传   f. 其他（请注明）_____
12. 您认为该展会是否能代表展会所属行业的发展现状：
    a. 能   b. 基本能   c. 不能   d. 不清楚
13. 您认为该展会是否能反映出展会所属行业的发展趋势：
    a. 能   b. 基本能   c. 不能   d. 不清楚
14. 您是否继续参加下届该展会：
    a. 参加   b. 不参加   c. 还不确定   d. 不知道
*15. 您认为下列哪些单位对展览会的质量负有一定的责任：
    a. 政府   b. 行业协会   c. 主办单位   d. 承办单位
    e. 协办单位   f. 赞助单位   g. 媒体   h. 参展商
    i. 专业观众   j. 其他（请注明）_____
16. 您认为该展会是否能称之为品牌展会：
    a. 能   b. 基本能   c. 不能   d. 不清楚

我们认为展览会工作圆满完成的影响因素主要有展览会主办方、展览会承办方、媒体宣传、峰会论坛、主承办方服务、展览场馆服务6个方面，请您就如上因素的重要程度进行评价。（请在选项对应位置打"√"）

项目 \ 程度	非常重要	重要	一般	不重要
展览会主办方	4	3	2	1
展览会承办方	4	3	2	1
媒体宣传	4	3	2	1
峰会论坛	4	3	2	1
主承办方服务	4	3	2	1
展览场馆服务	4	3	2	1

说明：以下1—16题均可多选

1. 您认为展览会主办方应该具备以下哪些要素：
   a. 政府权威性   b. 行业影响力   c. 有丰富经验   d. 其他（请注明）_____

2. 您认为展览会承办方应该具备以下哪些要素：
   a. 政府权威性　b. 行业影响力　c. 有丰富经验　d. 其他(请注明)_____
3. 您认为媒体的工作应该体现在以下哪些方面：
   a. 正面宣传　b. 如实报道　c. 反映不良现象
   d. 监督　　　e. 其他(请注明)_____
4. 您认为展览会应该选择在什么时间宣传：
   a. 展前　　　b. 展中　　　c. 展后　　　d. 不清楚
   e. 其他(请注明)_____
5. 您认为展览会主承办方服务应包括：
   a. 服务态度　b. 服务效率　c. 服务手段　d. 跟踪反馈
   e. 投诉处理　f. 餐饮住宿　g. 酒店与场馆间往返交通
   h. 旅游购物　i. 休闲娱乐　j. 峰会论坛　k. 法律咨询
   l. 外币兑换　m. 其他(请注明)_____
6. 您认为以下哪些项可以反映峰会论坛的质量：
   a. 论坛主题　b. 演讲者　　c. 信息量　　d. 参与性
   e. 其他(请注明)_____
7. 您认为展览场馆服务应该包括：
   a. 室内面积　b. 室外面积　c. 停车场　　d. 展品运进、运出
   e. 馆内交通　f. 会展专车　g. 进馆搭建时间
   h. 撤展时间　i. 标志导向服务　j. 通信服务　k. 咨询服务
   l. 餐饮服务　m. 登记服务　n. 卫生间　　o. 清洁服务
   p. 安全保卫　q. 便利店　　r. 其他(请注明)_____

我们认为展览会质量的影响因素主要有展览会规模、专业性、参展商、专业观众4个方面，请您对如上因素的重要程度进行评价。(请在选项对应位置打"√")

项目＼程度	非常重要	重要	一般	不重要
展览会规模	4	3	2	1
展览会专业性	4	3	2	1
参展商	4	3	2	1
专业观众	4	3	2	1

8. 您认为以下哪些项可以反映展览会的规模：
   a. 展出面积　b. 展位数量　c. 参展商的数量　d. 专业观众的数量
   e. 普通观众的数量　　　　f. 其他(请注明)_____
9. 您认为以下哪几项可以反映展览会的专业性：
   a. 展会主题　b. 国内外参展商　c. 国内外专业观众　d. 展品种类
   e. 其他(请注明)_____

10. 您认为我们在分析参展商时应考虑的因素有：
 a. 参展商的数量　b. 国内参展商在行业中的影响力　c. 国外参展商的比例
 d. 国外参展商的国际影响力　e. 参展新产品的比例
 f. 其他（请注明）_____
11. 您认为我们在分析专业观众时应考虑的因素有：
 a. 专业观众数量　b. 国内专业观众的行业影响力　c. 国外专业观众的数量
 d. 国外专业观众的行业影响力　e. 专业观众的购买决策能力
 f. 其他（请注明）_____

我们认为展览会效果的影响因素主要有展览会预期效果、历届展览会走势、展览会成交量、新老客户比例、普通观众评价和展览会影响力6个方面，请您对如上因素的重要程度进行评价。（请在选项对应位置打"√"）

项目＼程度	非常重要	重要	一般	不重要
展览会预期效果	4	3	2	1
历届展览会走势	4	3	2	1
展览会成交量	4	3	2	1
新老客户比例	4	3	2	1
普通观众评价	4	3	2	1
展览会影响力	4	3	2	1

12. 您认为分析历届展览会发展走势需要考虑的因素有：
 a. 历届参展商数量变化　b. 历届展览会面积和摊位数量变化
 c. 历届专业观众数量变化　d. 历届新产品展出比例变化
 e. 历届著名企业参展比例变化　f. 历届展览会国内影响/辐射范围变化
 g. 历届展览会国外影响/辐射范围变化　h. 其他（请注明）_____
13. 您认为应该用以下哪些项目反映一次展览会的成交量：
 a. 现场成交量　b. 展会后与在展会期间认识的客户的交易额（意向成交量）
 c. 其他（请注明）_____
14. 您认为以下哪些项目能反映展会新老客户比例：
 a. 首次参展的专业观众占所有专业观众的比例
 b. 首次参展的参展商占所有参展商的比例　c. 其他（请注明）_____
15. 您认为普通观众评价展会主要考虑的因素有：
 a. 展会娱乐性　b. 展会学习性　c. 展会观赏性　d. 展会影响性
 e. 其他（请注明）_____
16. 您认为以下哪几项可以反映展会影响力：
 a. 知晓度（知名度）　b. 满意度　c. 美誉度　d. 忠诚度
 e. 其他（请注明）_____

您能够坚持做完这份问卷，给了我们极大的帮助，我们向您致以衷心的谢意！

2. 对比分析法

对比分析法是会展项目评价的基本方法之一，它是在调研完成以后，在分析调查结果的基础上，将会展项目实施前的目标与结束后的实际情况加以对比，测定该活动的效益和影响，通过对比分析，评价会展项目并找出存在的问题及其原因。

3. 总结述职会

在会展项目结束后，要求工作人员对自己在活动的整个过程中的工作做出述职报告，总结工作情况。

9.2.2 评估内容

会展项目评估是一个内容庞大且又复杂的体系。性质不同的展览、会议、活动，其评估内容也有所不同。此外，一项评估究竟要涵盖哪些内容，应该根据评估的目的和实际情况确定。下面所列的评估内容，是在实施会展项目评估时可测评的项目，并不等于会展项目评估的必备指标，只供评估者根据评估的目的和实际需要加以选择。

1. 会议评估的内容

（1）对会议主题和议题的评估。

会议的议题是根据会议目标确定并付诸会议讨论或思考的具体问题，贯穿各项议题的主线叫会议主题。会议主题和议题策划关系到会议的成败，对于商业性会议而言更是如此。会议主题和议题评估可以从以下几个方面入手。

① 会议主题的现实意义。

会议主题是否具有现实意义，直接关系会议的影响力和参会率，是会议评估的重要指标。具体评估内容包括：

- 会议主题是否有效实现会议的目标？
- 与会者对会议主题的认同度和满意度如何？
- 与会者对会议主题有何意见和建议？

② 会议主题和议题的关系。

具体评估内容包括：

- 会议主题和议题的联系是否紧密？是否有议题脱离主题的情况？
- 会议议题是否充分体现了主题？

③ 与会者对议题的关心程度。

具体评估内容包括：

- 与会者对每项议题的兴趣程度如何？
- 哪些议题最受或最不受与会者的欢迎？
- 造成与会者对议题兴趣差异的原因是什么？

④ 议题的适量性。

具体评估内容包括：

- 议题的数量是否太多，以致与会者难以兼顾？
- 议题的数量是否太少？是否还可以做适当的补充？

（2）对会议的议程和程序的评估。

会议议程是会议议题的既定顺序，以报告、讲演、交流、审议为主的会议活动要制定会议议程。

会议程序是指在一次相对独立的会议活动中将所有的工作环节和活动细节按照时间先后加以排列的顺序。需要制定程序的会议有两类：一类是大会中的单元活动，如大会的开幕式、闭幕式、选举、表决等；另一类是单独举行的仪式，如签字仪式、颁奖仪式、开工仪式等。

会议的议程和程序评估的具体内容包括：

① 每项议程（如报告、演讲、讨论）和每项程序（如致辞、颁奖、剪彩、签字）的顺序是否恰当？是否可以进一步调整，以使其更加具有连贯性和鼓动性？

② 议程和程序安排的顺序是否符合礼仪？

③ 预定的每项议程或程序所用的时间是否合理？拖沓冗长还是过于仓促，能不能满足需要？

（3）对与会者要素的评估。

与会者专指参加会议的成员，是会议活动的主体要素。与会者的身份体现会议的规格。与会者的数量是决定会议规模的主要指标。在商业性会议中，与会者的数量还直接影响会议的经济效益。与会者一般可分成特邀、正式、列席、旁听四种资格，资格不同，其在会议中的权利和义务也不一样。对与会者要素的评估着重在以下几个方面。

① 会议邀请范围是否与会议的规格相适应？是否有助于提升会议的品牌？参会资格有无过滥或过严的倾向？

② 与往届会议相比，与会者的人数上升还是下降了？

③ 会议的规模是否合理？

④ 与会者的身份有何变化？权威性和专业性是提高还是降低了？

⑤ 国际代表出席会议的情况有无变化？增加还是减少了？原因何在？

⑥ 特邀代表的范围是否适合会议公关的需要？重要嘉宾是否遗漏？

（4）会议发言评估。

发言是会议活动交流信息的主要方式，也是会议活动区别于其他活动样式的特有方式，凡在会议上所作的报告、讲话、演说、辩论、质询、答辩、交谈、表态等，都属于发言的具体形式。会议发言主要应当重点评估以下几个方面。

① 发言人的身份是否适当？是否具有一定的权威性和代表性？

② 发言的内容是否切合主题？

③ 与会者对发言的内容是否感兴趣？

④ 发言人的发言是否具有艺术感染力？

⑤ 发言的顺序安排是否恰当？

⑥ 发言的人数以及发言时间的限定是否适当？与会者是否有充分的互动交流机会？

⑦ 与会者对发言的总体评价如何？

（5）会议时间评估。

会议时间评估包括两大内容：一是举办会议的时机把握；二是会期，即会议时间的长短。具体评估项目包括以下几个方面。

① 举行会议的时机是否同会议主题的背景相适宜？

② 会期安排是否符合完成会议各项议程的需要？
③ 实际会期与预订会期是否一致？如果不一致，原因是什么？
④ 发出会议通知或邀请到会议正式举行的时间是否合适？能否保证与会者有足够的时间准备提交相关文件或发言材料？
⑤ 会议的具体日期是否具有政治、宗教、民族风俗方面的敏感性？
⑥ 会议的周期是否合适？一年一届好，还是两年一届好？
⑦ 与会者对会议的日程和作息时间安排是否满意？

（6）会议地点评估。

会议地点评估分为两个方面的内容：一是举办地评估；二是具体场所（包括会场、住宿的宾馆饭店等）评估。具体包括：

① 会议举办城市的选择是否有利于推动当地的政治、经济和社会发展？
② 会议举办城市的选择是否有利于扩大会议的品牌效应，并获得最佳的政治、经济和社会效益？
③ 会议举办城市以及具体场所的选择是否有助于突出会议的主题？
④ 会议举办城市以及具体场所的选择是否有助于吸引与会者？有无具有吸引力的自然旅游景观和人文旅游景观？
⑤ 会议举办城市以及具体场所的选择是否有助于营造良好的会议气氛？
⑥ 举办地的居民对举办会议是否持欢迎态度？原因何在？
⑦ 举办地的媒体关注会议的程度如何？
⑧ 举办地的媒体对会议的报道是正面的多还是负面的多？
⑨ 会议举办城市的接待能力（场馆、餐饮条件、机场、道路、交通设施等）是否满足了会议的需要？
⑩ 与会者对举办城市的商业设施、购物环境、绿化以及城市整体满意度如何？
⑪ 会议场所的电梯、音响、空调、通风、照明、通信、同声翻译等设备是否完好并可以正常使用？
⑫ 会议场所的光线、温度、湿度等环境是否舒适？
⑬ 会议场所的规格是否适当？
⑭ 会议指定的宾馆与会场的距离是否合适？与会者是否感到方便？
⑮ 与会者对会议指定宾馆的硬件设施及服务水平是否满意？

（7）对会议接待服务的评估。

会议接待服务是指围绕参加对象的迎、送、吃、住、行、游、乐等方面所做的安排，是会务工作的有机组成部分。会议接待的具体评估内容包括以下几个方面。

① 迎送注册工作方面。
- 接站工作安排是否合理？与会者对接站服务是否满意？
- 与会者报到注册是否方便、快捷？
- 报到注册表的项目设计是否有助于收集与会者的信息？版面设计和语言表达是否体现了人性化要求？
- 会议有无安排送行？与会者对送行服务是否满意？

② 餐饮服务方面。
- 宴会订酒订菜是否充分考虑了客人禁忌？
- 酒菜的质量如何？
- 菜的道数和分量是否适当？
- 餐饮的形式（围餐、分餐、自助）是否有利于与会者之间进行交流？
- 与会者对餐饮的环境和餐饮整体服务是否满意？

③ 考察、游览、娱乐服务方面。
- 会议期间安排的考察、游览、娱乐项目是否配合了会议的主题？是否得到与会者的肯定？
- 会议期间安排的考察、游览、娱乐在时间上与会议的主要活动是否有冲突？
- 会议期间安排的考察、游览、娱乐的陪同规格是否适合？讲解和导游的质量如何？
- 会场与住地之间是否有专门的交通车接送？
- 会议是否为与会者出行提供了咨询服务？
- 会议为与会者提供的车辆质量如何？有无安全隐患？
- 驾驶员的驾驶技术和服务态度如何？与会者是否满意？

④ 会场引导、咨询和指示系统方面。
- 会场内是否有专门的引导人员？
- 引导人员是否都佩戴证件或统一着装？服务是否符合礼仪要求？
- 会场指示标志是否清楚？国际性会议的现场指示牌是否用中英文书写？
- 电梯、安全门、洗手间等重要设施是否有指示牌？
- 会场工作人员的咨询服务是否令与会者满意？

⑤ 同声翻译服务方面。
- 同声翻译设备的操作是否方便？
- 同声翻译设备是否有噪声？声音有无失真？
- 同声翻译的质量（准确性、及时性）如何？与会者是否满意？
- 同声翻译的语种是否满足与会者的需要？

⑥ 会场饮水和茶歇服务方面。
- 茶水服务的次数是否适当？
- 茶水服务的时间是否及时、合适？
- 茶歇的位置是否合适？
- 茶点质量如何？

(8) 配套活动评估。

现代大型会议常常举行各种配套活动，如开幕式、欢迎宴会、展览、贸易洽谈、午餐会、欢送宴会等。具体评估的内容包括：

① 各项配套活动是否与大会的主题相适应？
② 各项配套活动与大会的气氛如何？是否达到预定的目标？
③ 各项配套活动的内容是否引起与会者的广泛注意和兴趣？
④ 配套活动的时间与大会主体活动是否相适应？
⑤ 每项配套活动的参加人数和以往相比增减情况如何？是何原因？

⑥ 配套活动的策划与安排是否有助于提升会议吸引力和影响力？

(9) 会议宣传评估。

会议的宣传是会议组织工作的有机组成部分，也是会议取得成功的重要保证。做好会议的宣传工作的重要意义在于：一是能够及时传递会议信息，使会议的目的和意义深入人心，为贯彻落实会议精神及各项决策创造良好的舆论环境；二是使举办地的群众充分理解和支持会议的举行；三是树立主办单位良好的社会形象，提高会议知名度，对于商业性会议来说，还要尽可能多地吸引与会者；四是争取社会在经费、物资、智力和人力等方面的支持和赞助。会议宣传效果的具体评估内容包括：

① 与会者是通过哪些渠道获得会议举办信息的？
② 在报刊广告、邀请函、朋友介绍、电话等促销方式中，哪一种最有效？
③ 广告选择的媒体和投放的时机是否最佳？
④ 会前、会中、会后举行新闻发布会的次数是多少？
⑤ 媒体对会议的报道情况如何？
⑥ 是否通过开设网站进行宣传？
⑦ 会议主办方的广告宣传经费投入占总收入的比例是多少？

(10) 会议总体评估。

会议总体评估是在对上述各个项目评估的基础上进行的一项综合性评估，旨在总体上把握会议的成败。具体内容包括：

① 与会者对会议成功与否做何评价？
② 与会者在参会期望值方面的满意度如何？
③ 有多少与会者表示愿意参加下一届会议？

以上所列的各项会议评估内容是就一般性会议评估而言的，不同的评估主体可以根据实际需要选择其中的相关项目进行评估。

2. 办展评估的内容

(1) 对办展目的和效果的评估。

对办展目的和效果的评估，其作用一是检验最初确定的办展目的恰当与否，作用二是确认办展目的实现与否。展览是一种有目的的信息交流与物质交换活动。从主办者的角度来说，举办一次具体的展览活动的目的主要有两个方面：一是基本目的，即通过举办展览，为参展商和观众（客商）提供良好的信息交流的平台和安全的贸易环境，同时通过出租展位、提供配套服务和收取门票获得一定的经济效益；二是战略目的，即通过举办展览，显示本国、本地区或本单位的经济实力、科技成果、投资环境和发展前景，以招商引资，同时通过不断提高展览品位，努力打造会展品牌。

办展效果是对办展目的的检验，也就是说，对办展目的的评估主要是看办展的效果。对办展目的和效果的评估内容主要包括以下几个方面。

① 展览的基本目标。
- 参展商对参展的效果是否满意？如果大部分参展商表示满意，则办展目的基本达到。
- 本届展览会参展单位的数量是否达到预期目的？
- 本届展览会成交项目或达成意向的项目在数量或质量上是否有所突破？

- 本届展览会办展收入是否达到展前预期?

② 战略目标的方面。
- 本届展览会是否在举办地引起较大反响?
- 本届展览会国际参展商和客商是否对本展览产生较大兴趣?
- 国内外媒体对本届展览会有何报道?评价如何?
- 本届展览会之后,举办地在国际上的知名度有无提高?

③ 展览主题方面。

展览主题是贯穿所有展品和展览中各项活动的红线,是对展览目标的阐释和体现。主题鲜明、突出,展览才会具有特色,效果明显。对展览主题的具体评估内容包括:
- 主题的表述是否鲜明?参展商和观众对展览主题的表述认知程度如何?
- 参展的行业是否符合展览的主题要求?
- 展览主题是否在展览中得到充分的体现?
- 实际展出的展品是否与展览的主题相悖?

(2) 对展览规模和连续性的评估。

展览规模包括展览面积和展位数,在很大程度上体现了展览会的实力,而办展的连续性则在一定程度上显示了展览项目的生命力。具体评估内容包括:

① 展出的净面积和展位数有多少?
② 展出的净面积和展位数比预计数增加还是减少?原因何在?
③ 特殊装修展位面积占净面积的比例有多少?
④ 本届展览会实际展出的净面积和展位数三年来是增加还是减少了?原因是什么?
⑤ 本届展览会是第几届?

(3) 对参展商要素的评估。

在商业性展览中,参展商是展览活动最关键的要素之一,这主要基于以下两点理由。第一,参展商的投入是举办展览活动的前提,也是展览活动得以生存和发展的原始动力。没有参展商的展览行为,就不会产生展览组织者和观众的行为。参展商数量的多少、范围大小、规格高低以及参展商行为是否活跃,直接关系到展览活动的影响力和生命力。实践证明,参展商数量越多、规格越高、品牌越强、展品的范围越广、投入的程度越高,展览活动的影响力就越大,吸引的观众就越多,生命力就越强。第二,主办者的收入主要来自参展商。因此,足够多的参展商介入是展览得以运转的关键。对参展商要素的具体评估内容包括以下几个方面。

① 参展商的数量方面。
- 本届展览会参展商的数量达到多少?与历届相比是增加还是减少了?
- 本届展览会境外参展商的数量有多少?与历届相比是增加还是减少了?
- 本届展览会境外参展商的数量占参展商总数的比例是多少?与历届相比是增加还是减少了?
- 以上数据三年来的情况如何?

② 参展商的质量方面。
- 在本届展览会参展商中,行业龙头企业或骨干企业的比例是否有所提高?或参展的行业龙头企业或骨干企业在行业中所占的比例是否有所提高?
- 在本届展览会参展商中,境外知名企业的参展比例是提高还是下降了?

- 在本届展览会实际展出的面积或展位数中,境内外参展商租用的展位数比例如何?
- 以上数据三年来的情况如何?
- 有多少参展商表示会参加下一届展会?
- 有多少参展商表示会推荐其他企业参加下一届展会?

(4) 对观众要素的评估。

任何展览活动的举办,最终目的都是提供交流交易的平台,从而满足观众的欣赏、购买的需要,因此观众既是展览行为的起点,又是展览活动的终点,没有观众的展会是失败的展会。展览的观众分为专业观众和消费观众,其中专业观众是评估的重点。对观众要素的具体评估内容包括:

① 观众的数量(总人次、平均每天人次)比过去是增加还是减少了?三年来的情况如何?
② 境外观众的比例比过去是增加还是减少了?三年来的情况如何?
③ 观众的规格(具体职位和职权)是否有所提高?
④ 观众的地区分布情况有无变化?
⑤ 观众的行业分布情况有无变化?
⑥ 观众所在单位的性质和规模情况如何?
⑦ 专业观众的比例占多少?有无提高?三年来的情况如何?
⑧ 每个观众平均参观多少天?
⑨ 观众参观的高峰在哪一天?为什么?
⑩ 每一天观众参观的高峰在什么时段?
⑪ 观众在各个展区的分布情况如何?
⑫ 哪些展位参观的人次最多?为什么?
⑬ 专业观众中有多少表示会参加下一届展会?
⑭ 有多少观众表示会推荐他人参加下一届展会?

(5) 对展览时间的评估。

展览会是一种短时间的集中展示活动,其时间要素包含三方面的含义:一是展览的举办时机;二是展期,即展览活动从开始到结束所需的时间;三是展览周期,即同一类型和同一系列的两次展览之间的时间跨度。具体评估内容包括:

① 展览会举办的时机是否合适?是否符合目标展品需求的季节变化?
② 展览会的举办时间是否同其他同类的或重要的展会相冲突?
③ 展期是否适当?是否需要延长或缩短?
④ 展览周期是否合适?是否需要延长或缩短?

(6) 对展览地点的评估。

展览地点是主办者或参展者陈列展品、发布信息,观众感知展览信息的空间,是参展者、展品、观众三要素的交汇点,包括展览的举办地(国家、地区、城市)和布置展品的具体场馆两方面。对展览地点的具体评估内容包括:

① 举办地的市场开放程度、产业结构、经济特色以及经济的辐射能力是否与展览会相适应?
② 举办地的硬件条件,如展览馆、会场、新闻中心、交通等,是否满足展览会的实际

需要？

③ 举办地的接待能力，如宾馆饭店、餐饮购物、旅游观光等资源是否适合展览会的实际需要？

④ 当地的政府、相关的行业组织、市民以及相关媒体是否支持展览会？

⑤ 展馆的面积是否适合展览的规模需要？

⑥ 展馆内的配套设施，如供水和供电设备、通信设备、电视大屏幕、触摸屏等，是否能正常运作并满足展览会的需要？

⑦ 展馆企业的管理水平和服务质量是否一流？

⑧ 展馆租赁的价格是否合理？

(7) 对展览现场管理的评估。

展览现场管理是展览项目管理的重要内容，包括登记注册、安全保卫、交通疏导、布展撤展等方面。具体评估内容包括：

① 登记注册手续的办理是否方便快捷？

② 现场安全保卫工作是否做到全覆盖？有无安全隐患？

③ 场馆周边的交通疏导是否有效？

④ 布展撤展是否及时？

⑤ 展品进、出馆手续是否完备？

⑥ 展品运进、运出的设施是否齐备、完好？

(8) 对展览接待服务的评估。

展览接待服务是指围绕参展商、观众的迎、送、吃、住、行、游、乐等方面所做的安排，是展务工作的有机组成部分之一，具体内容包括迎送注册工作、餐饮、考察、游览、娱乐、交通、引导、咨询指示系统、翻译等方面的服务。评估的具体内容可参照会议评估的相关内容。

(9) 对展览宣传的评估。

展览宣传包括媒体的新闻报道、举行新闻发布会、开设网站、投放展览广告等手段，评估的具体内容可参照会议评估的相关内容。

(10) 对展览配套活动的评估。

展览活动一般都有相应的配套活动，如开幕式、欢迎宴会、欢送宴会、午餐会、研讨会（论坛）等，尤其是是否举行研讨活动，其规格如何，已经成为当前展览会评估的一项重要内容。展览配套活动评估的具体内容可参照会议评估的相关内容。

(11) 对展览活动中成交情况的评估。

这里的成交情况是指整个展览会（包括交易会、洽谈会）的成交情况，包括消费性展览会直接销售情况和贸易性展览会的成交情况。评估的具体内容包括：

① 展览会达成的总成交额是多少？其中境外投资或贸易额占多少？

② 展览会签订的投资项目数或成交笔数有多少？其中境外投资项目或成交笔数占多少？

③ 展览会签订投资或贸易意向的项目数量及其标的有多少？

(12) 对展览会经济效益的评估。

获得一定的经济效益是举办商业性展览会的基本目的，因此，经济效益评估对于办展机构来说不可或缺。评估的具体内容包括：

① 本届展览会的成本共多少？与上届相比是增加还是减少了？原因是什么？
② 本届展览会的利润共多少？与上届相比是增加还是减少了？原因是什么？
③ 本届展览会的成本效益是提高还是下降了？原因是什么？

(13) 对展览会综合印象的评估。
① 参展商和观众对展览的专业化和国际化程度的评价如何？
② 参展商和观众对展馆的总体布置质量印象如何？
③ 参展商和观众对展览服务的总体评价如何？
④ 参展商和观众对展览现场的安全状况和秩序评价如何？

3. 参展评估的内容

参展评估的内容一般有以下几个方面。

(1) 对参展目的和效果的评估。

同办展目的和效果评估一样，参展目的和效果评估的作用也有两个方面：一是检验最初确定的参展目的恰当与否，二是确认参展目的实现与否。参展目的和效果是辩证统一的，参展的目的要通过参展的最终效果来检验。根据德国经济展览和博览会委员会（AUMA）的观点，展出的目的可以分成五个方面：一是基本目标，如了解新市场和竞争情况、检验自身的竞争力、寻找合作机会、交流经验、掌握发展趋势和公司所处行业的状况、向外介绍本公司和产品等；二是宣传目标，如建立个人关系、增强公司形象、了解客户的情况和需要、接触新客户、挖掘现有客户的潜力、收集市场信息、加强与新闻媒体的关系、训练员工的调研及创新技术的能力；三是价格目标，如试探定价余地、向市场推销产品和服务；四是销售目标，如扩大销售网络、寻找新代理、测试减少贸易层次的效果；五是产品目标，如推出新产品、介绍新发明、了解新产品推销的成果、了解市场对新产品系列的接受程度、扩大产品系列。上述对五个方面目标的表述十分详细，我们可以从中选择对参展目的和效果的评估内容。一般可以从以下几个方面加以评估。

① 对接待观众的数量的评估。
- 本次参展接待的观众共计有多少？比过去增加还是减少了？
- 接待的专业观众有多少？在接待的观众中的占比情况如何？
- 在接待的专业观众中，新客户有多少？占比情况如何？
- 在本届展览会的所有观众中，本单位的接待数量占比多少？
- 观众在本单位的展台前参观的平均时间是多少？

② 对接待观众的质量的评估。
- 在接待的客户中，境外企业有多少？占比情况如何？
- 所接待客户的地区、行业、规模、贸易情况如何？
- 在接待的客户中，行业龙头企业和骨干企业有多少？占比情况如何？
- 前来观展的客户代表职位、决定权或建议权情况如何？
- 接待的新客户中，哪些具有较大的合作潜力？
- 老客户参展情况如何？有无进一步扩大合作的潜力？

③ 对参展成交的评估。

成交分为消费成交和贸易成交。消费成交的评估主要用于消费性展览会，这类展览会是以直接销售为目的。而贸易性展览会则以成交为目的。目前对是否要进行成交评估存在争

议,参展单位可根据参展的目的和评估需要决定评估与否。对参展成交的评估内容一般包括:
- 本次参展实际成交额共计多少?是否达到销售目标?
- 本次参展实际成交额笔数有多少?与上次参展相比情况如何?
- 本次参展意向成交额有多少?
- 与新老客户的成交额有无变化?
- 新产品的成交情况如何?新老产品成交额及比例有何变化?
- 展后落实的意向成交额有多少?(这项评估必须在展后若干时间后才能进行。)

④ 对宣传公关效果的评估。

有的展出并不追求成交量,而是为了达到宣传的目的。在这方面的具体评估内容有:
- 通过参展是否达到展示本企业形象的目的?
- 展台宣传资料是否新颖独特、有助于展示并突出企业形象?
- 参展企业给观众的印象是否深刻?(这项评估在国外称为展览记忆率评估。展览记忆率与展出效率成正比,记忆率高,说明参展企业给观众留下的印象深刻,展览形象突出;反之则说明参展企业给观众留下的印象一般或甚微,展览形象平淡或较差)
- 参展企业的参展活动是否受到了媒体的关注?报道、评论的情况如何(包括播放次数、版面大小、时间长短等)?

(2) 对参展经济效益的评估。

对于参展商来说,参加展览会是产品营销的一种手段,应当有一定的投入,也需要一定的产出。对经济效益的评估的目的就在于提高投入和产出之比。一般可从下列几方面进行评估:

① 对参展成本的评估。
- 本次参展观众接触的平均成本是多少?一般是用参展总开支除以接待观众的总数来计算。
- 本次参展签订合同的平均成本是多少?一般是用参展总开支除以合同签订数来计算。
- 展台设计装饰的平均成本是多少?
- 展台宣传材料的平均成本是多少?一般是用展台宣传材料的开支除以接待观众数来计算。
- 组织产品演示(包括电影、录像和现场表演)活动的平均成本是多少?一般是用组织产品演示的开支除以接待观众数来计算。
- 新闻报道的平均成本是多少?一般是用新闻报道的开支除以新闻报道的次数来计算。
- 广告宣传的平均成本是多少?不同的广告宣传,其平均成本的计算方法不同,一般可用广告宣传的开支除以广告宣传的次数或刊登面积来计算。
- 在展览会期间组织研讨会的平均成本是多少?一般是用组织研讨会的开支除以参加研讨会的人次来计算。
- 参加主办方组织的或其他参展单位组织的研讨会的平均成本是多少?一般是用参加研讨会的开支除以本单位参加研讨会的人次来计算,也可以用参加研讨会的开支除以参加研讨会的次数来计算。

- 组织调研活动的平均成本是多少？一般是用组织调研活动的开支除以调研课题的数量来计算。
- 参展开支预算制定得是否合理？如果超支，原因是什么？

② 对参展成本效益的评估。

参展成本效益也就是参展的投资效益，具体评估内容包括：

- 本次参展的成本开支与成交额之比是多少？与上届展览会相比是上升还是下降了？
- 本次参展的成本开支与建立的新客户数之比是多少？与上届展览会相比是上升还是下降了？
- 本次参展的成本效益与其他营销方式的成本效益相比，是高还是低？

③ 对参展成本利润的评估。

在是否需要对参展成本利润进行评估上，目前存在两种不同观点：一种观点认为除了要评估参展成本效益之外，还应当评估参展成本利润；另一种观点则不主张评估参展成本利润，因为参展成本利润是以成交量和成交笔数为必要参数，而参展的目的并非都是为了直接达成交易。是否将参展成本利润列入参展评估内容，由评估者根据参展的目的来确定。如果要对参展成本利润进行评估，一般可按以下步骤操作。

- 用参展的总开支和成交产品总成本除以成交的笔数，得出每笔成交的成本是多少。
- 用参展的总开支除以总成交额，得出成交的成本效益。
- 用总成交额减去参展总开支和产品总成本，得出利润。
- 用参展成本比利润，得出成本利润。

（3）对展台工作的评估。

从狭义上理解，展台是展厅中高于地面、用于水平布置展品的搭建物，而从广义上理解，则是参展商展示产品和形象，与观众联系、交流、洽谈的空间。因此展台是由展位、展品、展台设计、展台工作人员四个要素构成的，对展台工作的评估内容应当围绕以下五个方面。

① 对展位的评估。

展位是展览活动的基本空间单位，具体评估内容包括：

- 展位的面积是否足够？
- 展位的规格（标准展位、特装展位、净地）是否合适？
- 展位的位置是否最佳？（一般说来，第一层的展位人气相对足一些。距入口越近的展位，参观的人数相对越多一些。在标准展位中，位于每行两端的展位由于两边甚至三边面朝观众行走的通道，一般称为半岛展位，能够更多地接触到观众）

② 对展品的评估。

如果说展览活动是一种特殊的信息交流过程，那么展品就是展览信息的载体，是主办者、参展者和观众行为的共同指向，它像一条纽带一样将主办者、参展者和观众连接起来。对于主办者来说，办展目的、主题要通过具体的展品来体现；参展者一方所要发布的信息必须通过展品这一具体的载体来显示；而对于广大观众来说，他们的参观行为更是针对展品而发生的。从这个意义上说，任何展览活动都是围绕展品而展开的。

展品评估的具体内容包括：

- 展品选择是否合适？是否体现了本企业的实力？
- 展品的品种数量是否适当？

- 展品的市场反映是否良好?
- 与其他参展企业的展品相比,本企业的展品有何优势和差距?

③ 对展台设计的评估。
- 展台设计的主题是否鲜明?是否突出了本公司的形象?
- 展台设计是否体现新奇性原则?与其他展台相比,是否更能吸引观众的兴趣和注意?
- 展台设计是否综合运用了声、光、色、形以及文字、图像等艺术手段?
- 文字介绍的风格是否与展品的主题相协调?有无文字、语法和表义上的错误?

④ 对展台工作人员的评估。
- 展台工作人员是否具有团队精神?
- 展台工作人员的精神是否饱满?工作态度是否积极?
- 展台工作人员的礼仪修养是否达到要求?服务是否规范、到位?
- 与其他展台相比,本公司展台工作人员的接待效果是否更佳?
- 展台工作人员的组成结构是否合理?
- 展台工作人员每小时接待观众的平均数是多少?与以往相比是增加还是减少了?
- 展览会的主办方和观众对本公司展台工作人员的评价如何?

⑤ 对展台管理工作的评估。

展台工作质量和效果的好坏,与展台的管理水平有密切关系,具体评估内容主要有:
- 公司在展前是否对展台人员进行了专门的培训?
- 展台人员的分工是否明确?
- 展台工作制度是否健全?
- 与其他同类展览相比,展台工作在哪些方面还应加以改进和提高?

9.2.3 评估过程

1. 会展项目评估的基本程序

(1) 展前。

① 制定展出目标。

② 向参展商提出要求。

(2) 展期内。

① 碰头会。

② 与政府部门、商会、协会、展览会等方面的专业人员交谈。

③ 对观众和参展商进行调研。

④ 收集新闻及内部刊物的评价。

以上收集到的信息主要用于分析、比较,从而做出展览工作和效果的近期评估。

(3) 后续评估。

后续评估工作可以由专业人员(信息人员、顾问人员)承担。每次展出都有后续工作。参展商在展览会上会结识不少客户,要把这种关系发展成为实际购买行为,还需要时间,需要做大量工作,这就是后续工作。近期评估只能反映展出工作的一部分价值,只有再进行中长期评估才能全面反映展出工作的全部价值。因此,应重视后续评估工作,安排相应的人力、财力开展这项工作。

2. 专业评估

专业评估是指委托专业公司做评估工作。专业评估的优势是无成见或偏见,专业化程度高,评估结果准确度高,但是费用也高。主办单位委托一些独立的专业会展咨询企业或行业协会来进行,这保证了在评估的过程中和结论上的真实性、公正性,而他们提出的会展未来发展对策大多能对主办单位起到借鉴作用。会展主办单位则可根据每次评估的结论和建议,及时调整会展发展方向、运作管理方式等,扬长避短,来完善自己的会展品牌。此外,专业评估的内容还可以由委托人制定,如:展览会的观众信息(观众的质量,兴趣范围,订货决策权、订货影响力等情况如何;有多少观众对此次的展品有兴趣)等。

在开展会展项目评估时,要遵循一定的程序(如图9.1所示)。一般分为3个步骤:(1)会展项目评估前期工作阶段,(2)会展项目评估实施阶段,(3)会展项目评估后期工作阶段。

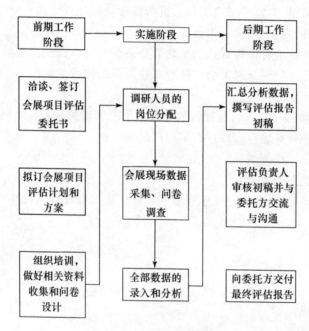

图 9.1 会展项目评估程序

9.3 会展项目评估报告及其应用

9.3.1 会展项目评估报告的内容

(1)概要。概要主要描述项目的背景,包括项目评估的主要目标,委托方和受托方,评估计划的实施过程,调研和调查问卷的发放与回收情况等。

(2)效果评价。即通过充分的数据分析,对会展项目的实施结果进行评价。评估的对象如果涵盖内容比较多,应该显示分项评估的结果。项目的效果评价是报告的核心部分。

（3）项目的结论、建议与对策。会展评估报告一般由会展公司独立完成，或委托专业评估公司进行。会展活动涉及范围广泛、牵涉课题众多，因此评估内容也相对丰富，主要包括会展工作评估、会展质量评估以及会展效果评估三大方面。

9.3.2. 会展评估报告的撰写要求

（1）报告结构清晰、完整。
（2）报告使用的数据要清晰、准确。
（3）报告要充分显示调查的客观结果。
（4）报告对存在问题的分析要客观。
（5）报告的结论及对项目的建议针对性要强。

9.3.3 撰写会展项目评估报告

会展项目评估报告是会展项目评估的最终成果，在撰写评估报告时，必须遵循客观、公正和实事求是的原则，以便为委托方提供真实和有价值的报告。优质的会展项目必须要有可持续发展的能力。一方面是资金投入所带来的持续效益，另一方面是会展项目的社会、参展商和公众的认可度，会展项目的客户忠诚度。

1. 评估背景及目标

评估背景一般需要从宏观和微观两个方面考虑，分析与评估会展项目建设的依据、理由，项目的预期目标。

2. 评估内容和方法

评估内容和方法即评估对象、样本容量、样本结构、资料收集处理方法、实施过程及问题处理、调查完成情况。

3. 评估结果

评估结果包括展台效果、成本效益比、成交笔数、成交额、接待客户数、观众质量等。

4. 结论和建议

从专业会展机构的角度出发，结合多年的会展服务经验，对展览会收集到的信息进行价值评估，并做出合理的建议和咨询。

9.4 会展项目的影响研究

9.4.1 会展项目对举办地经济的影响

会展作为一个新兴的服务行业，对经济和环境都有着深远的影响，与各行业关联度紧密。会展经济被普遍认为是高收入、高盈利的行业。据专家测算，国际上会展业的产业带动系数大约为1∶9。

1. 宏观经济影响

宏观经济指总量经济活动，即国民经济的总体活动。会展活动可以为会展组织者、场馆经营者和服务提供商带来经济效益，还能为举办地带来大量的观光客，为当地的旅馆业、餐饮业、零售业、交通业带来收益。

2. 微观经济影响

微观经济是指个量经济活动,即单个经济单位的经济活动,也就是个别企业、经营单位及其经济活动,如个别企业的生产、供销、个别交换的价格等。微观经济的运行,以价格和市场信号为诱导,通过竞争而自行调整与平衡;而宏观经济的运行,有许多市场机制的作用不能达到的领域,需要国家从社会的全局利益出发,运用各种手段进行宏观调节和控制。

9.4.2 会展项目对举办地环境的影响

会展项目的开展会导致举办地环境发生变化,既有积极的方面,也有消极的方面。在积极影响方面,如带来大量的旅游者和投资者,在客观上可以起到改善目的地物质环境的作用,如政府积极加强通信、道路、交通运输服务等基础设施建设,增加相关休闲娱乐设施,保护、修缮历史建筑、古迹遗址等。在消极影响方面,如大量的人员涌入会造成人口密度的增大,交通拥挤,加重当地噪声、废弃物污染,历史古迹、生态环境被破坏等。

小 结

会展项目评估是会展企业可持续发展的必然要求,开展会展项目评估工作将促进会展业上水平、建品牌,具有重要的意义和作用。

会展项目评估具有现实性、客观性、公正性、全面性和针对性。在对会展项目进行评估时,不同的被评估主体,其评估的要素也不同,应有针对性地对展览项目、会议项目和大型活动开展评估。

会展项目评估报告是会展项目评估的最终成果,在撰写评估报告时,必须遵循客观、公正和实事求是的原则,以便提供真实和有价值的报告。

复习与思考

1. 什么是会展项目评估?
2. 会展项目评估有什么特点?
3. 进行会展项目评估具有什么重要意义和目的?
4. 会展项目评估的方法有哪些?
5. 简述会展项目评估的过程。
6. 会展项目评估报告的主要内容是什么?
7. 依托某一展会活动撰写评估报告。

评估××大学校园文化用品展销活动

一、实训要求

运用本模块中会展项目评估的知识点,在××大学首届校园文化节的基础上策划××大学校园文化用品展销活动,并对其进行评估。

二、实训目的

强化学生对会展项目评估工作方法的运用,加深对理论知识的理解,明确评估工作在会展操作实务中的重要性。

三、实训组织

学生每5~8人为一组,策划××大学校园文化用品展并对其进行评估。

四、背景资料

为丰富校园文化生活,加强师生之间的交流,并配合我院精神文明建设的深入开展,全面提高我院学生的综合素质,在院学生处、团委举办××大学首届校园文化节的基础上开展××大学校园文化用品展,为期3天。

五、实训内容

(1) 会展项目评估的方法有多种,请使用其中的问卷调查法对本会展活动进行评估。

(2) 拟出调查问卷,在活动现场进行问卷调查。

(3) 回收问卷,分析统计,对本次活动进行评估。

技能实训部分参考答案

模块一 会展活动的项目化管理

"中国进出口商品交易会"的成功项目管理因素分析

中国进出口商品交易会被誉为中国企业海外出口经济的"晴雨表",受到党和国家的高度重视,从广交会的创立到成长为品牌展会,政府的主导作用十分明显;主办方将工作精力放在海外市场的招商上;获得广交会展位,就意味着获得出口订单已经成为每一个外贸企业认定的事实。

模块二 会展项目的识别与启动

××校园展销会立项策划书

一、市场可行性分析

1. 我院师生众多。
2. 我院只有一条小商业街且商品较贵。
3. 消费群体对"购物"一词较敏感和关注,有利于扩大本次展销会的影响力。
4. 会展专业学生众多,有利于学以致用。
5. 前期宣传力度较大,范围为整个学院。
6. 学院类似展销会较少,市场潜力和发展空间较大。
7. 参展学生众多,产品来源丰富。
8. 组织者与参与者热情较高。
9. 这对学生个人而言是极具挑战、极具锻炼性的。
10. 让学生在社会实践的过程中创造了物质财富和精神财富。

二、活动主题

领略异地特色,展示学子风采。

三、办展目的

培养大学生创新精神,树立大学生的创业丰碑,激发大学生的创业品质,提高大学生的创业竞争力,以创业带动就业,引导大学生走实践成才之路。给学生带来了更好的创业空间,而且还能带来更多利润,有利于学生更快地走入市场。为学生们有志成为优秀人才提供了良好的学习交流平台。发扬了中华民族的朴质精神,使大学生活更加和谐精彩。

四、办展时间:2014年9月18日—9月21日(拟定)

五、办展地点:科院一食堂门口(网球场对面)

六、办展单位:文化创意学院

七、协办单位:文化创意学院学生会

八、办展对象:全校师生

九、展品范围:学生带来的家乡特产(包括生活用品、食品、装饰品等)

十、办展步骤

1. 展会准备。

2. 宣传方式。

3. 宣传流程安排。

4. 展会提供的服务。

十一、活动流程

十二、经费预算

十三、展会注意事项

模块三 会展项目的可行性分析(略)

模块四 会展项目的人力资源管理

××展会期间的有效沟通

(1)(答案略)。

(2)在展会现场进行沟通管理时,所做的沟通工作包括确定沟通计划、明确沟通依据、检验沟通结果。

① 沟通计划包括:

与谁沟通?

为什么沟通?动机是什么?

确定和明确需要沟通的是什么信息?

选择最佳时间。

使用接受者能理解的语言。

选择沟通地点。

② 沟通依据包括:

沟通要求。沟通要求是项目参加者信息要求的总和。

沟通技术。它包括根据沟通的严肃性程度所分的正式沟通和非正式沟通;根据沟通的方向分为单向沟通和双向沟通,横向沟通和纵向沟通;根据沟通的工具分为书面沟通和口头沟通等。

制约因素和假设。

③ 沟通结果包括：

分析确定项目的利害关系者。确定他们的需要和期望是什么后对这些期望进行管理和施加影响，确保项目获得成功。

制订沟通管理计划。

说明待分发信息的形式、内容、详细程度和要采用的符号规定与定义。

制定信息发生的日程表。

制定随着项目的进展而对沟通计划更新和细化的方法。

模块五　会展项目计划管理

××大学校园文化节资源需求的优化平衡

（1）资源平衡就是力求每天的资源需用量接近平均值，避免出现短期内的高峰或低谷，在不延长项目要求完工时间的情况下建立资源均衡利用的进度计划。资源平衡法是指确定出项目所需资源的确切投入时间，并尽可能均衡使用各种资源来满足项目进度计划的一种方法。它是均衡各种资源在项目各阶段投入的一种常用方法。

在项目实际运转中，资源总是有限的，我们需要考虑资源的可获得性、资源的功能以及它们与项目进度之间的关系，即项目团队不得不考虑成本、时间和员工的熟练程度等相关因素对项目的制约，资源平衡的首要工作就是进行资源约束的分析。

① 活动之间的技术限制分析。首先可以通过网络图表示出各项活动之间的逻辑关系，从而来配置资源。② 资源限制分析。在资源约束的分析完成之后，可以绘制资源需求甘特图，进一步考虑资源限制的问题。③ 资源约束进度安排。资源约束进度安排是在各种资源有限而且又不准超过该资源约束的情况时制定最短进度的一种方法。

（2）甘特图又称横道图，是应用广泛的进度表达方式，甘特图通常在左侧垂直向下依次排列工作任务的各项工作名称，而在右边与之紧邻的时间度表中则对应各项工作逐项绘制道线，从而使每项工作的起止时间均可由横道线的两个端点来得以表示。由于简单、明了、直观和易于编制，它成为会展活动整体的进度计划和控制的主要工具及高层管理者了解全局、基层安排进度或工作时间的有用工具。

筹备期（周）	第1周	第2周	第3周	第4周	第5周	第6周
8	策划2人					
2				告知师生1人		
3	寻求赞助1人					
4				落实资金2人		
1						接受报名1人
周数	1	2	3	4	5	6
人数	3	3	3	5	3	1

图1　校园文化节项目的资源需求甘特图

从该图可以看出该活动的时间段内,每周需要的工作人员依次是:3、3、3、5、3、1人,累计需要 3×1+3×1+3×1+5×1+3×1+1×1=18 人。同时发现该活动的人力资源的配置很不均衡,如何优化配置这些工作人员就是资源平衡所要解决的根本问题。

(3)资源平衡分析就是指在某种特定资源的需求频繁波动时,在不延长项目工期的条件下,如何使资源配置尽可能均衡,即使资源需求的波动最小化的一项工作。如果该活动每周只有3个工作人员,通过资源平衡分析,该校园文化节筹备的资源需求甘特图变为下图。工作依然是6周,但是人员的配备得到优化平衡。

筹备期(周)	第1周	第2周	第3周	第4周	第5周	第6周
8			策划2人			
2					告知师生1人	
3		寻求赞助1人				
4					落实资金2人	
1						接受报名1人
周 数	1	2	3	4	5	6
人 数	3	3	3	3	3	3

图2 校园文化节项目资源平衡后的需求甘特图

模块六 会展项目的财务管理

会展项目实现目标利润的途径分析

(1)展览财务预测具体包括以下内容:投资预测;销售收入预测;成本预测;利润预测;筹资预测。

(2)从量本利关系分析增加利润的途径:增加标准展位销售数量;提高售价;降低单位变动成本;降低固定成本。

(3)① 如果其他条件不变,该公司可通过增加参展人数实现目标利润。

2013年的参会人数=(40,000+100,000)/(100-50)=2,800(人)

2014年的目标利润=100,000×1.2=120,000(元)

2014年需要达到的参会人数=(40,000+120,000)/(100-50)=3,200(人)

2014年该展会项目需要增加人数=3,200-2,800=400(人)

2014年该展会项目需要增加400人参会才能达到目标利润。

② 如果其他条件不变,该公司可以通过降低单位变动成本来实现目标利润。

$$2,800 = \frac{40,000+120,000}{100-V}$$

$$V = 42.86(元)$$

单位变动成本下降额=50-42.86=7.14(元)

当单位变动成本下降 7.14 元时,可以实现目标利润。

③ 如果其他条件不变,该公司可以通过降低固定成本的方式来实现目标利润。

$$2,800=\frac{F+120,000}{100-50}$$

$$F=20,000(元)$$

固定成本下降额=40,000-20,000=20,000(元)

当固定成本下降 20,000 元时,可以实现目标利润。

④ 如果其他条件不变,在提高服务质量的前提下,该公司可通过提高参会费(即单价)的方式来实现目标利润。

$$2,800=\frac{40,000+120,000}{P-50}$$

$$P=107.14(元/人)$$

参会门票(单价)提高额=107.14-100=7.14(元/人)

当参会门票(单价)提高 7.14 元时,可以实现目标利润。

以上均为项目组织采取单项措施实现目标利润的例子。在实际工作中,单独采取某一方面的措施可能无法实现目标利润,这时应综合运用多种措施,以实现目标利润。

运用量本利分析预测法分析展销会项目盈利情况

(1) 会展项目的固定成本是指在会展项目的既定规模内,不随参加者和观众人数的变化而变化的那部分成本费用支出,如项目小组成员的工资、宣传广告费、场地租金、设备租赁费、保险费和通信费等,一些大型会展项目的固定成本还包括固定资产折旧和财产税金等项目。

变动成本是指在一定的产销量(业务量)范围内,其发生总额随产销量(业务量)的变动成正比例变动的那些成本费用支出,包括直接材料、直接人工、流转税金和佣金等项目。与固定成本不同,变动成本总额随产销量(业务量)的变动成正比例变动,而单位产销量(业务量)所支出的变动成本则保持不变。会展项目的变动成本是指在会展项目的既定规模内,随参加者和观众人数或赛事活动次数的变化成正比例变化的那些成本费用支出,如住宿费、运动员出场费、注册工本费、资料费、招待费、礼品费、交流研讨会费用和营业税金等。

(2) 盈亏平衡点的参展单位数=100,000/(1,000-600)=250(个)

经济含义:该展销会必须达到 250 个单位参展,才能保证该项目保本。

(3) 边际贡献率=(1,000-600)/1,000×100%=40%

目标利润=(400-250)×1,000×40%=60,000 元

经济含义:边际贡献率是指边际贡献在销售收入中所占的百分比。它反映了产品给企业作出贡献的能力。该展销会项目中,600 元为参展单位自己的消耗,400 元为对该项目的贡献,故每个参展单位对该项目的贡献能力是 40%。

模块七　会展项目的现场管理

1. (1) 展台设计和搭建中的环保、经济问题：虽然说展会的时间很短，空间也很有限，但它产生的废弃物和垃圾却是非常大量的，所以展会废弃物和垃圾的处理就成了展会环境管理中很重要的一部分。而展会中75%～80%的废弃物是在展台搭建和拆除时产生的。现在，越来越多的展会主办者把垃圾的处理费作为一个单独的项目对参展商收费。这样，如何尽量避免或减少产生废弃物和垃圾就成了每个参展商必须考虑的经济因素。提前做好规划，在展台搭建时进行严格管理，在展台拆除时做好早期规划，是解决上述问题的一个方面。除此之外，尽可能循环利用展台搭建材料则成为最佳方式。而系统组件可以循环再利用，又有利于环保，因为它们通常都是铝材，甚至现在出现了纸制替代品，即使用坏也可以很容易循环再利用。

(2) 展台设计和搭建中的安全问题：展台的设计和搭建，必须符合安全的要求。目前，安全搭建展台的方法很多，使用搭建系统组件是其中主要的一种。现在的参展商都希望自己的展台有一种与众不同、出人意料的效果，这样一来就使现代化展会中的展台甚至展会本身都进入一个高标准搭建的时代。不管是两层楼的展台还是一面跨度非常大的展示墙，需要部件和部件之间连接的强度以及各种力量之间的平衡必须提供高标准的安全。而系统组件在解决展台的结构平衡和牢固方面，可以帮助展台搭建商省去很多麻烦。

(3) 展台设计和搭建中的独特性问题：强调展台搭建的环保、安全，并不是要忽略展台设计和搭建的新颖和独特。虽然系统组件制作的基础是大量的前期工作，但并不就是说展台的形式就很单一，缺乏想象力。系统组件可以根据参展商的意愿进行组合，虽然材料是一样的，但可以保证在不同展会上的展台各不相同。同时，全世界有很多供应商提供各种各样、丰富的最新组件材料，具有足够的技术空间以满足展台设计和搭建的需要。与富有展台设计和搭建经验的展台搭建商合作，也会帮助参展商达到预期的参展目的。

2. 会展开幕式的基本程序一般为：开幕前气氛渲染—礼仪小姐引领海内外嘉宾走向开幕式主席台就位—主持人宣布仪式开始并介绍到会的各位嘉宾—举行升旗仪式—嘉宾致辞—剪彩或开幕式表演活动—主持人宣布会展开幕式结束—由工作人员带领、主办单位负责人陪同嘉宾进会展现场参观。

3. 会展后勤管理是一系列后勤活动管理的统称，主要是对现场主要物资与供应中心的管理，包括会展现场物流和交通管理、会展现场设备管理、餐饮以及酒店住宿、旅游服务管理等。此外，由于每个会展的规模、性质不一样，会展后勤管理的具体内容也会有差异。

4. 可预见突发事件发生后的处理，根据不同的突发事件，采取不同的处理办法。

(1) 人员意外伤害事件。

人员意外伤害事件是会展中最常见的紧急突发事件，也是会展中最不容易防范的突发事件。当出现有意外伤害事故的时候，应立即将伤者送到会展现场的医务室进行紧急救治，并视其伤势的轻重由医生判断是否拨打120送当地医疗机构。

(2) 火灾。

发生火灾时，应在第一时间拨打119联系当地的消防队，并拨打120联系当地医疗机构救治伤者。应立即启动紧急应急小组和紧急突发事件预案。

解决大型书展人流的拥挤问题

人流管理包括展前人流预测、场馆选址规划、展览期间的交通管制、入场票务管理、登录服务、导引标志系统、人流实时预警系统、网络展览和展后的评估总结等方面。具体对大型书展人流来说,可将书展人流性质进行分类,根据不同的需要和人流特点进行分类管理,参展商、会议嘉宾、读者、展会服务人员等如有可能,可分别设计不同的通道,等等。

模块八 会展项目的法律与风险管理

××大学校园招聘会参展合同制定

完整的参展合同应该包括当事人、定义条款、展位面积和价格、展品、参展规则、展台搭建手册、参展商手册、后勤保障、其他服务、变更条款、违约责任、争端解决机制、附加条款等。由于校园招聘会规模较小、时间比较短,主办方与参与方权利义务相对清晰,合同条款可以简化一些。

××大学校园招聘会参展协议

甲方:××大学

乙方:

为做好2014年××大学应届毕业生就业服务工作,同时满足用人单位对本校毕业生的需求,帮助本校毕业生寻找到适合的就业发展机会,本校定于2014年5月30日举办"××大学2014年校园招聘会"。为了更好地做好招聘大会的服务工作,经甲、乙双方友好协商,达成如下协议:

一、甲方为乙方在招聘会免费提供_____号展位一个(包括1.5米宽展台和0.8×1米空白展板,不提供电源)。

二、招聘会当天,甲方发放学校相关资料,并为乙方参展人员提供免费午餐。

三、乙方保证在招聘区内的布展内容无违反法律的言论,并为甲方提供营业执照副本的复印件、经办人身份证复印件、单位介绍信及招聘信息。

四、乙方需自带宣传资料或宣传展板、展架。

五、甲方不提供外地参展单位的住宿,需乙方自理。

六、其他未尽事宜,甲、乙双方友好协商解决。

甲方: (签章)　　　　　乙方: (签章)

　　年　月　日　　　　　　　年　月　日

模块九　会展项目评估与影响研究

评估××大学校园文化用品展销活动

根据要求编写调查报告,分发、回收并统计分析。

参考文献

[1] 杨顺勇,施谊.会展项目管理[M].上海:复旦大学出版社,2009.
[2] 施谊等.展览管理实务[M].北京:化学工业出版社,2008.
[3] 王起静.会展项目管理[M].北京:中国商务出版社,2011.
[4] 龚维刚.会展实务[M].上海:华东师范大学出版社,2007.
[5] 武邦涛,柯树人.会展项目管理[M].北京:北京大学出版社,2010.
[6] 魏仁兴.会展项目管理[M].辽宁:大连理工大学出版社,2011.
[7] 江金波.会展项目管理:理论、方法与实践[M].北京:清华大学出版社,2014.
[8] 胡芬等.会展项目管理[M].湖北:武汉大学出版社,2014.
[9] 华谦生.会展管理[M].广东:广东经济出版社,2008.
[10] 莫志明.会展项目策划与管理[M].北京:机械工业出版社,2011.
[11] 任国岩等.会展组织与管理[M].北京:高等教育出版社,2004.
[12] 骆珣.项目管理教程[M].北京:机械工业出版社,2004.
[13] 〔美〕杰克·吉多等.成功的项目管理[M].北京:机械工业出版社,2006.
[14] 邱菀华等.现代文化产业项目管理——如何成功运作大型活动[M].北京:机械工业出版社,2005.
[15] 卢晓.会展项目策划与管理[M].上海:上海人民出版社,2006.
[16] 〔美〕乔·戈德布拉特.国际性大型活动管理[M].北京:机械工业出版社,2003.
[17] 〔美〕马斯特曼·G.体育赛事的组织管理与营销[M].辽宁:辽宁科学技术出版社,2006.
[18] 王云玺.会展管理[M].上海:上海交通大学出版社,2004.
[19] 皇甫晓涛.明明白白会展预算[J].中国会展,2005(17).
[20] 应丽君.会展场馆管理[M].北京:机械工业出版社,2008.
[21] 张强,毛豆.会展活动现场执行管理系统.http://blog.sina.com.cn/s/blog
[22] 郝逢清.如何做好展览现场设施管理[J].现代物业·新建设,2012(10).
[23] 叶明海,魏奇.大型会展活动人流聚集和分散复杂系统的分析性框架[J].大连海事大学学报(社会科学版),2006(5).
[24] 樊英,刘冰.会展法规与实务[M].天津:南开大学出版社,2010.
[25] 张国印.项目经理法律实务——风险管理与纠纷规避[M].北京:法律出版社,2011.
[26] 刘龙飞.会展法律实务[M].北京:中国法制出版社,2010.
[27] 杨顺勇等.会展风险管理.[M].2版.北京:化学工业出版社,2013.

[28] 杜娟.会展法规[M].北京：化学工业出版社,2012.

[29] 李剑全,季永青.会展政策与法规[M].辽宁：东北财经大学出版社,2012.

[30] 卢晓.节事活动策划与管理[M].上海：上海人民出版社,2009.

[31] 陈文晖.工程项目后评价[M].北京：中国经济出版社,2009.

[32] 胡平.会展案例[M].上海：华东师范大学出版社,2009.

[33] 许传宏.会展策划[M].上海：复旦大学出版社,2005.

[34] 王春雷,陈震.展览会策划与管理[M].北京：中国旅游出版社,2006.

[35] 王广宇.客户关系管理[M].北京：经济管理出版社,2001.

[36] 华谦生.会展策划与营销[M].广东：广东经济出版社,2004.

[37] 黛博拉·偌贝.如何进行成功的会展管理[M].张黎,译.北京：高等教育出版社,2004.